과로
사회

Never Not Working:
Why the Always-On Culture Is Bad for Business—And How to Fix It
by Malissa Clark
Original work copyright © 2024 Malissa Clark
Published by arrangement with Harvard Business Review Press

All rights reserved.
Unauthorized duplication or distribution of this work constitutes copyright infringement.
This Korean edition is published by SangSangSquare in 2025
by arrangement with Harvard Business Review Press through KCC (Korea Copyright Center Inc.),
Seoul.

이 책의 한국어판 저작권은 한국저작권센터(KCC)를 통한
저작권자의 독점적 권리로 주식회사 상상스퀘어가 소유합니다.
저작권법에 의해 국내에서 보호를 받는 저작물이므로 무단전재와 복제를 금합니다.

과로 사회

/ 과로와 헛일이
 우리를 병들게 한다

/ 말리사 클라크 지음
 이주만 옮김

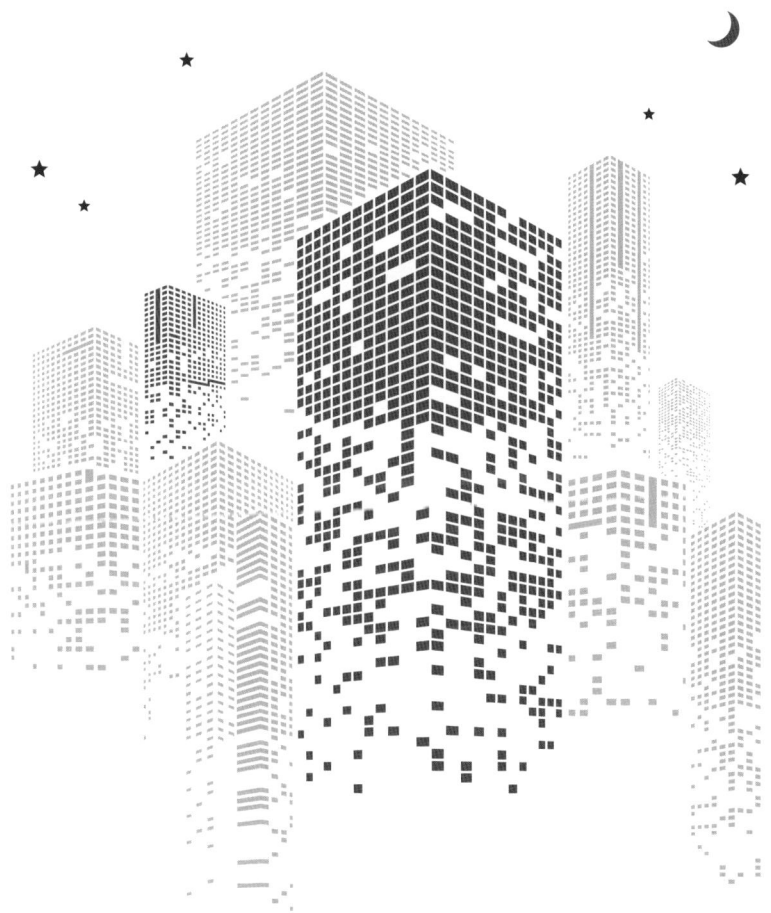

/ **NEVER NOT WORKING** 상상스퀘어

알렉스와 에반에게
너희를 사랑한단다.

-엄마가

들어가며

과로의 시대

어릴 때부터 마리나는 아무 일도 *하지 않고* 있으면 시간을 낭비하는 기분이었다. 고등학교 시절에는 눈떠서 자기 전까지 한시도 쉬지 않고 뭔가를 했다. 먼저 학교 수업을 듣고, 방과 후에는 축구나 육상 운동을 했고, 그다음 숙제를 하다가 자정이 다 되어 잠들었다. 아이스크림 가게며 피자 가게에서 아르바이트도 했다. 학교에서도 공부만 하는 학생이 아니었다. 이력서에 번듯하게 몇 자 더 적으려고 부반장, 학생회 위원, 학생회장, 키 클럽Key Club(주로 고등학생들로 구성된 다국적 자원봉사 단체 - 옮긴이) 동아리 부회장을 맡았다. 이게 끝이 아니다. 마리나는 빅 브라더스 빅 시스터즈Big Brothers Big Sisters(미국의 청소년 멘토링 단체 - 옮긴이)에서도 자원봉사 활동을 했다.

대학에 들어가서는 학업량이 많아져 운동 시간을 줄였지만 그 많은 수업을 모두 소화하고도 주당 30시간씩 아르바이트를 했다. 여름이 되면 마리나는 방문판매 일을 하며 책을 팔았다. 주당 80시간 일했고 시간을 투자한 만큼 실적을 올려 모범상도 받았다.

방문판매로 성공을 맛본 마리나는 본격적으로 영업직에 뛰어들어 일에만 매여 살다가, 박사가 되고 싶은 생각이 들었다. 학계에 들어가서도 마리나는 판매에 매진할 때와 똑같았다. 최대한 시간을 쪼개서 힘닿는 대로 여러 위원회와 프로그램 활동에 참여했고, 결국 자신이 목표한 꼭대기까지 올라가 박사 학위와 교수직을 거머쥐었다.

마리나는 자신이 과로하고 있음을 알면서도 어떻게 멈춰야 할지 몰랐다. 솔직히 말하면, 멈추고 *싶지 않았다*. 바쁘게 살면서 아드레날린이 솟구칠 때마다 짜릿했고, 가만히 있으면 불안감이 밀려들었다.

마리나는 일중독자였다. 내가 이 사실을 잘 아는 이유는 과로가 사람들과 조직에 미치는 영향을 평생 연구했기 때문이다. 나는 우리 사회가 어떻게 과로를 부추기고 그 이유가 무엇인지, 특히 현대에 들어와 그 경향이 더욱 심화되는 이유가 무엇인지 탐구했다. 이 책은 그 탐구 과정을 다뤘으며 일중독 문제에 맞서 싸울 방법을 공유하는 데 그 목적이 있다.

내가 이 사실을 아는 이유는 내가 바로 마리나이기 때문이다.

내 이름은 말리사이지만 방금 공유한 이야기는 바로 내가 경험한 것들이다. 물론 지금의 나는 예전의 말리사가 아니다. 나는 부단히 노력하며 일중독 성향을 다스리는 법을 배웠다. 그렇게 일중독을 극복하며 배운 것들을, 이제부터 이 책에서 나누고 싶다.

어째서 지금인가?

내가 지금 이 책을 쓰는 이유는 무엇일까? 사실 진즉에 썼어야 할 책이다. 오래전부터 관련 자료들을 보면서 그것이 전하는 메시지가 무엇인지 나는 알았다. 과로가 몸에 미치는 영향을 직접 경험했을뿐더러 같은 처지에 있었던 수많은 이들과 대화를 나누고 함께 일했다. 이 책은 몇 년 더 일찍 쓸 수도 있었다. 하지만 당시에는 코로나19가 대유행할 때였고, 일중독이 우리 자신과 타인에게 미치는 엄청난 폐해를 이야기해봤자 그 이야기를 사람들이 들어줄지 확신이 없었다. 이제 때가 되었다고 생각한다. 지금은 일중독에 관한 사실과 데이터를 있는 그대로 수용할 때가 왔고, 어째서 과로 문제를 해결해야 하는지 사람들이 귀담아들을 준비가 되었다고 생각한다. 머뭇거릴 시간이 없다.

마리나 이야기에 공감하는 독자들이 많을 것이다. 우리 모두가 어려서부터 근면을 최고의 미덕으로 여기는 '허슬 문화hustle culture' 속에서 자랐으니 어쩌면 당연한 일이다. 더구나 24시간 온라인에 연결된 세상에서 주문형 서비스로 원하는 걸 바로 얻으며 자란 세대에게는 허슬 문화가 더 깊숙이 자리 잡았다. 우리는 어릴 때부터 열심히 노력하면 무엇이든 이룰 수 있다는 말을 듣고 자랐다. 이 말은 바꿔 말하면, 아무 목표도 성취하지 못했다면 노력이 부족했거나 열심히 일하지 않았을 거라는 뜻이다. 현대인은 상태 메시지에 '지금 바쁨'이라고 표시할 때가 많다. 그렇게 설정해야 일 없이 한가한 사람으로 보이지 않고 열심히 바쁘게 사는 사람처럼 보이기 때문이다. "어떻게 지내세요?"라고 누군가 물을 때 사람들이 흔히 하는 대답만 봐도 알 수 있다. "일 생각은 접어놓고 편히 쉬고 있어요"라고 대답하는가, 아니면 "바빠서 죽을 지경"이라고 대답하는가?

오늘날 사람들은 휴대폰은 물론이고 슬랙Slack이나 팀즈Teams라는 이른바 '생산성' 앱 덕분에 언제 어디서나 업무에 매여 있다. 대다수의 직장인은 수시로 휴대폰으로 이메일을 확인한다. 업무 시간 이후나 휴가 중에도 휴대폰을 손에서 놓지 못한다. 재택근무가 증가했다는 말은 일과 가정의 경계가 모호해져 업무공간과 생활공간이 더는 분리되지 않는다는 뜻이다. 비영리단체 포데이위크글로벌4 Day Week Global의 공동설립자이자 기업가인 앤드루 반스Andrew Barnes의 말을 들어보자. "재택근무가 아니라 사무실에서 자는 것이다."[1] 이것이 새로운 시대의 노동이다.

열심히 일하는 게 나쁘다는 말이 아니다. 일을 열심히 하는 노동자가 모두 일중독이라는 말도 아니다. 다만 일과의 관계가 갈수록 해로워지는 지금, 이 책이 꼭 필요하다고 말하고 싶다. 번아웃과 스트레스가 그 어느 때보다 높다. 세계보건기구World Health Organization, WHO는 코로나19가 대유행하기 전에 이미 스트레스를 가리켜 "21세기의 건강 전염병"이라고 불렀다.[2] 이 스트레스를 일으키는 주요 원인이 무엇일까? 바로 일과 직장이다. 코로나19 대유행은 이 문제를 더욱 악화시켰다. 코로나19가 대유행하는 동안 노동시간은 크게 늘어났다. 미국에서는 평균 노동시간이 3시간 늘었고, 영국과 프랑스, 캐나다, 스페인에서는 2시간 더 늘었다.[3] 문제는 이뿐만이 아니다. 사람들은 이제 정규 업무 시간 외에도 계속 일하는 데 익숙해져버렸다. 마이크로소프트는 협업 소프트웨어 팀즈 사용자들의 키 입력 정보를 분석하는 연구를 여러 차례 수행했다. 그 결과 코로나19 대유행 전과 비교해 두 가지 위험 징후가 눈에 띄었다. 첫째로 저녁 시간, 특히 밤 9시 넘어서까지 일하는 경우가 많아졌고, 이를 가리켜 '트리플 피크 데이triple peak day'라고 하게 되었다.(전통적으로 업무 생산성이 좋은 시간대는 오전과 오후에 각각 한 번씩 있었는데 새로운 시간대가 하나 더 탄생한 것이다.) 둘째로, 주말에 주고받는 업무 메시지 수가 200퍼센트나 증가했다.[4]

3년이 지난 지금은 코로나 위기 상황에서 등장했던 근무 패턴이 일상이 되고 말았다. 사람들은 나쁜 습관에 물들듯이 해로운 근무 패턴에 익숙해졌다. 더 심각한 문제는, 이렇게 늘어난 업무량과 업무 연결 시간은 다시 줄어들지 않았으며 소통 방식의 변화도 그대로 우리 생활 속에 자리를 잡았다는 것이다. 다시 말해, 사람들은 역사상 그 어느 때보다 더 오래 일하고, 일에서 자유롭지 못한 처지가 되었다.

이 같은 현상은 미국만이 아니라 전 세계에서 일어나고 있다. 일중독은 세계적으로 문제가 되고 있다. 하지만 *미국만이* 안고 있는 심각한 문제가 있다. 선진국 가운데 유일하게 유급 출산휴가를 전혀 제공하지 않고, 경제협력개발기구Organisation for Economic Co-operation and Development, OECD 회원국 중에 연방법으로 유급휴가를 보장하지 않는 유일한 나라다.[5] 일중독으로 유명한 일본에서도 최소 10일 이상의 연차 유급휴가를 법으로 보장한다. 다시 말해, 미국의 일중독 문제는 문화적 현상일 뿐만 아니라 정부에서 구조적으로 조장하고 강화하는 측면이 있다.

다른 나라, 특히 유럽에서는 과로 문제의 심각성을 인정하고 문제를 해결하려는 움직임이 있어 반갑다. 일례로, 2017년 프랑스 정부는 '연결되지 않을 권리'를 법으로 보장하고 50명 이상을 고용한 사업장은 이메일을 주고받지 않는 시간을 노사가 협의해 명시하도록 했다. 이후로 이탈리아, 벨기에, 스페인, 아일랜드 같은 유럽 국가들도 비슷한 법률을 시행하고 있다.[6] 아이슬란드는 최근 주 4일 근무제를 시범 운영해 좋은 성과를 거두며 *반향*을 일으켰다. 근무시간이 40시간에서 35시간, 또는 36시간으로 줄어들자 직원들의 만족도가 증가했으며, 생산성 저하는 없거나 일부 기업은 오히려 생산성이 *증가한* 것으로 나타났다.[7]

주 4일 근무제 같은 운동이 전 세계적으로 확산되고 있으며 지금까지 드러난 데이터는 대단히 희망적이다.[8] 기업들은 그 어느 때보다 직원들의 정신 건강에 관심을 기울인다.[9] AI 같은 신기술이 작업장에 도입되면 업무 효율성과 생산성이 증가해 더 적은 시간 안에 작업을 마칠 수 있게 된다. 조직의 리더와 기업은 언제든 품질 좋은 도구와 여러 자원을 활용해 직원 복지를 평가하고 개선할 수 있다.[10] 이제 우리는 죽도록 일하지 않아도 되는 세상에 산다. 우리 앞에는 다른 길이 놓

여 있다.

우리는 지금과 다른 길을 선택해야 한다. 그것이 내가 이 책을 쓰는 이유이다. 나는 여러분이 다른 길을 선택할 수 있다는 것을 보여줄 것이다. 일중독에서 벗어나 어떻게 삶의 균형에 이를지 알려주고, 실생활에 적용할 방법을 소개하고자 한다.

사회구조적 차원에서 접근하기

내가 과로 문제를 탐구하면서 뒤늦게 알게 된 사실인데, 의외로 이 주제를 다룬 학술 논문이 상당히 많았다. 다만 여러 연구 간에 편차가 심하고 학계 밖에는 알려지지 않은 경우가 태반이었다. 학자들이 새로운 전염병을 발견해놓고 정작 그 병에 걸린 사람들에게는 그 사실을 알리지 않은 것이나 마찬가지다. '어째서 이토록 선명한 과로 문제와 번아웃 현상에 우리 학계가 발견한 사실을 적용하지 않는 것일까?' 나는 그 이유가 궁금했다. 과로 문화가 만연하고 이로 인해 수많은 사람들과 조직, 나아가 우리 사회가 막대한 비용을 치르고 있음을 학계는 이미 알고 있었다. 그러나 사정은 별로 나아진 게 없다. 나는 이 현실을 바꾸고 싶었다.

이 문제를 더 들여다보니 해당 주제를 다룬 책들은 대부분 개인에게만 초점을 맞추어 일중독을 극복할 전략을 소개하는 데 그쳤다. 말하자면 자기계발서다. 나는 사회적 차원에서 문제 해결에 접근하고 싶었다. 내가 연구한 바에 따르면 이 문제는 구조적 문제이며, 일중독 성향을 지닌 개인도 문제지만 규범과 관행, 즉 조직과 사회 전체가 강요하는 규칙과 기대치가 문제이기 때문이다. 조직과 사회를 다루지 않는다면 이는 퍼즐에서 중요한 조각이 빠진 것이다. 상시연결 상태에서 즉각적인 응답을 요구하는 사업장, 일이 최우선이라고 강조하는 조직 자체를 바꾸지 않는다면 일중독이 미치는 악영향을 해결할 수 없다. 이는 자기관리 차원만으로는 직원들의 번아웃 문제를 해결하지 못하는 것과 같다.

이 책은 사회구조적 차원에서 문제에 접근한다. 나는 이 책에서 자기 자신뿐 아니라 다른 사람들의 일중독 징후를 알아차리도록 도울 것이다. 나아가 조직 차원에서 변화를 단행하기 좋은 지점이 어디인지 찾아내는 방법도 소개할 예정이다. 따라서 이 책은 일중독자들만을 위한 책이 아니다. 동료 직원이나 상사가 일중독인지 아닌지, 무엇을 보고 알 수 있을까? 조직은 무엇을 잘못하고, 무엇을 잘하고 있는가? 회사가 직원들의 복지 향상을 위해 애쓴다지만, 정작 누구보다 늦게까지 일하는 사람을 칭찬하고 보상함으로써 이중적 메시지를 보내고 있지는 않은가?

    나는 일중독이 개인은 물론 회사에 초래하는 비용이 얼마나 큰지 확실한 근거를 제공하고자 한다. 이는 기업 입장에서 특히 중요한 부분이다. 일을 최우선시하는 문화가 오히려 비효율적이며 기업에 손해를 초래한다는 사실을 강조할 때마다 여기에 반감을 드러내는 이들을 나는 숱하게 만났다. 그들은 일중독의 책임은 어디까지나 개인에게 있다고들 말한다. 참고로, 알코올중독 문제 역시 여러 요인이 작용하고 있다는 사실이 밝혀지기 전에는 개인의 의지 문제로만 치부되었다. 어떤 이들은 내 연구 결과를 흥미롭게 여기면서도 자신들에게 해당되는 이야기는 아니라고 선을 그었다. 이들은 자신들의 무한 경쟁 문화에서 맺히는 달콤한 열매만을 바라보기 때문이다.

    하지만 나는 여러 연구와 데이터에 입각해 말할 수 있다. 이들이 그렇게 얻은 성과는 결코 지속되지 않고, 결국 비싼 대가를 치르게 된다. 엄청난 인적 손실과 비용이 발생하기 때문이다. 나는 이 책이 변화를 바라는 이들에게 유용한 도구가 되기를 바란다. 특히 조직 문화를 개선할 *필요성*을 느끼지 못하는 사람들을 설득하는 지렛대로 쓰이길 바란다.

이 책은 이렇게 구성되었다

나는 먼저 개인 관점에서 문제를 다루고 이어서 조직 관점에서 문제를 다룰 것이다.

제1장 '일중독 신화와 현실'에서는 먼저 일중독이 무엇이며 사람들이 어떻게 오해하고 있는지 짚을 것이다. 그러고 나면 일중독이 얼마나 교묘하고 은밀하게 우리 사회에 파고드는지 그 실체를 이해할 수 있다. 일중독은 그리 심각한 문제가 아니며 특정 업계나 직종에 국한된 문제라고 주장하는 이들도 있지만, 이는 사실과 다르다. 또한 일중독을 긍정적인 현상으로 이해하여, 일중독자가 바람직한 노동자이며 긍정적인 유형의 일중독이 존재한다고 믿는 이들도 있지만 이 역시 사실과 다르다는 것을 설명하겠다.

제2장 '일중독자의 초상'에서는 극단적인 사례를 비롯해 일중독자의 여러 특징을 알아본다. 일중독이 왜 그토록 해로운지 과학적 근거에 따라 분석한 후에, 특히 일중독이 본인과 *주변 사람*들에게 어떤 악영향을 미치는지 그 가족들이 실제로 들려준 경험담을 소개한다. 마지막으로, 일중독이 생산성 향상과 연관이 있다는 세간의 통념을 살펴보고 이를 과학적으로 반박한다.

제3장 '일중독 습관 버리기'에서는 자기 자신이나 주변 사

람에게 일중독 성향이 있는지 알아차리는 방법과 이런 성향을 극복하는 전략을 6가지 소개한다. 일하는 시간도 아닌데 일 생각이 머리에서 떠나지 않고, 일을 하지 않고 있으면 심하게 죄책감이 드는 사람이라면, 여기서 소개하는 연습 방법을 당장 실천하기 바란다.

제4장 '일중독을 조장하는 조직'에서는 24시간 상시연결을 요구하며 일중독을 부추기는 조직적 요인을 다룬다. 일중독을 조장하는 뿌리 깊은 문화적 요인과 조직이 보내는 신호, 정책과 관행이 일중독 문화를 어떻게 지탱하는지 살핀다. 조직 관리자이거나, 개인 차원에서든 조직 차원에서든 일중독을 조장하는 복잡한 요인을 이해하고 싶은 사람이라면 누구나 여기서 놀랍고도 귀중한 통찰을 얻을 것이다.

마지막으로 제5장 '과로 문화 바로잡기'에서는 과로 문화를 개선하기 위한 실행 계획을 다룬다. 조직의 상태를 진단하고 개선 계획을 수립하고 이를 꾸준히 실행에 옮긴다면, 일중독 문화를 조장하는 요인을 깨부술 수 있다.

⋮

이 모든 주장은 질적으로나 양적으로 충분한 근거에 바탕한다. 나는 학자로서 과로가 초래하는 문제에 대한 답을 찾으려고 기존의 학술 연구를 철저히 분석했고, 이에 그치지 않고 직접 연구를 수행했다. 해당 주제를 다룬 대중서를 검토했고, 내 소중한 연구팀과 함께 100명 가까이 인터뷰했다. 우리가 만난 이들은 일중독 문제를 겪은 당사자나 그와 함께하는 배우자, 이 문제를 연구하는 학자, 그리고 일과 삶의 균형을 되찾을 방법을 찾기 위해 애쓰는 조직 관리자 등이었다.

독자들은 이 책에서 이 사람들의 경험담을 듣게 된다. 일중독과 과로 문화가 미치는 영향을 직접 경험한 사람들, 그리고 일에 대한 강박에서 벗어난 이들의 생생한 이야기다. 다양한 업종과 조직 계층, 각기 다른 직업과 서로 다른 문화적 배경을 지닌 이들의 이야기를 담았다. 독자들은 여기서 자기 자신의 모습을 볼 수도 있고 주변 지인을 떠올릴 수도 있다. 귀중한 시간을 내서 자신의 이야기를 들려준 분들과 회원들을 만나는 데 도움을 준 익명의 일중독자 모임Workaholics Anonymous 관계자들에게 깊이 감사드린다. 이들의 이야기를 들으며 가슴이 아릴 때가 많았다. 우리 일상을 교묘하게 파고든 일중독 문제가 너무 심각하고 그 뿌리가 넓어서, 과연 내가 변화를 일으킬 수 있을지 의문이 들기도 했다. 하지만 끝내 변화를 일으키고 일과 삶의 균형을 되찾은 이들에게서 희망도 보았다. 나는 이 책이 세상에 필요하다는 사실을 되새겼다. 이 책에서 인용한 일부 사례에서 나는 가명을 사용하고 민감한 정보를 바꾸기도 했다. 내게 귀중한 이야기를 들려준 이들을 보호하기 위해서다.

내가 이 책을 쓴 목적은 일중독과 과로 문제를 수십 년간 연구하며 찾아낸 사실을 실질적 변화를 끌어낼 수 있는 사람들에게 전달하는 것이고, 이들이 자기 자신과 노동자들의 삶을 바꾸도록 돕는 것이다. (내 경험에 따르면 조직의 결정권자들이 바로 자신이 일중독자이며, 자기도 모르게 나쁜 본보기 역할을 함으로써 조직에 많은 문제를 초래했음을 뒤늦게 깨닫는 경우가 많다.)

조직 문화를 바꾸는 일은 쉽지 않다. 모든 조직에 맞는 만병통치약은 없다. 그래도 해낼 수 있다. 이 책에는 본질적인 변화를 이룩한 개인과 조직의 이야기가 있다. 이들은 과로 문제를 해결하면서도 생산성이 감소하기는커녕 오히려 *증가했*으며, 직원 몰입도 역시 떨어지지 않고 *높아졌다*.

만약 이 책을 읽고 있다면 당신이나 당신이 속한 조직이 이 어려운 문제를 직시하고 기꺼이 변화할 준비가 되었음을 의미한다. 이제 변화를 향한 첫걸음을 디뎠다. 축하한다. 그럼, 시작해보자.

차례

| 들어가며. | 과로의 시대 | 6 |

1장. 일중독 신화와 현실 — 23
우리가 잘못 알고 있는 일중독 — 32
일중독이란 무엇인가? — 45

2장. 일중독자의 초상 — 65
일중독 행동 징후 — 69
일중독자의 건강이 나빠지는 요인은 무엇일까? — 79
일중독이 건강에 미치는 악영향은 무엇인가? — 82
일중독이 주변 사람들에게 미치는 영향 — 94

3장. 일중독 습관 버리기 — 107
일중독 행동 알아차리기 — 112
일중독 행동에 대응하기 — 122

4장. 일중독을 조장하는 조직 — 159

일중독을 조장하는 사회적 요인 — 163
일중독을 부추기는 구조적 요인 — 171
조직이 보내는 신호 — 175
실태 파악하기 — 197
변화의 첫걸음 — 201

5장. 과로 문화 바로잡기 — 205

반대 목소리 설득하기: 증거는 거짓말하지 않는다 — 212
과로 문화 해체하기 — 218
실행 가능한 변화 전략 — 232
일중독을 근절하는 조직의 실천 과제 4가지 — 252

결론. 일중독 문화를 바꿀 때다 — 255

부록. 일중독 자가 진단 — 265

다차원 일중독 척도 — 267
익명의 일중독자 모임의 자가 진단 20문항 — 269

주석 — 271
감사의 글 — 307

/ 1장 / **일중독 신화와 현실**

NEVER NOT WORKING

NEVER NOT WORKING

몇 가지 데이터부터 살펴보자. 역사적으로 평균 노동시간은 그 어느 때보다 줄었다.[1] 국내 총생산GDP이 높은 국가일수록 노동시간이 적다. 또 이런 국가에서는 평균 소득이 그 어느 때보다 높아서, 더 적게 일해도 불편 없이 살아간다.[2] 오랜 세월 시간을 연구한 사회학자로 '시간의 아버지'로도 불리는 고故 존 로빈슨John Robinson에 따르면, 사람들은 일주일에 40시간쯤 자유 시간을 누린다. 일주일이 총 168시간이므로 약 4분의 1에 해당한다. 수면 시간을 8시간으로 가정하면 자유 시간은 깨어 있는 시간 중에서 36퍼센트에 해당한다.[3] 최근 각국에서는 주 4일 근무제를 도입하고 긍정적인 결과를 얻었다. 생산성과 직원 만족도가 함께 증

가한 것이다.[4]

    그렇다면 나는 왜 일중독에 관한 책을 쓰는가. 통계자료를 보면 일중독 문제가 갈수록 *완화되*는 것으로 보인다. 하지만 몇 가지 데이터를 더 살펴보자. 오늘날 미국 노동자 절반가량이 자신을 일중독자로 분류한다.[5] 2019년 〈포브스Forbes〉가 실시한 설문 조사에 따르면 밀레니얼 세대 가운데 자신을 일중독자로 분류하는 비율은 이보다 더 높아서, 66퍼센트에 이른다. 게다가 밀레니얼 세대 70퍼센트가 주말에도 대체로 일한다고 응답했고, 3분의 2가 아플 때도 일한다고 했으며, 3분의 1이 화장실에서 볼일을 볼 때도 업무를 처리한다고 답했다.[6] 2018년 조사에서는 미국인 55퍼센트가 유급 연차휴가를 제대로 쓰지 못해 미사용 휴가일이 무려 7억 6800만 일로 나타났다.[7] 이처럼 일에 집착하는 현상이 발생하면 고비용을 초래한다. 대사증후군 위험성 증가, 혈압 상승, 자가면역질환 위험성 증가, 수면장애, 신체 및 정신 건강 악화, 직무 스트레스 증가, 직장과 가정 사이에서의 갈등 증가, 직무 만족도와 가정생활 만족도 감소.[8] 이 모두가 과로에 따른 건강 문제와 번아웃으로 초래되는 비용이다.

    모순처럼 보이는 이들 통계를 정리하기에 앞서 짚고 넘어갈 점이 있다. 이들 통계에서 나타나는 수치는 어디까지나 평균일 뿐 누구에게나 적용할 수는 없다는 점을 기억해야 한다. 노동시간이 증가하는데 오히려 소득이 감소하는 사람들도 있다. 전반적으로 자유 시간과 소득이 증가하는 추세이지만 구조적인 문제로 이 흐름에서 소외되는 사람들이 있다. 생계를 유지하려면 이들에게는 과로가 선택이 아니라 필수다. 이 책에서 내가 다룰 주제는 아니지만, 이 문제를 간과해서는 안 된다.

평균 노동시간이 줄어들고 소득이 더 늘어난 동시에 자신을 일중독자로 분류하는 사람들이 증가했다는 점도 이상해 보인다. 인사책임자라면 일부 노동자들이 제기하는 무의미한 불평불만으로 치부할 법하다. "그래서 정말로 원하는 게 뭡니까?"라고 묻고 싶을지도 모른다. 조직 구성원들의 일중독 여부를 정확히 진단해 문제를 줄이려고 노력한들 실효를 거두기는 힘들 것이라고 생각할지도 모른다. 하지만 이는 오산이다. 일중독이 일으키는 문제는 그만큼 조직에 많은 비용을 초래한다. 높은 이직률과 결근율, 노동자들의 몸과 마음에 미치는 악영향에 따른 의료 비용 증가, 사업 성장률 둔화. 이뿐 아니라 정량화하기는 어렵지만 업무 몰입도 감소, 노동자들이 느끼는 불만족, 피로, 번아웃으로 발생하는 손해도 빼놓을 수 없다.[9]

대다수(노동자와 경영진 혹은 인사과)가 일중독이 무엇인지 잘못 이해하고 있다는 데서 근본적인 문제가 발생한다. 일중독이라고 하면 사람들은 대체로 *얼마나 오래* 일을 하는지 묻는다. 노동시간(주당 60시간, 80시간, 혹은 100시간)을 계산해서, 너무 많은 시간 일하면 그 사람은 일중독자가 된다.

실제로는, 아니다. 여러 조사 결과 일중독 여부를 판단하는 강력한 예측 인자는 노동시간이 *아닌* 것으로 밝혀졌다.[10] 일하는 시간만으로는 일중독 문제를 온전히 파악하고 해결하기에 부족하다. 두 종류의 상충하는 데이터가 존재하는 것도 이 때문이다. 일중독 문제를 제대로 진단하려면 일하는 시간 말고도 고려할 사안이 많다.

노동시간은 일중독을 판별하는 하나의 지표일 뿐이다. 마음이 불편해서 *쉴 수가 없고* 언제나 *일을 해야 한다는* 강박감도 일중독 지표에서 빼놓을 수 없다. 일을 하지 않고 있을 때 느끼는 *죄책감과 불안감*도 일중독 지표의 하나다. 일중독자는 퇴근하고 집에 있을 때도 이메일을 어떻게 써서 보낼지 생각하고, 다음 프로젝트를 고민하고, 그날 직장에서 일어났던 일들을 곱씹는다. 잠시라도 일을 놓으면 무언가(지위든 돈이든 일자리든)를 잃을 것 같은 두려움을 안고 살아간다.

당신이 일중독자이든 아니면 일중독자 직원을 관리하는 사람이든, 이 문제를 해결해야만 한다. 15년 넘게 일중독을 연구한 사람으로서 단언하건대 개인과 팀 혹은 조직 전체의 건강과 대인 관계에 일중독이 미치는 악영향은 생각보다 훨씬 심각하다.

가령 당신이 일중독자가 아니더라도 함께 지내는 배우자나 상사, 동료, 친구 중에 일중독자가 있으면 악영향을 받는다. 일중독자 배우자와 사는 사람은 자신이 감당해야 하는 이상으로 집안일에 시간을 쓰고 있을 것이다. 일중독자 상사 밑에서 일하는 사람이라면 퇴근 후에도 휴일에도 끊임없이 울리는 문자에 답장을 보내야 할지도 모른다. 동료가 일중독자라면 비현실적인 목표를 설정하고 당신에게도 끊임없이 일에 헌신하기를 요구할지도 모른다. 친한 친구가 일중독자라면 만날 때마다 일 이야기만 하고 당신이 주제를 전환하면 별로 관심이 없거나 짜증을 낸 탓에 사이가 멀어졌을지도 모른다. 일중독자 부모 밑에서 힘들어하는 자녀들도 있다. 이런 부모는 자신이 일에 매여 살기 때문에 자녀가 살면서 좋은 기회를 누리는 것이라고 언제나 강조한다.

이런 것들은 내가 일중독을 연구하면서 관찰한 심각한 문제 가운데 일부에 불과하다. 일중독이 초래하는 악영향은 그 범위가 매우 광범위하고, 심지어 생명을 위협하는 경우도 있다. 몇몇 언어에서는 이를 가리키는 말이 널리 쓰이기도 한다. 일본어에는 '과로로 인한 사망'을 가리키는 단어인 '카로시'가 있다. 중국어에도 '꿔라오쓰'라는 단어가 있다. 중국에서는 과로사로 추정되는 사망자가 충격적으로 많아서, 몇몇 보고서에 따르면 매년 1백만 명에 이른다.[11] 이 책 제3장에서 나는 여러 사례를 들어 일중독이 사람들의 삶에 어떤 영향을 미치는지 자세히 다룬다(일중독자 본인뿐 아니라 그 주변 사람들의 삶까지). 지금은 일중독이 미치는 영향에 관해 두 가지 사실을 아는 것이 중요하다. 첫째, 일중독은 우리 몸과 마음에 심각한 악영향을 미친다는 점이다. 둘째, 사람들은 대체로 남들은 어떨지 몰라도 자신은 이 같은 악영향에서 벗어날 수 있다고 믿는다는 것이다. 하지만 이는 자기기만이다. 과학은 거짓말하지 않는다.

일중독은 심혈관 질환, 수면장애, 고혈압을 비롯해 여러 질환을 일으킬 위험성이 크다는 사실을 우리는 알고 있다.[12] 내가 인터뷰한 이들 중에는 일하는 중에 심장마비를 두 번 이상 겪은 사람들도 있다. 믿기지 않을지 모르지만, 일중독자들은 심장마비를 한차례 경험했다고 해서 생활 방식을 바꾸려 하지는 않는다. 이 책을 쓰려고 내가 만난 일중독자들은 하나같이 과로와 직간접적으로 연관된 건강 문제를 겪고 있었다.

일중독자는 다른 직장인들에 비해 심각한 번아웃을 겪을 가능성이 훨씬 크다. 다시 말해 몸과 마음이 극도로 지치고, 업무에 흥미를 잃어버려 냉소적이 되고, 효능감을 느끼지 못하는 상태를 경험한다.[13] 특히 신체적으로나 정신적으로 에너지가 고갈되는 상태를 경험할 가능성이 크다.[14] 개인에게 미치는 이 악영향이 조직에까지 미칠 것이라고 추측하기는 어렵지 않다.

노동시간이 줄었을지는 모르지만 문제는 따로 있다. 우리가 일을 대하는 태도와 일에 부여하는 의미가 건강하지 않다는 데 진짜 문제가 있다. 이 문제를 해결하려면 일중독이 무엇인지부터 정확히 이해해야 한다.

오해: 일중독자가 바람직한 노동자다

제1장에서 나는 일중독자에 대한 통념을 차례로 부수고자 한다. 첫째, 일중독자가 *바람직한 노동자*라는 믿음이다. 바람직한 노동자란 일을 최우선으로 두고 자신의 시간과 에너지를 일에 바치는 사람을 가리킨다. 바람직한 노동자라는 개념이 허구이며 바람직하지 않다는 증거가 많은데도 이들은 이 신화를 고수한다. 일중독자는 바람직한 노동자상을 구현하려고 애쓴다. 즉, 조직 내에서 생산성과 효율성을 극대화하는 인적 자본이 되고자 한다. 제1장과 이 책 전반에 걸쳐 증명할 테지만, 이런 개념은 현실에서 통하지 않는다. 장기적으로는 예외 없이 노동자와 조직에 해로운 결과를 초래한다.

우리가 *잘못* 알고 있는 일중독

일중독이 단순히 노동시간의 문제가 아니라는 사실을 이해하려면 일중독에 관해 우리가 잘못 알고 있는 부분을 먼저 알아야 한다.

일중독은 질병이 아니다

'workaholism일중독'이라는 단어는 명사 뒤에 '-aholic중독'을 붙이는 조어법에서 나온 말로, 어떤 대상에 집착하는 상태를 나타낸다. 초콜릿이나 쇼핑 같은 대상에 집착한다고 할 때, 그 정도는 일상생활에 지장을 주지 않는 가벼운 수준부터 심각한 강박증까지 다양하다.

'-ism이즘'을 붙여서 만든 'workaholism'이라는 단어는 중독자가 아니라 속성이나 상태를 의미한다. 조금 어색하게 들리지만 이 말은 전문용어가 되었고, 해당 문제를 지칭할 때 사람들이 가장 많이 쓰는 말이다. '워커홀리즘'이라는 용어가 탄생한 맥락은 '홀릭'이라는 접미사를 재미있게 활용한 'chocoholic초콜릿중독자'이나 'shopaholic쇼핑중독자'과는 차이가 있다. '워커홀리즘'은 '알코올리즘'을 연상시키는 단어다. 일중독은 알코올중독이나 도박중독과 같은 행동장애와 유사한 특성이 있으며, 심층적으로 연구되어야 할 현상이기 때문이다.

하지만 의사는 어느 질환을 진단하듯 일중독을 병명으로 진단할 수 없다. 일중독은 정신질환의 진단 및 통계 편람Diagnostic and Statistical Manual of Mental Disorders, DSM에 포함되지 않기 때문이다. DSM은 의사들이 정신장애나 질환을 진단할 때 사용하는 공식 지침서다. 하나의 행동장애가 이 편람에 새로 추가되거나 삭제되는 과정은 복잡하고 시간이 오래 걸린다. 일중독은 당사자와 주변 사람들에게 악영향을 미치고 증상을 완화하려는 시도가 번번이 실패하는 등 여러 임상 기준을 충족하지만, 이 편람에 포함될 것 같지는 않다. 내가 만난 한 임상심리학자는 일중독을 겪은 사람이었는데, 우리 사회에 일중독이 만연하다고 강조하면서 만약 일중독을 이 편람에 추가한다면 너무 많은 인구가 치료가 필요한 환자로 분류될 것이라고 지적했다. 다시 말해, 일중독은 우리 사회가 용인하는(내가 보기에는 용인하는 정도가 아니라 우러러보는) 유일한 중독이다.

'일중독'이라는 용어는 목사이자 심리학자였던 웨인 오츠Wayne Oates가 1971년에 그의 책 《일중독자의 고백Confessions of a Workaholic》에서 자신을 일중독자라면서 처음 사용한 단어다. 일중독과 관련된 단어로는 'work addiction업무 중독'과 'overwork과로'가 있다. 소셜 미디어에서는 해시태그를 붙여 '#toxicproductivity과잉 성과주의'나 '#workmartyr셀프 노예' 또는 '#hustleculture' 같은 단어를 쓰곤 한다. 이 말들은 모두 그 의미가 대동소이하지만 이 책에서는 일관성 있고 명확하게 의미를 전달하고자 주로 '일중독'과 '일중독자workaholic'라는 용어를 주로 쓰고, 이따금 '과로'와 그 파생어를 사용할 생각이다.

오해: '긍정적' 유형의 일중독자도 있다

일중독자를 다양한 유형으로 분류하려는 시도가 많다. '긍정적인' 일중독자로 가장 많이 꼽는 경우는 '열정적 일중독자' 또는 '몰입형 일중독자'다. 일중독에 해당하는 특성을 모두 보이는 한편 자기 일을 사랑하는 사람을 가리킨다. 자기 일을 사랑한다면 일중독이 미치는 대다수 악영향에서 타격이 조금 덜한 편이다. 일례로, 리케 텐 브룸멜하위스Lieke ten Brummelhuis와 낸시 로스바드Nancy Rothbard가 몰입형 일중독자와 그렇지 않은 일중독자를 비교한 결과 일반 일중독자가 몰입형 일중독자보다 신진대사 증후군에 걸릴 위험성이 4.2퍼센트 더 높게 나타났다.[a] 하지만 두 사람에 따르면 일중독자들은 몰입 수준에 상관없이 다른 사람들보다 우울감이나 수면장애, 특정 질환이나 증상을 겪는 이들이 더 많았고, 만성피로를 호소하는 경우가 더 높게 나타났다. 몰입형 일중독자가 긍정적 유형의 일중독자라는 통념을 전면으로 반박하는 연구도 있다. 일례로, 니콜라 지예Nicolas Gillet와 그 연구진은 서로 다른 조건에서 세 개의 연구를 실시하고 일중독과 업무 몰입의 상호작용을 살폈다. 그 결과 *피험자가 일중독자인 경우 업무 몰입에 따르는 긍정적 효과가 사실상 모두 상쇄되는 것으*

로 나타났다.[b] 자기 일을 사랑하는 경우에는 일중독의 악영향을 덜 받지만, 업무 강박이 있을 때에는 그 효과도 실질적으로 무효화되었다. 특히 장기적 관점에서 본다면 아무 의미가 없는 수준이었다. 아무리 자기 일에 열정이 넘치는 사람이라도 일중독자는 결국 악영향을 받는다.

[a] Lieke ten Brummelhuis and Nancy P. Rothbard, "How Being a Workaholic Differs from Working Long Hours—and Why That Matters for Your Health," hbr.org, March 22, 2018, https://hbr.org/2018/03/how-being-a-workaholic-differs-from-working-long-hours-and-why-that-matters-for-your-health.

[b] Nicolas Gillet et al., "Investigating the Combined Effects of Workaholism and Work Engagement: A Substantive-Methodological Synergy of Variable-Centered and Person-Centered Methodologies," *Journal of Vocational Behavior* 109 (2018): 54-77 https://doi.org/10.1016/j.jvb.2018.09.006

장시간 일한다고 일중독은 아니다

연구 결과에 따르면 장시간 노동하는 것과 일중독 사이에는 분명한 차이가 있다.[15] 장시간 일하는 직장인이 모두 일중독자라고 전제하는 것은 적절하지 않다. 장시간 일하는 이유는 다양하다. 가정 형편상 연장 근로가 절실한 사람도 있고, 성수기에는 일시적으로 장시간 근무가 불가피하다. 아니면 까다로운 상사가 연장 근로를 요구할 때도 있다.

장시간 일하는 것이 일중독자를 구성하는 요건은 맞다. 하지만 늘 일만 한다고 해서 그 사람이 일중독이라고 단언하기는 힘들다. 그것은 한 가지 징후일 뿐이다. 앞서 이미 설명했지만 이 고정관념을 뿌리 뽑기 위해서라도 여기서 다시 한번 강조하고 싶다.

일중독과 업무 몰입은 다르다

업무 몰입을 어떻게 정의하는지는 조금씩 차이가 있지만 널리 수용되는 정의에 따르면 다음과 같은 중요한 특성에 초점을 맞춘다.

- 에너지가 넘치고 회복력이 강하다.
- 자기 일에 열정적이고 헌신적이다.
- 업무에 몰두하거나 심취한다.

상기한 특성 가운데 다수는 일중독자가 일을 대하는 방식과 다르지 않다. 다만 그 정도가 지나쳐 해를 끼칠 뿐이다. 일중독자에게는 보통 사람들과 다른 점이 있다. 일례로, 일중독자가 일에 몰두하는 것은 자기 일을 향한 순수한 열정 때문이라기보다, 일에 몰두하지 않는 상태가 두렵고 불안하기 때문이다.

사람들이 일중독을 칭송하는 데에는 일에 몰입하는 것을

근사하게 여기는 측면도 한몫한다. 일중독자는 자기 일을 너무 사랑한 나머지 일이 전부인 사람이다. 이런 생각 때문에 사람들은 일중독이라는 용어를 긍정적으로 사용할 때가 많고, 자기가 얼마나 일을 열심히 하는 사람인지 은근히 자랑할 때도 자주 써먹는다.[16] 예를 들면 이런 식이다. "이번 주에는 일중독자처럼 살았어요!" 또는 "너무 바빠서 점심 먹을 시간도 없어요." 또는 "오늘 바닷가에 놀러가는 대신 일이나 더 하자 싶었지요."

사람들이 일중독과 업무 몰입을 혼동하는 가장 큰 이유는 업무 몰입도가 높은 사람들이 여러 일중독자들과 마찬가지로 일에만 심취할 때가 많기 때문이다. 언뜻 보면 일에 몰입하는 사람과 일중독자가 비슷하다.

샘Sam을 예로 들어보겠다. 샘은 매일 아침 8시 15분에 아이들을 학교에 데려다주고 곧바로 사무실로 출근한다. 직장에서 그가 어떻게 할지 예상하는 것은 어렵지 않다. 샘은 책상 앞에서 열심히 일하거나 아니면 의자에서 일어나 걸어다니며 고객들과 통화한다. 주의가 분산되고 '몰입'이 깨지는 게 싫어서 점심 식사도 혼자 한다. 퇴근 후에는 이따금 할인 시간대에 바에 들러 술을 마신다. 회사 사람들은 모두 퇴근 후에도 샘에게 연락하면 곧장 답장을 받을 수 있음을 알고 있고, 많은 동료가 샘에게 터무니없는 시간에도 연락을 받는다.

샘은 일중독자일까? 그럴지도 모른다. 아니면 일에 몰입한 노동자일까? 그럴 수도 있다. 샘의 *마음*을 들여다보지 않고서는 이렇다 저렇다 단정 짓기 쉽지 않다. 사실은 일에 몰입한 사람이면서 일중독자일 가능성도 있다. 이 두 현상을 올바로 이해하려면 한 스펙트럼에서 각각 양쪽 끝에 위치한 모습이 아니라 두 개의 스펙트럼을 떠올려야 한다. 왼쪽에서 오른쪽으로 갈수록 점수가 커지는 측정기 두 개를 떠올려보자. 첫 번째 측정기는 업무 몰입 정도를 나타내고, 두 번째 측정기는 일중독 수준을 나타낸다. 가령, 자기 일을 몹시 즐기는 사람이라면 첫 번째 측정기에서 점수가 높아서 맨 오른쪽에 위치한다. 그리고 이 사람이 주기적으로 가족과 휴가를 떠나고, 친구들과 사이가 좋고, 취미를 즐기고, 대인 관계가 원만하면 일중독 측정기에서는 점수가 낮을 것이다. 이번에는 해고당할까 봐 불안해서 광적으로 일에 매달리고, 일하느라 친구들과 멀어지고, 자녀들과 시간을 보내지 못하고, 자기 일에 끊임없이 불만을 토로하는 사람이 있다고 하자. 이 사람은 업무 몰입도 점수는 낮을 테고, 일중독 점수는 높게 나올 것이다. 마지막으로, 세 번째 유형도 있다. 자기 일에 헌신적이지만 대인 관계가 소원해지고 건강이 나빠진다면 두 측정기 모두 점수가 높을 것이다. 바로 몰입형 일중독자다.

이처럼 업무 몰입형 노동자와 일중독자가 동일하게 일중

독 점수가 높게 나타나면 이 둘을 어떻게 구분할까? 두 가지 방법이 있다. 그 사람이 어디에 에너지를 쏟는지 그리고 무슨 동기로 일에 매진하는지 알아보는 것이다.

어디에 에너지를 쏟는가? 몰입이란 일 *자체에서* 성취하는 경험, 즉 일할 때 즐겁고 신나게 에너지를 쏟는 상태를 말한다. 여기서 즐거움을 얻는 일은 따로 정해져 있지 않다. 신생 회사가 전국으로 사업을 확장하려고 전략을 수립하는 일도 좋고, 창의적인 팀원들과 소통하며 신제품을 출시하는 일도 좋다. 고객에게 딱 맞는 제품을 판매하는 일, 조직의 주요 목표를 달성하는 일, 고객을 분석하는 일, 업무 관행을 새로 구성하고 직무 만족도를 개선하는 일도 좋다. 사람들은 이런 일들을 하며 활력을 얻는다. 하지만 이 모든 활동은 업무 경계 안에서 수행하는 일이라는 점에 유의해야 한다.

반면에 시간이나 공간상 업무 경계를 벗어나 수행하는 일들은 대부분 일중독에 해당한다. 다시 말해, 휴가 때도 일을 손에서 떼지 못하고, 가족과 있을 때도 쉬지 않고 업무 통화를 하고, 이미 마무리된 특정 고객 서비스를 곱씹고, 친구들과 대화를 나눌 때도 자기 일 이야기만 하는 경우를 말한다. 업무 시간과 공간을 벗어나 일상의 모든 영역에서 업무가 이어진다면 이는 일중독이다. 업무 몰입도가 높은 사람은 몸도 마음도 적절한 때에 업무와 분리할 수 있지만 일중독자는 그러지 못한다.

일하는 동기가 무엇인가? 이는 업무 몰입과 일중독을 구분할 때 첫 번째 질문보다 더 중요하다. 그토록 많은 일을 그렇게 열심히 하는 *이유*가 무엇인지, 일이 그 사람의 인생에서 가장 중요한 *이유*가 무엇인지 파악하는 것이 도움이 된다. 심리학자들에 따르면 업무 몰입도를 결정하는 핵심 동인은 *내적* 동기다. 즉, 일이 좋아서 스스로 하는 사람이 업무 몰입도가 높다. 자기결정 이론에 따르면 내적 동기로 움직이는 사람은 자기 의지로 특정 활동에 몰입하는 것이므로 긍정적으로 동기가 부여된 사람이다.[17] 자신이 하고 싶은 일과 하기 싫은 일을 자유로이 선택할 수 있을 때 사람은 기본 심리 욕구를 충족할 수 있다. 그리고 이 심리 욕구를 충족했을 때 사람은 더 행복하고, 더 건강하고, 더 생산적으로 일한다.

사람들이 과도하게 일을 하거나 일을 최우선으로 두고 살아가도록 이끄는 동기 요인이 또 하나 있다. 바로 *내사동기*다. 이는 내면화된 외부의 압박 때문에 일하는 경우를 의미한다. 외부 압박이란 급여, 부하를 닦달하는 상사, 부모나 동료에게서 받는 압박을 비롯해 외부에서 주어지는 영향력이라면 모두 여기에 해당한다. 처음에는 외부의 압박 때문에 어떤 활동을 시작했더라도, 시간이 흐르고 그것이 내면화되면 스스로 압박감이나 부담감을 느끼게 된다. 사실은 외적인 동기로 움직이면서도 자신의 내면에서 생긴 동기로 느끼는 것이다.

일중독자의 경우, 이처럼 외부의 압박이 내면화되는 데에는 사회에서 주입하고 강조하는 노동관이 영향을 미친다. 자신의 가치와 정체성이 직업과 고액 연봉, 승진과 출세, 물질적인 부(예를 들면, 멋진 저택) 등과 직결되어 있음을 어려서부터 줄곧 보고 들은 사람은 외부에서 주입하는 이 가치를 자신의 것으로 받아들이고 강화한다. 이렇게 자라 성인이 되면, 장시간 노동하지 않으면 자신의 가치를 증명할 수 없다고 믿는 직장인이 된다.[18]

심리학자 툰 타리스Toon Taris와 그 연구진은 업무 몰입과 일중독의 차이를 설명할 때 '이끌려서pull' 한 일과 '등 떠밀려서push'한 일을 구분한다.[19] 일 자체에 끌려서 하는 것(즉, 내적 동기로 일하고 싶은 욕구)이 업무 몰입이라면, 등 떠밀려서 일을 하는 것(즉, 내면화된 압박 때문에 일을 *해야만* 하는 상태)이 일중독이다. 다시 말하지만, 이 두 가지는 양자택일이 아니다. 이 두 가지를 동시에 겪는 사람들도 있다.

> ### 오해: 일중독은 특정 직업군에만 있다
>
> 만약 "일중독은 ○○ 업계에나 있는 일이지 우리 업계에는 그런 일 없어요"라고 누가 말할 때마다 내가 돈을 받았다면 가족을 모두 데리고 근사한 여행을 떠날 자금을 모았을 것이다. 법조계, 의료계, 영업, 마케팅, 컨설팅, IT산업, 학계, 언론계, 도매업, 제조업을 포함해 일중독은 모든 산업과 대다수 직업군에 널리 퍼져 있다. 나는 세상에 존재하는 거의 모든 직업군의 일중독자들을 세계 각지에서 만나 인터뷰했다. 무엇보다 놀라운 사실은, 직종과 업계가 아무리 달라도 그들이 들려준 이야기들은 놀라우리만치 비슷했다는 점이다. 일중독이 사람들에게 미치는 결과는 어디서나 똑같았다.

⋮

　일중독에 관해 마지막으로 강조하고 싶은 사실이 하나 있다. 앞서 업무 몰입과 일중독의 차이점을 설명하며 별도의 측정기 두 개로 비유할 때 이미 언급했지만, 명확히 짚고 싶다. 사람의 성격이나 업무 방식을 규정하는 특성이 모두 그렇듯이 일중독 역시 그 경계를 명확히 나눌 수 없다는 것이다. "당신은 일중독자이거나 아니거나, 둘 중 하나다"라고 나눌 수 있는 흑백 문제가 아니다. 이 책 전반에 걸쳐 내가 '일중독 성

向workaholic tendencies'이라는 용어를 자주 사용하는 이유이기도 하다. 그러니까 일중독 성향이 약한 사람은 내가 열거하는 일중독 특성 중에 일부만 공감할 것이다. 반면 일중독 성향이 강한 사람은 내가 열거하는 특성에 모두 공감할지도 모른다. 또 일중독 성향이 전혀 없는 사람도 있을 것이다. 내 요지는 이렇다. 이 책에서는 일중독 현상을 핵심 개념 위주로 설명하고 있으므로 개념을 단순화한 측면이 있다. 하지만 이 책에서 언급하는 일중독 증상처럼 심하지 않다고 해서 안전하다는 뜻은 아니다. 일중독 성향이 경미한 사람도 일중독 성향이 전혀 없는 사람에 비하면 과로로 부작용을 겪을 위험성이 크다. 이 문제를 흡연 관점에서 생각해보자. 하루에 담배를 한두 개비만 피우는 사람도 엄연히 '흡연가'이고 건강에 악영향을 받는다. 다만 하루에 담배를 두 갑씩 피우는 사람은 이보다 훨씬 위험하다고 전제하는 것이 타당하지만 말이다.

오해: 일중독자가 훨씬 생산적으로 일한다

조직의 리더라면 이렇게 생각할지도 모른다. '일중독자들이 건강에 문제가 있을지는 몰라도 내게는 큰 이익이니까 그 문제는 못 본 척하자.' 하지만 내가 일중독과 업무 성과의 상관관계를 다룬 연구 결과들을 메타분석으로 조사한 바에 따르면, 일중독이 생산성이나 성과를 향상시킨다는 근거는 전혀 없었다. 나와 동료들이 발견한 결과는 다음과 같다.

- 일중독자는 지나치게 자신을 몰아붙여서 체력을 회복할 시간도 남기지 않고 일한다.
- 일중독자는 더 영리하게 일하는 게 아니라 더 많이 일하는 경향이 있다.
- 일중독자는 충동을 제어하지 못해 불필요한 일을 할 때가 많다.
- 일중독자는 비현실적으로 프로젝트 일정을 정해 불필요한 스트레스를 주기 때문에 그 동료나 상사에게는 함께 일하기 까다로운 사람으로 인식될 수 있다.
- 일중독자는 조직에 해를 끼치는 비생산적인 활동에 몰입할 가능성이 크다.

특히 일중독과 업무 성과의 인과관계를 구체적으로 조사한 연구 결과들을 살펴보면, 일중독이 향후 업무 성과에 긍정적 영향을 미친다고 생각할 근거가 전혀 없었다. 실제로는 정반대였다. 다시 말해, 업무 성과가 향후 일중독 수준에 큰 영향을 미친다.[a] 또 조사 결과에 따르면 일중독 증상은 업무 몰입도 *감소*를 예측하는 인자로 나타났다.[b] 또 다른 연구에서 연구진이 밝혀낸 바에 따르면, 관리자들은 실제로 일중독인 사람과 조직의 기대에 부응하려고 일중독자인 *척하는* 사람들을 구분하지 못했다. 따라서 두 그룹은 성과 평가에서 비슷한 평가를 받았다.[c]

- a Xiaohong Xu et al., "Does Working Hard Really Pay Off? Testing the Temporal Ordering between Workaholism and Job Performance," *Journal of Occupational and Organizational Psychology* (May 2023): 1-21, https://doi.org/10.1111/joop.12441.
- b István Tóth-Kiraly al., "A Longitudinal Perspective on the Associations between Work Engagement and Workaholism," *Work and Stress* 35, no. 1 (2021): 27-56, https://doi.org/10.1080/02678373.2020.1801888.
- c Erin Reid, "Why Some Men Pretend to Work 80-Hour Weeks," hbr.org, April 28, 2015, https://hbr.org/2015/04/why-some-men-pretend-to-work-80-hour-weeks; "Are the Workaholics You Know Just Faking It?" hbr.org video, October 26, 2015, https://hbr.org/video/4578695106001/are-the-workaholics-you-know-just-faking-it.

일중독이란 무엇인가?

지금까지 우리는 일중독에 관해 사람들이 오해하는 부분을 살피고 그것을 제외시키면서 일중독의 실체에 접근했다. 하지만 일중독을 제대로 이해하려면 그 개념을 실용적으로 명확하게 정의할 필요가 있다. 나는 10년 넘게 일중독을 연구하고 일중독자들과 그 주변인들을 인터뷰하면서 일중독을 이해하고 식별하는 진단 체계를 개발했다.

일중독을 구성하는 요소에는 행동, 동기, 인지, 정서, 이렇게 네 가지가 있다. 각 요소는 일중독을 식별하는 데 필수적이지만 어느 하나만으로는 일중독 성향을 진단할 수 없다.

행동 요소: 과도한 노동시간

과도한 노동시간은 가장 뚜렷하게 일중독을 보여주는 요소다. 일중독자는 자신이 해야 하는 일이나 주변에서 기대하는 수준을 넘어 필요 이상으로 오래 일한다. 일중독자는 직무 요건이 어떻든 간에 언제나 *더 오래* 일한다. 일중독자는 남에게 일을 맡기기 쉽지 않아서 일을 도맡아 하느라 업무량이 많아진다. 이들은 자기가 빠지면 프로젝트가 엉망이 될 것이고 그 일을 바로잡을 수 있는 사람은 자기뿐이라고 상상한다. 게다가 어려운 과제를 홀로 해결하는 사람이라며 스스로를 영웅시하고, 가장 많이 일한 사람으로서 정당하게 인정받을 때가 올 거라 믿는다. 일중독자는 일을 위임하지 못하기에 당연히 동료나 리더로서 좋은 역량을 기르기 어렵다. 일중독자는 때로는 은근하게 또 때로는 노골적으로 자신이 '녹초가 되도록' 또는 '일에 빠져 죽을 정도로' 열심히 일하는 것을 드러내고 자신의 인내심과 기여도를 자랑하는 한편, 자기보다 적게 일한 사람이나 자기만큼 일에 신경 쓰지 않는 사람들을 비웃는다.

일중독자는 일하지 말아야 할 때(가령, 몸이 아프거나 다쳤을 때)도 일한다. 이는 '프리젠티즘presenteeism' 현상으로, 개인의 생산성이 3분의 1 이상 저하되는 것으로 나타났다. 몸 상태가 나쁠 때 출근해 업무를 수행하면 실제로는 결근할 때보다 조직에 더 많은 비용을 초래한다.[20] 과도하게 헌신하는 행동을 높이 평가하고 일중독자들의 수고를 보상하는 문화는 결국 조직에 손해를 끼친다. 일중독자 본인에게도 손해다. 일중독자들은 시간이 없다는 핑계로 중요한 병원 예약을 기피하는 것으로 악명이 높다. 우리는 이 책에서 몸이 보내는 신호를 읽지 못하거나 자기 몸보다 일을 더 중시한 탓에 크게 대가를 치른 사람들의 이야기를 읽게 된다.

오해: 남성이 여성보다 일중독자일 가능성이 더 크다

사람들이 흔히 떠올리는 일중독자는 남성이다. 제1장을 읽으면서 대개는 성취주의적이고 경쟁적인 남성을 자연스럽게 떠올렸을 것이다. 이를테면 73세의 스킵Skip 같은 인물이다. 스킵은 사업체를 운영하면서 작가로서도 활동하고, 한때는 정규직을 두 개나 뛰기도 했다. 요즘도 스킵은 주말에도 쉬지 않고 일하는데, 내가 언제 은퇴할 계획이냐고 묻자 그럴 일은 '절대로' 없을 것이라고 했다. 우리 사회에는 무엇보다 일을 우선시하는 사람이 바람직한 노동자라고 보는 문화가 존재하고, 스킵은 이 문화적 규범을 대표하는 인물이다. 우리 사회는 여전히 남성이 가족을 부양하고, 여성은 집에서 가족을 돌봐야 한다는 고정관념에 얽매여 있다. 따라서 남성이 과로하는 것을 사회적으로 용납하는 편

> 이고, 맞벌이가 아닌 경우에는 더욱 그렇다.
> 하지만 실제로 일중독자일 가능성은 남성이나 여성이나 차이가 없다. 실제 유병률에는 차이가 없고, 사람들의 인식에 차이가 있을 뿐이다. 내가 조사한 바로는 일중독으로 과로할 경우 여성이 남성보다 악영향을 더 많이 받는다. 여성이 일을 최우선 가치로 두는 경우에 (설령 살림을 맡은 남편이 있더라도) 사회 통념상 가사와 육아 부담이 남성보다 더 크다. 이 때문에 일중독인 여성은 근로시간이 불규칙하고 아이들을 재운 후 밤늦게까지 일할 때가 많다. 이때 여성은 일하지 *못하는* 자기 상황에 부정적 감정을 키울 수 있다. 가사를 돌보느라 자신이 하고 싶은 일을 하지 못하기 때문이다. 겉보기에는 차이가 있을지 몰라도 실제로 일중독 성향은 여성도 남성 못지않다.

　일중독자들은 자신이 맡은 일감이 많지 않다고 느끼면 추가로 할 일을 찾는다. 정규 업무를 벗어난 일이나 프로젝트에 착수하는데, 이 중에는 본인의 역량을 넘는 일도 있고 조직에 보탬이 되지 않는 일도 있다. 로렌Lauren의 사례를 살펴보자. 익명의 일중독자 모임에 나가는 로렌은 현재 일중독에서 회복되는 중이라고 자신을 소개한다. 지금은 학계를 떠났지만 로렌은 자기 일 외에 언제나 추가로 프로젝트에 자원하여 조직에 기여하려고 애썼다고 과거를 돌아본다. 업무량이나 마감일 압박감이 없으면 로렌은 여지없이 속이 얹힌 듯 갑갑하고 메스꺼웠으며, 일에 치일 정도가 되어야 이 증상이 사라졌다. 역설적이게도 로렌은 자기가 하지 않아도 될 일을 맡음으로써 그 일을 완수하기 위해 *실제*로 시간에 쫓기는 처지에 놓이곤 했다. 로렌 같은 사람은 어떤 목표를 달성하기 위해 일하는 것이 아니라 그저 일 자체가 목표다. 불필요한 일이라도 찾아서 해야 불편한 증상을 해소할 수 있다는 것은 로렌이 일중독에 걸렸음을 보여주는 분명한 신호였다.

정해진 업무 이상을 한다는 것은 사실상 삶의 모든 영역에 일을 끌어들이는 것을 의미한다. 특히 가족이나 친구와 보내는 시간, 여가 시간, 휴가 중에도 일과 분리될 수 없다는 뜻이다. 일중독자들은 '가볍게 일하기working lite'를 표방하며 자신을 위장할 때가 많다. 휴식 시간에 실제로는 일을 하면서도 일을 쉬는 것처럼 보이려는 것이다.[21] 이를테면 텔레비전을 보며 일하거나 수영장이나 해변에서 일을 한다든지 아니면 밤에 포도주를 한잔 마시며 일을 하거나 업무 관련 자료들을 재미 삼아 읽는다. 이런 행위는 모두 '가볍게 일하기'라는 속임수 전략이며 일중독에 걸렸음을 알리는 적신호다. 나 자신도 이런 속임수를 쓴다. 산책할 때 업무 관련 팟캐스트를 들으며 일터 밖에서도 '생산성'을 유지할 수 있도록 애쓰거나 텔레비전을 보는 중에 노트북을 꺼내 이메일을 확인하고 답장을 보내곤 한다.

지금까지 언급한 사례들을 보면 알겠지만 중요한 것은 일하는 시간이 아니다. 로렌이 일하는 시간이 늘어난 것은 일중독 성향이 *결과*일 뿐 일하는 시간 자체는 일중독의 원인이 아니다. 시간을 더 투자해야만 하는 상황을 로렌이 스스로 만든 것이다. 일에 지나치게 신경 쓰고 집중하는 양상이 바로 일중독을 알리는 신호다.

동기 요소: 일을 향한 강박감

쉬지 않고 일을 해야 한다거나 일을 쉬면 *안 된다*고 느끼는 감정도 일중독을 규정하는 요소 중의 하나다. 나 같은 경우는 *일을 하지 않을 때* 늘 속이 거북하고 불안하고 초조한 느낌이다. 그런가 하면 머릿속이 시끄럽거나 마음이 조마조마해지는 사람들도 있다.

일중독을 구성하는 동기 요소의 핵심에는 앞서 언급한 내사동기가 자리한다. 즉, *일하지 않으면 안 된다*는 사회적 압박감을 내면화한 상태다. 일중독자의 머릿속은 잠잠할 날이 없다. '일하지 않으면 시간을 낭비하는 거야. 일하지 않으면 사람들이 손가락질할 거야. 일을 쉬는 사람은 쓸모가 없어. 일을 쉬는 사람은 해고 1순위야.'

스스로를 압박하는 이 목소리는 사회가 요구하는 바람직

한 노동자상을 내면화한 데서 비롯된다. 하지만 이 같은 사회적 압박을 느끼는 사람들이 모두 일중독자가 되는 것은 아니므로 다른 요인도 작용하는 게 틀림없다. 우선 개인의 성격 차이도 작용할 것이다. 일례로, 일중독은 성격 유형 가운데 A형과 관련이 깊다. A형은 모든 일을 혼자 해내려는 책임감이나 경쟁심이 크다. 완벽주의 성향 또한 일중독과 밀접한 관련이 있다. 일중독자는 본인이 세운 기준에 미치지 못하는 자신이 늘 못마땅하고, 쉬이 만족하는 법이 없다. 익명의 일중독자 모임 회원이자 유치원 교사인 데세아Desea는 어려서부터 완벽주의 성향을 보였다고 한다. 수업 내용을 필기할 때는 글자 한 자 한 자 흐트러짐 없이 일목요연하게 정리하려고 애썼고, 방은 먼지 하나 없이 깔끔하게 정돈해야만 직성이 풀렸다. 성인이 되어서도 이 기질은 변함이 없어서 유치원 교실을 정돈할 때도 똑같았다고 데세아는 말한다. "모든 의자는 책상 밑에 들어가 있어야 하고, 벽에 걸린 그림은 모두 동일한 높이에 일정한 간격을 두고 반듯하게 걸려 있어야 했어요. 연필은 모두 심을 뾰족하게 깎아놓고, 분필과 크레용은 색상별로 정리했죠. 커튼은 좌우 대칭이 맞아야 합니다. 저는 이런 것들에 강박증이 있어요." 모든 것이 질서 정연하게 정돈되고 완벽하기를 바라는 욕구가 직장 생활에 똑같이 적용되었을 때 데세아가 일상의 다른 영역과 서서히 단절되었을 것이라

추측하기는 어렵지 않다.

　무엇을 하든 완벽하게 하려는 충동이나 강박이 반드시 업무에만 해당되는 것은 아니다. 예를 들면 운동, 자원봉사, 다양한 취미 활동에 적용되면 이런 활동 역시 극단으로 치닫게 된다. 개인의 강박적 성향은 일터 밖에서도 영향을 미치지만 사회적 압박 탓에 강박적 성향이 발현되기에 가장 좋은 곳이 바로 직장일 뿐이다. 익명의 일중독자 모임 회원이자 상담사인 데브라Debra의 말을 들어보자. "일중독이란 일을 향한 강박만을 의미하는 게 아닙니다. 끊임없이 뭔가를 하고, 뭔가를 하지 않으면 불안한 감정이 결합된 것이죠." 그래서 어떤 이들은 이를 가리켜 '바쁨중독'이라고 설명하기도 한다.

오해: 일중독은 타고나는 것이며 환경에 영향을 받지 않는다

일부 연구 결과에 따르면 일중독 성향이 일찍부터 발현되고 A형 성격 유형이라든지 완벽주의 성향과 연관 있는 것으로 보인다. 또 다른 사람들보다 일중독 성향을 더 강하게 타고난 사람도 있는 것으로 보인다. 모두 맞는 말이다.

하지만 사람의 성격처럼 우리가 꽤 고정적이라고 여겼던 '타고난' 특성도 여러 연구 결과에 따르면 살아가는 동안 변하기도 하고, 외부 환경과 특정한 상황에 따라 더 강해지거나 약해지기도 한다. 예컨대, 많은 이들이 잘 아는 5가지 성격 특성(성실성, 친화성, 외향성, 신경성, 개방성)은 평생에 걸쳐 변하지 않는 것으로 흔히 알려져 있다. 하지만 연구 결과에 따르면 큰 틀에서 경향성은 유지되더라도 그 정도가 변동되며 이 변동은 경험에 따라 달라진다. 업무 수행 능력과 성격 연구로 명성이 높은 경영학 교수 티모시 저지Timothy Judge에 따르면 5가지 성격 특성은 하루 사이에도 달라질 수 있으며 이는 직장에서 전날 겪은 일에 영향을 받는다.[a] 나는 동료 연구원들과 함께 이 성격 연구를 일중독에 적용해보았다. 연구 결과 과중한 업무가 예상되는 날에 사람들은 업무를 대할 때 일중독자처럼 느끼고, 생각하고, 행동하는 경우가 훨씬 높게 나타났다. 이런 날 사람들은 극심한 피로감을 느꼈을 뿐만 아니라 수축기 혈압이 상승하는 경향이 있었다.[b]

그렇다면 일중독 성향이 전혀 없는 사람이라도 맡은 업무에 따라 일중독자가 된다는 의미일까? 그렇지 않다. 하지만 업무에 강박적 성향을 지닌 사람이 과로를 부추기는 환경에 놓이면 그 환경에 영향을 받아 일중독 성향이 두드러질 수 있다. 연구 결과에 따르면, 일례로 과중한 업무 부담은 일중독에 걸릴 위험성을 예측하는 강력한 인자였다.[c] 부연하자면, 과중한 업무 부담은 일중독 여부를 예측할 때 업무 몰입도보다 더 강력한 예측 인자였다.[d]

[a] Timothy A. Judge et al., "What I Experienced Yesterday Is Who I Am Today: Relationship of Work Motivations and Behaviors to Within-

> Individual Variation in the Five-Factor Model of Personality," *Journal of Applied Psychology* 99, no. 2 (2014): 199-221, https://doi.org/10.1037/a0034485.
>
> b   Malissa A. Clark, Emily M. Hunter, and Dawn S. Calson, "Hidden Costs of Anticipated Workload for Individuals and Partners: Exploring the Role of Daily Fluctuations in Workaholism," *Journal of Occupational Health Psychology* 26, no. 5 (2021): 393-404, https://doi.org/10.1037/ocp0000284; Christian Balducci et al., "A Within-Individual Investigation on the Relationship between Day Level Workaholism and Systolic Blood Pressure," *Work and Stress* 36, no. 4 (2022): 337-354, https://doi.org/10.1080/02678373.2021.1976883.
>
> c   Cristian Balducci, Lorenzo Avanzi, and Franco Fraccaroli, "The Individual 'Costs' of Workaholism: An Analysis Based on Multisource and Prospective Data," *Journal of Management* 44 (2018): 2961-2986, https://doi.org/10.1177/0149206316658348.
>
> d   Nicolas Gillet et al., "Investigating the Combined Effects of Workaholism and Work Engagement: A Substantive-Methodological Synergy of Variable-Centered and Person-Centered Methodologies," *Journal of Vocational Behavior* 109 (2018): 54-77, https://doi.org/10.1016/j.jvb.2018.09.006.

인지 요소: 일과 분리할 수 없는 상태

일중독자는 지나치게 일만 생각한다. 내가 만난 일중독자 가운데 많은 이들이 아침에 눈뜨자마자 제일 먼저 떠올리는 것이 일이고 잠자리에 들기 전에 마지막으로 떠올리는 것도 일이라고 했다. 일 생각에 잠을 설치는 사람도 있다. 일례로, 로렌은 지난밤에 보내려던 이메일이나 곧 진행할 프로젝트 생각이 나서 새벽 3시에 잠에서 깨기도 했다. 보통 사람들에게 이런 일은 아침에 일어나서 해도 되는 사소한 일일 것이다. 이메일 때문에 잠에서 깼다고 하면 깜짝 놀랄지도 모른다. 하지만 로렌에게는 전혀 놀랍지 않은 일이다. 다시 잠들지 못하는 밤이면 로렌은 그대로 아침까지 일을 하다가 아이들이 일어나면 등교 준비를 돕곤 했다. 퇴근해서 집으로 돌아가는 중에도 로렌은 *집에 도착했을 때* 기억할 일들을 음성 메시지로 휴대폰에 남긴다. 집에서 할 일을 잊지 않으려고 주행 시간도 허투루 쓰지 않는 것이다. 집에 도착해서는 남편과 일 이야기를 나눈 후 본격적으로 일을 시작하고, 아이들과 시간을 보내거나 저녁을 준비하는 동안에도 일 생각이 끊이지 않는다. 로렌은 지난날을 돌아보며 일 생각을 하지 않은 날을 찾기는 힘들다고 말한다.

전문용어로 이러한 행동을 '반추rumination'라고 한다. 일중독자는 늘 일을 생각하고 또 생각한다. 특히 일해야만 한다는 강박증과 짝을 이루어 업무 생각이 머릿속을 지배할 때, 이 생각을 차단하는 것은 지극히 어렵다.

끊임없이 업무를 반추하는 것은 여러모로 해롭다. 무엇보다 큰 문제는 휴식과 회복을 방해한다는 것이다. 은퇴한 사회복지사 앤-마리Anne-Marie는 수십 년간 익명의 일중독자 모임 회원이었다. 그는 일중독 탓에 제대로 잠을 자지 못한 경험을 내게 들려주었다. "잠이 들어도 밤새 분주하게 일한 느낌이었어요." 그의 담당의는 이를 가리켜 '비회복성 수면'이라고 했다. 밤새 머릿속으로 업무를 처리하느라 쉬지 못하기에 아침에 눈을 떠도 피곤함이 가시지 않은 것이다. 낮 동안 소진된 몸과 마음의 에너지를 재충전하려면 회복이 반드시 필요하다. 그러니까 밤에는 푹 자야 하고, 깨어 있을 때도 일에서 벗어나 쉬는 시간이 필요하다.

끊임없이 업무를 반추하는 것이 해로운 이유는 또 있다. 몸이 어디에 있든 머릿속으로 일 생각만 한다는 것은 *온전히 그 순간을 함께하지 못함*을 의미하기 때문이다. 로렌을 생각해보자. 로렌은 아이들의 등교를 돕지만 생각은 다른 곳에 있다. 일중독자들은 남들에게 잘 감춘다고 생각할 테지만, 마음이 딴 데 팔려 있는 것을 주변 사람들도 다 알아차린다.

실제로 일중독자들의 배우자를 인터뷰했을 때 공통으로 언급한 특징이 '일과 삶을 분리하지 못하고' 또 '대체로 주의가 산만하다'는 것이었다. 일중독자 부모에게 관심을 얻으려고 아이들끼리 싸우는 일이 늘었다고 말한 이도 있었다.

오해: 기술로 생산성이 향상된 만큼 일중독은 감소한다

모든 공급 업체와 동시에 회의를 진행하고 싶은가? 비행기를 타고 국경을 넘는 수고는 잊어도 좋다. 화상 통화를 이용하면 간단히 해결된다. 복잡한 통계를 분석해야 하는가? 분석 소프트웨어를 돌리면 몇 초면 해결된다. 이는 업무에만 적용되는 원리가 아니다. 역사학자 루스 슈워츠 코완Ruth Schwartz Cowan은 그의 책 《어머니의 여가 시간은 늘었는가More Work for Mother》에서 세탁기와 전자레인지 같은 이른바 시간을 벌어주는 가전기기가 도입된 후, 과거에는 하인이나 가사도우미가 하던 일을 중산층 가정주부가 하게 되었다고 설명한다.[a] 신기술 도입으로 여러 일을 처리하는 데 필요한 시간이 줄었다면 그만큼 여가 시간이 증가하고 사람들이 할 일이 줄었을까? 이 질문의 정답이 무엇인지 모르는 이는 없을 것이다. 답은 '아니요'다.

어떻게 된 걸까? 역사학자 시릴 노스코트 파킨슨C. Northcote Parkinson은 1955년에 이렇게 썼다. "마감일이 주어지면 그 시간을 모두 채울 만큼 일이 늘어난다."[b] 오늘날 이는 파킨슨 법칙Parkinson's Law으로 불린다. 여러 경우에 이 법칙을 적용할 수 있지만(일례로 우리가 일을 미루는 이유를 설명할 수 있다), 일중독에 적용하자면 여가 시간이 늘어도 그 시간을 더 많은 일로 채우는 것을 의미한다. 일례로, 분석 소프트웨어를 써서 신속하게 업무를 처리한다고 해서 일하는 시간이 감소하는 것은 아니다. *데이터를 더 많이 분석하게 될 뿐이다.*

이와 관련해 '자율성의 역설autonomy paradox'이라는 현상이 있다. 기술이 발달해 우리가 일하는 장소와 시간과 방식을 우리가 더 자유로이 선택할수록 오히려 더 많은 일을 하게 된다는 것이다.[c] 오늘날 일중독이 증가하는 것은 기술의 발달 *때*문이다. '가볍게 일하기'라는 위장 전술을 그 어느 때보다 쓰기 편한 것도 기술 덕분이다. 실제로는 일을 하면서, 일과 무관한 활동을 하는 것처럼 자신을 속이는 것이다. 이를테면 저녁을 먹고 나서 슬랙 메신저 프로그램을 켜서 대화 내용을 점검한다. 혹은 휴가지에 일거리를 가져가거나 아침에 일찍 일어나 밤새 도착한 이메일을 확인하며 남들보다 빨리 업무를 시작한다. 기술은 말 그대로 양날의 검이다. 기술 덕분에 일과 생활의 경계가 희미해지고 일중독자를 양산하기 좋은 환경이 조성되었다.

[a] Ruth Schwartz Cowan, *More Work for Mother: The Ironies of Household Technology from the Open Hearth to the Microwave* (New York: Basic Books, 1983).
[b] C. Northcote Parkinson, "Parkinson's Law," *Economist*, November 19, 1955, https://www.economist.com/news/1955/11/19/parkinsons-law.
[c] Melissa Mazmanian, Wanda J. Orlikowski, and JoAnne Yates, "The Autonomy Paradox: The Implications of Mobile Email Devices for Knowledge Professionals," *Organization Science* 24, no. 5 (2013): 1337-1357, https://doi.org/10.1287/orsc.1120.0806.

정서 요소: 일하지 않을 때 느끼는 부정적 감정

일중독자들은 쉬고 있을 때면 불안감과 죄책감에 시달릴 때가 많다. 상황이 여의치 않아서 혹은 사람들 때문에 일을 못 하게 되면 답답하고 짜증 나고 화가 난다.

일중독자들의 불안감을 야기하는 요인은 한두 가지가 아닌데, 그중에는 상상의 시나리오도 있다. 사람들에게 게으르다는 평가를 받지는 않을까. 사실은 별 볼 일 없는 사람이라고 생각되지 않을까. 승진 기회가 사라지는 건 아닐까. 이런 시나리오를 떠올리면 일중독자는 마음이 불안하고 견디기가 힘들다. 그리고 이 기분을 떨쳐낼 방법은 오직 일을 하는 것뿐이다.

완벽주의 성향이 있는 유치원 교사 데세아는 시간 내에 일을 끝내지 못할 것 같은 두려움이 끊임없이 자신을 몰아붙였다고 말했다. 데세아는 무슨 일이든 당장 끝내지 않으면 안 될 것처럼 초조했다. "휴가지에서도 일분일초도 낭비할 수 없어요. 모든 일정을 철저하게 계획해야 해요. 한시도 낭비하면 안 되니까요."

아직 할 일이 남아 있고, 무언가를 더 해야 한다고 느낄 때 죄책감이 생긴다. 가령, 하루 혹은 일주일 동안 당신이 할 일을 떠올려보자. 나처럼 일중독 성향이 있다면 할 일이 끝없이 꼬리에 꼬리를 물고 이어질 것이다. 할 일을 하나 끝내고 나면 또 새로 할 일이 추가되기 때문이다. 이처럼 일을 완성하지 못한 상태가 이어지면서 일중독자는 지속적으로 스트레스에 노출되고, 이를 해소하기 위해서라도 계속 일을 하게 된다. 이는 일중독자의 완벽주의 성향과도 관련이 있다. 일을 완결하지 못한 채 일에서 손을 떼기가 힘들기 때문이다.

일중독자에게는 일을 *쉬어도* 좋은 정당한 이유라는 게 없을 때가 많다. 따라서 일을 방해하는 활동이라면 그것이 무엇이든 죄책감을 느끼기 쉽다. 내가 인터뷰한 일중독자들은 가족 모임이나 결혼식, 심지어 장례식 같은 중요한 경조사에 참석하느라 일하지 못할 때도 죄책감이 든다고 했다.

유감스럽지만 나 역시 비슷한 경험이 있다. 대학원에 다니던 시절에 나는 두 아이를 낳았다. 당시에는 대학원생을 위한 출산휴가 제도가 없었다(요즘에는 다행히 사정이 나아졌다). 어쩌다 보니 내 딸 알렉스Alex는 학기 중에 태어났다. 대학원 수업을 들으며 학부에서 직장심리학을 가르치고 있을 때였다. 일중독자였던 내 머릿속에는 가능한 한 수업 일정을 빠트리지 말아야 한다는 생각밖에 없었다. 내가 '훌륭한 조교'로서 학기를 무사히 마치려면 다른 대안은 생각할 수도 없었다. 나는 알렉스를 낳고 딱 일주일 쉬었다. 지금 생각하면 말도 안 되는 소리지만 다른 사람들에게 내가 불편을 끼친 것 같아서 괜히 죄책감을 느꼈고, 폐를 끼치고 싶지 않아서 아무에게도 도움을 요청하지 않았다. 물론 지도 교수에게 요청했다면 내가 더 많이 쉬도록 배려해주었겠지만, 대학원 수업에 소홀한 학생으로 비치기 싫었다. 나는 출산 예정일이 다가올수록 미친듯이 일에 매달렸고 힘닿는 대로 최대한 많은 과제를 처리했다. 알렉스를 출산하기 전날 오후에는 진통 간격을 재면서 중간고사를 준비했다. *아이를 출산하느라* 어쩔 수 없이 일을 쉬기 전까지 일분일초도 허비하지 않으려고 애썼다.

일중독자였던 나는 출산 때문에 일에 소홀해질까 봐 극도로 경계하면서도 정작 일 때문에 내 아이를 비롯해 인생에서 소중한 사람들의 기대를 저버릴 수 있음을 생각하지 못했다. 이처럼 일중독에 빠지면 삶의 모든 영역을 교묘하게 오직 일만으로 채우게 되고, 그러다 보면 자기 생각이나 상상에 어떤 모순이 있는지조차 발견하지 못하게 된다.

일중독자가 되면 주변 사람들(자녀, 배우자, 친구, 가족)을 일에 방해가 되는 존재로 여기게 된다. 사실은 일 때문에 가족과 함께할 시간을 빼앗기는 것인데, 일중독자는 반대로 가족 때문에 일할 시간을 빼앗긴다고 느낀다.

⋮

일중독이 무엇인지 이처럼 세밀하게 설명한 글은 흔치 않을 것이다. 일중독이 정확히 무엇인지 그리고 일중독이 확산되는 데 일조하는 요인을 구체적으로 살피는 것이 중요한 까닭은, 그 증상을 제대로 이해해야 우리 자신은 물론 다른 사람들이 일중독에 빠지지 않도록 예방할 수 있기 때문이다.

나는 앞서 '일중독'과 '일중독자'라는 용어 사용의 문제점을 언급했다. 내가 자주 경험한 문제점 하나는, 실제로는 일중독자에 해당하는 특징이 없는데도 자신의 성격을 묘사하는 방법의 하나로 일상에서 가볍게 이 용어를 쓴다는 것이다. 말하자면 "나는 못 말리는 쇼핑중독자야"라고 자랑하듯 말하거나 "나는 뼛속까지 초콜릿중독이야"라고 수줍게 자기를 묘사하는 식이다. 하지만 이런 방식의 용어 사용은 일중독 문제의 본질을 희석시킨다. 앞으로 더 깊이 이해하게 되겠지만, 일중독은 개인과 조직에 심각한 해를 끼친다. 이제부터 일중독이 무엇인지 구체적으로 특징을 포착하고, 문제를 해결하고, 고쳐보자.

일중독 자가 진단

지금까지 내가 언급한 일중독 특징을 읽으면서 '나도 이런 면이 있는 것 같다'라든지 '이거 진짜 내가 아는 사람 얘긴데'라고 생각하는 이들도 있을 것이다. 만약 조직을 이끄는 사람이라면 일중독 성향을 보이는 사람이 누구인지 진단할 방법을 알고 싶을 것이다.

다행히 내가 만든 일중독 진단표가 있다. 먼저 기본 진단표를 여기 소개한다. 전체 진단표는 부록에 담았고, 익명의 일중독자 모임에서 사용하는 진단표도 함께 제공한다.

다음 문항을 읽고 자신에게 해당하는 평가 척도에 따라 각 항목에 점수를 매겨보자.

> 1 = 전혀 그렇지 않다 2 = 거의 그렇지 않다 3 = 가끔 그렇다
> 4 = 자주 그렇다 5 = 항상 그렇다

① 일하지 않으면 뭔가 잘못된 기분이 들어서 어쩔 수 없이 일을 하게 된다. _____
② 일하는 시간이 아닐 때도 일 생각을 멈추기가 어렵다. _____
③ 어떤 이유에서든 하루라도 일을 못 하게 되면 기분이 나쁘고 속상하다. _____
④ 내 직무 요건 이상으로 일하는 경향이 있다. _____

이제 네 항목에 매긴 점수를 합산하자. 점수는 1점에서 20점까지다.

총점이 15점 이상이면 뚜렷한 일중독 징후를 보인다고 할 수 있다. 총점이 15점 미만이라도 특정 항목에서 4점이나 5점이 나왔다면 일중독 성향을 의심해야 한다.

요점 정리

- 일중독은 증가하는 추세다. 일중독은 일중독자 본인은 물론 그 주변 사람들과 조직에 해롭다.
- 장시간 노동만으로 일중독이라 단언할 수는 없다. 행동, 동기, 인지, 정서, 이 네 가지 측면에서 고려할 특징이 있다.
- 일중독은 질병이 아니다.
- 일중독에는 정도의 차이가 존재한다. 당장은 일중독 성향이 높지 않아도, 부정적 영향을 받을 위험성이 있다.
- '긍정적 유형'의 일중독은 없다.
- 일중독자가 더 생산적인 것은 아니다.
- 남성이나 여성이나 일중독 위험성은 동일하다.
- 기술의 발달이 일중독 성향을 악화시켰다.

/ 2장 / **일중독자의 초상**

NEVER NOT WORKING

인생에서 일이 제일 중요해질 때 우리는 가족과 함께하는 행사나 의식의 중요성을 가볍게 여기고, 무시하고, 망각하게 된다. 아이들의 입학식과 졸업식을 놓친다. 아이들의 생일을 잊어버린다. 설령 행사에 참석하더라도 일 생각 때문에 아이는 뒷전이다.

-심리치료사 브라이언 E. 로빈슨Bryan E. Robinson, 《#쉼#Chill》

"암입니다."

은퇴한 교육자 엘렌Ellen은 암 진단을 듣고 몹시 두려웠던 순간을 떠올린다. 유방암 검사를 받은 결과 유방에 혹이 있었다. 암이라니, 누구에게나 크나큰 충격일 것이다. 하지만 엘렌은 업무에 차질이 생길 것을 더 걱정했다. 엘렌이 말했다. "의사는 속히 유방 절제술을 받아야 한다고 했지만 저는 그 시기를 조율했어요. 한 달 뒤 휴가가 있으니 휴가 직전에 수술을 받는 것이 병가를 최대한 줄일 수 있는 길이었죠."

문제는 엘렌이 악성종양을 너무 만만하게 보았다는 것이다. "그래서 어찌 되었는지 아세요? 암이 엄청 빠르게 자랐어요. 진단 후 휴가가 시작되기 전까지 무려 2배로 커졌죠. 도대체 무엇 때문에 내 목숨을 벼랑 끝까지 몰아넣었을까요?"

엘렌 같은 사례는 흔하다. 나는 수많은 일중독자들과 이야기를 나눴고, 그들은 모두 자신의 행복을 뒷전에 두고 살아온 이야기를 들려주었다. 일중독자에게는 자기 생명이 위급한 순간에도 일이 제일 중요하다. 이들은 본인은 물론 주변 사람들이 피해를 보더라도 일을 최우선으로 고려한다. 물론 목숨이 오가는 상황만큼 심각하지는 않겠지만, 일중독자는 조직에도 피해를 끼친다. 조직 구성원들이 건강을 해치지 않도록 하려면 비용이 발생하기 때문이다.

엘렌은 암에 걸리고도 생존했지만 다른 이들은 목숨을 잃었을지도 모른다. 미국에서 다섯 번째로 꼽히는 사망 원인이 직장이다. 여러 연구에 따르면 노동시간이 긴 사람들의 사망률이 그렇지 않은 이들에 비해 거의 20퍼센트나 더 높은 것으로 나타났다.[1] '과로로 인한 사망'이라는 뜻의 일본어 '카로시'를 생각해보자. 《타임 푸어: 항상 시간에 쫓기는 현대인을 위한 일, 가사, 휴식 균형 잡기》의 저자 브리짓 슐트Brigid Schulte는 〈더 나은 삶 연구소Better Life Lab〉라는 팟캐스트 방송에서 '미국의 과로사'라 부를 만한 현상의 위험성을 다루는 데 한 시즌 전체를 할애했다.[2]

나는 이 책에서 엘렌뿐 아니라 여러 비슷한 사례와 이를 뒷받침하는 자료를 제시해 일중독이 건강에 얼마나 심각한 위협이 되는지 보여주고자 한다. 이 글을 읽으며 일중독이 신체에 미치는 영향을 구체적으로 이해하고, 이런 특징이나 징후가 당신 자신이나 주변 사람들에게 보이는지 생각해보자.

일중독 행동 징후

당신 자신이나 아는 사람이 일중독이 아닌지 걱정이라면 몇 가지 주의해서 살필 징후가 있다. 사실 아래와 같은 행동을 한 번도 하지 않는 사람은 없다. 다들 시간을 더 들여서라도 나무랄 데 없이 일을 마무리하고 싶어 한다. 다만 일중독자는 '매번' 이렇게 행동한다는 데 차이점이 있다. 일중독자에게는 지속적으로 이런 행동이 나타난다. '매번 반복하는 행동' 네 가지를 살펴보자. 반추, 과도한 헌신, 분주함, 완벽주의다.

반추: 언제나 일 생각뿐이다

일중독자는 끊임없이 일에 집착한다. 불가능한 일은 아니겠지만 일과 자신을 분리하기가 무척 어렵다. 다른 사람들이 업무 외의 활동에 신경 쓰려고 하면 일중독자들은 불편해하거나 짜증을 내거나 심지어 화를 낸다.

과도한 헌신: 항상 너무 많은 일을 맡고, 한계를 두지 않는다

강박적으로 일에 매달리는 사람의 뚜렷한 특징 하나는 틈만 나면 일거리를 찾아 나선다는 것이다. 예를 들어 알버트Albert가 그렇다. 그는 주당 60시간 근무하니 여유가 생겨서 더 많은 일을 할 수 있다고 설명했다. "다른 일을 할 수 있는 시간이 많았죠. 그래서 사업을 하나 새로 시작했어요."³ 심리치료사인 베로니카Veronica는 일중독을 설명하면서 그리스신화에 나오는 세이렌에 비유했다. 아름답고 고혹적이지만 치명적인 노래로 오디세우스를 유혹한 세이렌처럼 일중독이 그만큼 교묘하고 유혹적이라는 말이었다. 익명의 일중독자 모임에 꾸준히 참여한 베로니카는 직장에서는 일중독 성향을 제어할 수 있었지만, 사적으로 진행하는 다큐멘터리를 집필하느라 정규직 포함해 하루에 12시간씩 일에 매달리게 되었다. 베로니카의 말을 빌리자면 다행히, 다큐멘터리 제작은 무산되었다. 하지만 베로니카는 그 경험으로 정규직과 상관

없는 창작 활동에서도 쉽사리 일중독에 빠질 수 있음을 깨달았다.

일중독자들은 자신의 신체적 한계를 모르거나 무시한다. 이들은 몸이 견디지 못할 때까지 일할 때가 많다. 우리가 제1장에서 언급한 유치원 교사 데세아도 그렇다. 데세아는 심각한 일중독으로 몸이 망가져서 19주나 휴직해야 했다. 데세아에 따르면 어느 날 갑자기 몸을 쓸 수 없게 되었다. 마치 몸이 이렇게 소리치는 듯했다. "그거 알아? 네가 쉬지 않겠다면 내가 억지로라도 쉬게 만들어주지."

일중독자는 틈만 나면 일을 해야 마음이 편하기 때문에 일을 하지 못하는 상황이 되면 애를 태우고, 이 감정은 우울증이나 정서적 고통으로 발전한다. 익명의 일중독자 모임에 5년째 참여하고 있으며 비영리단체를 경영하는 사라Sarah는 몸에 심각한 이상이 있으니 일을 쉬어야 한다는 진단을 받고 나서도 건강을 돌볼 생각을 하지 못한 채 고민에 빠졌다. "내가 왜 살아야 할까? 내 삶의 목적이 무엇일까?"

일에서 자신의 정체성을 확인하는 사람은 자기 몸의 한계를 모르거나 무시하고 일을 하기 때문에, 일을 쉬게 되면 자신이 존재할 이유를 느끼지 못해 위기를 겪는다. 내가 인터뷰한 사람들 중에는 심각한 우울증을 겪고 자살을 생각하거나 실제로 자살을 시도한 사람들도 있었다. 무엇보다 끔찍한 사실은, 자신이 한계에 이르고 있음을 알면서도 멈추지 못한다는 것이다. IT 전문가인 크리스Chris는 일중독으로 30년 넘게 고생했다. 그는 몸이 한계에 이르고 있음을 알았다. 몸도 마음도 지칠 대로 지친 그는 이러지도 저러지도 못하고 파국을 향해 치닫는 기분이었다. 하지만 이번에도 일을 완수할 수 있을 거라고 끊임없이 자신을 격려했다. 줄곧 그렇게 일해왔기 때문이다. 그는 스스로 일중독을 합리화했다. "고객의 시차를 고려해야 하니까 밤늦게 일하지 않으면 안 돼." (그는 유럽에 있고 미국에 있는 고객들을 상대할 때가 많았다.) "이 프로젝트를 끝내지 못하면 큰일 나." 혹은 "휴일에 내 동료들이 일하게 만들고 싶지 않아. 그러니까 내 선에서 끝낼 거야." 크리스의 하루 일과는 대개 이렇다. 아침 6시에 일어나 7시 30분까지 출근해 하루 10시간~12시간 일한다. 퇴근해서 집에 돌아오면 저녁을 먹고 차를 마시고 산책을 다녀온 뒤 자정까지 또 일한다. 어느 순간 돌아보니 일주일 내내 이렇게 하루를 보내고 있었다. 녹초가 되어 잠자리에 들지만 업무 걱정에 밤새 뒤척이며 잠을 이루지 못했다.

하지만 사람의 몸에는 한계가 있다. 오랫동안 이렇게 생활하던 크리스는 어느 날 출근길에 자기가 눈물을 흘리고 있다는 걸 깨달았다. 회사에서 겪는 문제도 갈수록 심각해졌다. 병원에 가보라는 아내의 간곡한 요청을 받아들여 마침내 크리스는 병원을 찾았고, 심각한 불안증과 우울증 진단을 받았다. 약을 처방받았지만 크리스는 약을 먹지 않고 일에 몰두하며 어떻게든 문제를 돌파하려고 애썼다. 하지만 그 방법은 효과가 없었다. 병원에서 진단받은 지 일주일 후 크리스는 자살을 시도했다.

크리스는 할 만큼 했다고 생각했다. 현재 크리스는 훨씬 나은 곳에서 일하고 있다. 회사에서 그가 했던 역할은 이제 다른 사람이 맡고 있다. 요즘 크리스는 자신의 건강을 돌보는 일을 우선시하고 일중독 성향을 다스리는 데 공을 들인다. 일중독 성향이 있음을 스스로 인정하고 일을 더 하고 싶은 욕구에 굴복하지 말라고 끊임없이 다짐한다. 일 생각만 하는 머릿속을 잠재우는 데 도움이 되는 나름의 전략을 개발하기도 했다. 그중 하나가 '추억 상자'라고 부르는 전략이다. "하루 일과를 마칠 준비가 되면 휴대폰을 추억 상자에 집어넣어요. 이메일을 계속 확인하는 것을 방지할 수 있죠. 제가 직장과 단절될 수 있는 유일한 방법입니다. 이러지 않으면 일하고 싶은 욕구를 제어할 수 없어요."

분주함: 항상 무언가를 하고 있다

직장에서 과도한 책임을 맡지 않았더라도 항상 어떤 일을 하고 있다면 일중독 성향이 있다고 볼 수 있다. 일중독 성향은 지속적인 분주함에서 나타난다. 업무량에 치일 정도는 아닐지 몰라도 언제나 할 일을 찾는다. 생리적 관점에서 이는 스트레스 호르몬 때문인데, 이 스트레스는 아무래도 자신이 부족하다고 생각하는 두려움에서 비롯될 때가 많다.

로렌은 이를 가리켜 항상 뭔가 일을 해야 한다는 압박감이라고 설명했다. 일중독자들이 흔히 그렇듯이 로렌은 밤에도 주말에도 수시로 이메일을 확인하곤 했다. 텔레비전을 켜놓고 쉴 때도 인터넷에서 기사를 찾아 읽고, 운동할 때도 업무 관련 팟캐스트를 듣곤 했다. 러닝머신을 뛰면서도 논문을 읽고 자기 연구에 참고할 내용에 강조 표시를 남겼다. 그는 웃으며 말했다. "러닝머신을 뛰면서 논문에 강조 표시를 남기는 게 얼마나 힘든지 아세요?"

일중독자에게는 놀이도 일이다. 취미도 또 다른 강박으로 자리 잡는다. 성인용 색칠 공부 책은 긴장을 풀고 머리를 식히기에 좋은 도구로 알려져 있다. 하지만 일중독에서 회복 중이던 사라는 그마저도 일종의 업무 프로젝트처럼 다루었다고 한다. 사라는 색을 칠할 때마다 그림을 완성해야 한다는 압박감이 들었다. 그러다 보면 손에 쥐가 날 것만 같았다. 굳이 그림을 완성할 필요가 없다고 생각하면서도 색칠을 멈출 수가 없었다. 은퇴한 사회복지사 앤-마리는 취미로 원예를 할 때조차 자신의 몸을 챙기지 않았다고 한다. "정원에 나가서 몇 시간씩 보냈어요. 식물 가꾸기에 몰입한 나머지 먹고 마시는 것도 잊고 화장실 가는 것도 잊었죠. 진이 빠지게 일하다가 나중에는 연장을 정리하거나 저녁을 차릴 기운도 없었죠. 그대로 침대에 쓰러져 잠이 들곤 했어요."

일중독자는 휴가 중에도 일을 놓지 못한다. 익히 알겠지만 일중독자들은 휴가 *전후*를 특히 중요하게 여긴다. 이들은 휴가(사실 제대로 쉬지도 않겠지만)에 못 하는 일을 보충하려면 휴가 전후로 더 열심히 *일해야 한다*는 생각을 떨치지 못한다. 이러한 태도는 당연히 주변 사람들, 특히 느긋하게 휴식에 집중하고 싶은 가족에게 악영향을 미친다. 일례로, 크리스는 휴가를 떠날 때면 휴일 전날 밤늦도록 일했다고 한다. 또 공항까지 가거나 공항에서 돌아오는 길에는 아내에게 운전을 맡기고 자신은 뒷좌석에 앉아 일하곤 했다.

일중독자에게 흔히 나타나는 특징 하나는 항상 일을 하고 있다는 것뿐 아니라 무엇을 하든지 항상 시간을 *설계*한다는 점이다. 일중독자는 시간을 설계하지 않으면 불편하기 짝이 없다. 아무 계획이 없으면 시간을 낭비하고 있을 뿐만 아니라 아무 일도 하지 않는 듯한 기분이 들고, 이런 기분을 견디지 못한다.

항상 바쁘게 일하는 것은 일중독자에게는 명예로운 훈장과 같아서, 자신의 중요성과 가치를 본인과 세상에 증명하는 역할을 할 때가 많다. 이는 현대사회가 분주한 삶을 칭송하기 때문이기도 하고, 분주하게 살아야 생산성이 높은 사람으로 보이기 때문이다. 사실은 그렇지 않다. 조직의 관리자라면 한번 생각해 보자. 앞에서 칭찬하든 뒤에서 칭찬하든, 바쁘게 일하는 직원을 높이 평가하는가? 주말에도 시간을 투자해 일하는 직원에게 공개적으로 감사를 표현하는가? 프로젝트에 시간을 많이 투자한 직원일수록 긍정적으로 평가하는가? 그렇다면 일중독 행동을 부추기는 관리자다. 우리 사회는 분주한 삶을 장려하는 문화가 널리 퍼져 있다. 나중에 살펴볼 테지만 이 문화를 극복할 방법이 있다.

완벽주의: 결코 만족하는 법이 없다

최선을 다하고 싶은 것은 자연스러운 욕구이지만 완벽주의자들은 '최선'만으로는 부족하다. 내가 연구한 바에 따르면 일중독을 구성하는 각 요소는 완벽주의와 연관성이 깊다. 자기 성과에 지나치게 비판적이거나 지나치게 높은 기준을 세우는 것도 완벽주의 성향에서 비롯된다.[4] 완벽주의가 일중독을 조장하는지 아니면 일중독이 완벽주의를 조장하는지는 밝힐 수 없었지만, 둘 사이에 상관성이 매우 크다는 사실은 분명하다. 내가 인터뷰한 대다수 일중독자들은 일중독을 키우는 데 일조한 요인으로 완벽주의 성향을 꼽았다(나 자신의 일중독 성향을 봐도 이들의 말에 전적으로 동의한다). 그러므로 완벽주의가 일중독을 키울 가능성이 크다고 생각한다.

성별과 일중독

성별에 따라 일중독이 미치는 영향을 다룬 연구는 아직 초기 단계이지만 남녀 간의 차이점이 조금씩 밝혀지고 있다. 성별 차이에서 오는 많은 문제가 그렇듯이 일중독 문제에서도 여성이 불리한 영향을 더 많이 받는 것으로 보인다.

남성은 가장의 무게를 내세워 일에 집착하는 이유를 설명할 수 있다. 그렇다고 일중독의 심각성이 줄어드는 것은 아니지만 어쨌든 여성에 비해 신체적, 정신적 부담이 덜하다고 볼 수 있다. 여성은 직장에서 일할 때뿐만 아니라 집에서도 '이상적인 엄마'가 되어야 한다는 사회적 기대와 내면화된 압박에 직면한다. 일중독 성향이 있는 여성이라면 과로하기 좋은 환경이다. 로렌을 예로 들어보자. 이상적인 엄마라는 기대치에 자신이 부응하지 못한다고 생각한 로렌은 직장에서라도 이상적인 직원이 되려고 스스로를 몰아붙였다. 로렌은 강도 높은 일터에서 정규직으로 일하기로 선택한 것에 스스로도 약간 죄책감을 느꼈고, 주변에서도 은근한 압박을 받았다. 사람들은 로렌의 선택이 '그럴 만한 가치가 있는지' 의문을 표시했다. 사람들이 오가며 무심코 던지는 말들은 한마디로 이런 뜻이었다. "아이들을 다른 사람 손에 맡길 만큼 당신이 직장에서 하는 일들이 가치 있는 일이었으면 좋겠어." 이 말들은 로렌이 느끼는 압박감을 가중시켰고, 로렌은 자기 일에서 힘닿는 데까지 최고의 자리에 올라야 한다고 다짐했다. "이 모든 시간과 노력을 직장에 쏟을 거라면 제대로 해야겠다는 생각뿐이었어요. 그냥 잘하는 수준으로는 부족해요. 이만큼 희생할 거라면 찬란하게 빛나는 성과를 내야만 해요."

습관화된 일중독과 혈압을 조사한 연구에 따르면 일중독과 고혈압 사이의 연관성은 여성에게서 더 강하게 나타났다.[a] 내가 수행한 메타분석에서도 일중독으로 몸에 이상을 겪을 가능성이 남성보다 여성에게서 더 크게 나타났다. 특히 표본 집단의 여성 비율이 증가할수록 일중독과 건강 문제의 연관성이 더 강해지는 경향을 보였다.[b]

더 많은 연구가 필요하겠지만 지금까지 드러난 증거라든지 내가 인터뷰를 진행하면서 과거에 혹은 현재 일중독인 여성과 남성에게 수집한 사례에 근거할 때, 남녀 간의 경험차에 따라 개입 방법도 조정할 필요가 있다.

[a] Cristian Balducci et al., "A Within-Individual Investigation on the Relationship between Day Level Workaholism and Systolic Blood Pressure," *Work and Stress* 36, no. 4 (2022): 337-354, doi:10.1080/02678373.2021.1976883.

[b] Malissa A. Clark, Rachel Williamson Smith, and Nicholas J. Haynes, "The Multidimensional Workaholism Scale: Linking the Conceptualization and Measurement of Workaholism," *Journal of Applied Psychology* 105, no. 11 (2020): 1281-1307, https://doi.org/10.1037/apl0000484.

👤 일중독자의 건강이 나빠지는
　요인은 무엇일까?

앞서 소개한 사례들을 보면서 자신과 일을 분리하지 못하는 사람들이 실제로 위험에 처해 있고 때로는 끔찍한 결과를 맞이한다는 사실을 인지하게 되었을 것이다. 이는 그저 몇몇 사람에게나 해당하는 이야기가 아니다. 실제 데이터를 보면 충분히 예측 가능한 일이며 일정한 양상을 보인다. 나는 동료들과 수십 편의 논문을 분석하고 일중독과 건강 악화 사이에 뚜렷한 연관성이 있음을 알아냈다.[5] (뿐만 아니라 일중독이 건강에 영향을 미치는 방식에서 남성과 여성 간에 유의미한 차이가 있음을 발견했다. '성별과 일중독' 부분을 참조하기 바란다.)

일중독이 건강에 어떤 악영향을 미치는지 구체적으로 들여다보기 전에 신체에 영향을 주는 주요 원인 두 가지를 먼저 살펴보자. 하나는 일중독자들이 투쟁-도피 반응fight-or-flight 상태에서 끊임없이 스트레스를 받는다는 것이고, 또 하나는 몸과 마음을 제대로 회복하지 못한다는 것이다.

일중독자들은 투쟁-도피 반응 상태에서 벗어나지 못한다

사람은 스트레스나 위협을 느낄 때 본능적으로 투쟁-도피 반응을 보인다. 이때 사람의 몸은 임박한 위협에 맞서 싸울 준비를 갖춘다.⁶ 스트레스나 위협을 느낄 때 사람은 자율신경계가 활성화된다. 그 결과 심박수가 상승하고 호흡이 가빠진다. 우리 몸은 스트레스 호르몬인 코르티솔 생산량을 늘린다. 코르티솔은 간에서 포도당 합성을 촉진해 근육으로 공급되는 포도당양을 늘려 에너지를 생성하는 한편, 당장은 중요하지 않은 기관, 이를테면 소화기관이나 면역 체계 같은 곳에 공급되는 포도당양을 줄인다. 다시 말하지만, 위기 상황에서는 이런 방식으로 효율성을 높이는 것이 무척 유용하다. 끝으로, 시상하부에서는 위협에 대처하기 위해 교감신경계를 활성화해 아드레날린을 분비한다. 사람이 위기 상황에서 초인 같은 힘을 쓸 수 있는 이유도 아드레날린이 급중하고 포도당 공급량이 증가하기 때문이다. 그러고 보니 톰 보일 주니어Tom Boyle Jr.의 이야기가 떠오른다. 그는 무려 1.3톤이 넘는 차량을 기적처럼 들어 올려 그 밑에 끼여 있던 자전거 선수의 목숨을 구했다.⁷

투쟁-도피 반응을 보이는 것이 위급한 상황에서는 유익하겠지만 이것이 일상에서 지속될 때는 많은 문제를 일으킨다. 예를 들어, 코르티솔이 과도하게 분비되면 혈압과 심박수가 상승한 상태로 유지되어 안정 시에도 혈압이 상승하는 결과를 초래할 수 있다. 과학자들은 투쟁-도피 반응을 지속함으로써 우리 몸에 미치는 악영향을 설명할 때 주로 '신항상성

allostasis' 개념을 쓴다. 이는 우리 몸이 환경의 요구에 따라 변화하고 적응하며 항상성(안정성)을 유지하는 것을 가리킨다. 신항상성 부하 모델에 따르면 스트레스 처리 과정 초기에 우리 몸은 신경계와 내분비계를 활성화해 스트레스에 적응한다.[8] 우리 몸이 건강하게 반응하는 경우 위협이 사라지면 몸이 안정을 찾고 항상성을 유지한다. 하지만 일중독자들처럼 신경계가 만성적으로 활성화되면 몸이 지속적으로 자극을 받아 문제가 발생한다. 이는 마치 자동차가 3천 킬로미터 대장정을 달리면 부품이 마모되는 것과 마찬가지다. 신경계와 내분비계가 지속적으로 정상 범위를 벗어나 조절장애가 발생할 때 이는 몸과 마음에 다양한 질병을 일으키는 위험 요인이 된다. 예컨대, 심장병, 만성질환, 당뇨병, 우울장애를 포함해 심한 경우에는 사망에 이른다.[9]

일중독자는 몸과 마음을 제대로 회복하지 못한다

일중독이 건강에 해로운 두 번째 이유는 우리 몸이 스트레스에서 회복되는 과정과 관련이 있다. 긴장이 지속되면 피로가 누적되기 때문에 일을 많이 할수록 더 많이 휴식하고 회복해야 한다. 일을 너무 오래 할수록 오히려 생산성이 감소하는 이유다.

경제학자 존 펜카벨John Pencavel은 수십 년 동안 이 현상을 연구했다. 그는 우리가 일터에서 보내는 시간과 *생산적으로* 일하면서 보내는 시간을 구분해야 한다고 주장한다. 한계생산체감 개념에 비추어 볼 때 노동시간이 늘어날수록 생산적으로 일하는 노동시간은 줄어든다. 특정 시점을 넘어서면 노동생산성이 떨어지기 시작한다.[10] 가령, 수전Susan과 래리Larry라는 두 노동자가 있다고 하자. 수전은 이번 주에 30시간을 일했고 래리는 40시간을 일했다. 1시간 더 일한다고 가정할 때 래리보다 수전이 더 생산성이 높을 것이다. 래리가 이미 수전보다 꽤 오래 일했고 더 지친 상태이기 때문이다. 실제로 노동시간이 약 55시간을 넘어서면 시간당 생산성이 떨어진다(생산성을 그래프로 그린다면, 거꾸로 뒤집힌 U자 곡선을 생각하면 된다). 펜카벨이 제시한 모델에 따르면 70시간 일한 사람이 55시간 일한 사람보다 생산성이 더 높은 것은 아니다.

일중독이 건강에 미치는 악영향은 무엇인가?

일중독이 건강을 악화시키는 두 요인을 살폈으니 지금부터는 일중독과 밀접한 연관이 있는 건강 문제를 구체적으로 살펴보자.

심장병

장시간 일하는 것은 심장에 해롭다. 일례로, 노동연령 인구에서 전체 심혈관 질환 사망자의 10~20퍼센트가 업무 때문인 것으로 보인다.[11] 정규 업무 시간 외에 하루 3~4시간 연장 근로한 사람은 그러지 않은 사람에 비해 관상동맥 질환에 걸릴 위험성이 60퍼센트 더 높게 나타났다.[12] 25년 넘게 미국 노동자들을 추적한 연구에 따르면 주당 75시간 이상 일한 사람들이 주당 45시간 일한 사람들보다 심혈관 질환에 걸릴 가능성이 *2배* 이상 높게 나타났다.[13] 장시간 근무는 또한 고혈압, 뇌졸중 같은 심혈관 질환의 위험도를 높이는 것으로 밝혀졌다.[14]

하지만 앞서 말했듯이 장시간 노동만으로는 일중독으로 볼 수 없다. 그렇다면 일중독 때문에 발생하는 악영향은 구체적으로 어느 정도인가? 일중독과 심혈관 질환 사이에 뚜렷한 연관성이 있음을 증명하는 자료가 있다. 한 연구에 따르면 연구진은 재무 컨설팅 회사에서 일하는 750명이 넘는 네덜란드 직장인을 대상으로 건강진단을 실시했다. 노동시간과 대사증후군 위험도 사이에 연관성은 발견되지 않았다. 하지만 일중독은 대사증후군 위험도와 연관성이 있었다. 따라서 단순히 오래 일하는 게 문제가 아니라 일에 강박적으로 매달리는 성향이 심혈관 질환의 위험도를 높이는 요인이었다.[15] 마리사 살라노바Marisa Salanova 박사와 연구진이 스페인에서 간호사와 임상병리사 등 500명이 넘는 병원 직원들을 조사한 연구에서도 비슷한 사실이 밝혀졌다. 일중독 직원들은 다른 직원들에 비해 심혈관 질환과의 연관성이 뚜렷하게 나타났으며 향후 10년 내에 심혈관 질환에 걸릴 가능성이 가장 높은 것으로 드러났다.[16]

이 연구를 토대로 나는 동료들과 일중독과 심혈관 질환 사이의 연관성을 일상에서 관찰하기로 했다. 우리는 직장인들에게 2주 동안 매일 저녁 일중독적 사고(하루 일과를 마치고 얼마나 많이 일에 대해 생각하는지)와 일중독적 감정(계속 일을 하지 않으면 불편한 감정)을 얼마나 경험했는지 기록하고, 연구진이 제공한 기기로 안정 시 수축기 혈압을 측정할 것을 요청했다. 연구 결과, 퇴근한 후에도 일 생각을 멈추지 못하고 계속 일한 날 저녁에 혈압이 상승한 것으로 나타났다.[17]

자가면역 기능 약화

일중독이 면역 체계 기능에도 영향을 미친다는 사실을 보여주는 연구가 있다. 인체의 면역계는 '사이토카인'이라는 단백질을 분비해 면역 기능을 조절한다. 이 과정은 복잡하지만 무척 중요한 역할을 수행한다. 가령, 손을 베였다고 하자. 인체는 다친 부위로 곧바로 지원군을 보내 긴급한 위협에 대처

한다. 사이토카인은 본래 우리 몸 곳곳에서 다양한 기능을 수행하는데, 이때는 면역반응의 일환으로 다친 곳을 치료하는 데 집중한다. 면역 세포들은 손상을 입은 조직을 복구하려고 다른 면역 세포들을 '모집한다'. 그러면 면역 세포들은 원래 하던 일을 멈추고 딱지를 형성하는 일에 매진한다. 면역 세포가 손상된 혈관과 피부를 충분히 복구하고 나면 딱지가 떨어진다. 이처럼 사이토카인은 면역반응이 필요하다는 신호를 보냄으로써 병원균과 기타 질병으로부터 인체를 보호하는 기능을 수행한다.[18]

우리 몸에 상처가 났을 때나 부상을 입었을 때만 면역반응이 일어나는 것은 아니다. 실재하는 위협이든 아니든, 우리가 인지하는 환경적 위협이라면 모두 면역반응을 일으킬 수 있다. 만약 위협을 해소하지 못하거나 지속되면 설령 이미 치유가 되었을지라도 상상의 염증과 계속 싸우며 만성 염증 상태를 유지하게 된다. 만성 염증이란 면역 기능에 만성적으로 조절장애가 일어난 상태로 이는 건선, 류머티즘성관절염, 천식, 루푸스 같은 여러 염증성 질환 및 자가면역질환을 유발할 뿐 아니라 악성종양의 발달 및 진행에도 영향을 미친다.[19]

최근 연구에 따르면 일중독이 특정 사이토카인을 활성화시키는 것으로 드러났다. 이는 일중독이 우리 몸의 면역반응과 관련된 여러 질병에 영향을 미칠 수 있음을 보여준다. 이탈리아 연구진은 일중독과 인터루킨-17 interleukin-17이라는 사이토카인의 연관성을 조사했다.[20] 성별, 나이, 체질량지수 같은 관련 요인들을 통제한 실험에서 연구진은 일중독이 인터루킨-17의 수치 증가와 관련이 있음을 발견했다. 이는 일중독으로 염증 반응이 심해졌음을 의미한다.

이런 연구 결과들은 일중독자들이 내게 설명한 질환 유형과 일치한다. 익명의 일중독자 모임 회원이자 부동산 전문가인 아넬리스Annelyse의 사례를 살펴보자. 아넬리스는 과거를 회상하며, 줄곧 건강이 나빴던 이유가 지나친 일중독 탓이라고 설명했다. 아넬리스는 대상포진, 주기적으로 겪는 어지럼증, 심계항진증(심장이 너무 빨리 뛰거나 가슴이 두근거려 불쾌한 기분이 드는 증상 - 옮긴이), 극심한 피로감 등 오래전부터 여러 질환에 시달렸다. 극심한 일중독 상황에서 기절한 적도 있었다. 떼를 쓰며 울어대는 다섯 살배기 딸을 돌보는 중에 부동산 거래가 무산되는 상황을 수습하려고 애쓸 때였다. 의식을 되찾았을 때 아넬리스는 말을 할 수도 몸을 움직일 수도 없었다. 병원에서 여러 검사를 실시한 후 의사들은 탈수와 탈진이라는 진단을 내렸다. 의사들은 아넬리스에게 쉬지 않으면 큰일 난다고 말했다(물론 아넬리스는 그 지시를 따르지 않았다). 익명의 일중독자 모임에 참석하며 여러 해를 보내고 나서야 아넬리스는 일에서 손을 놓지 못한 탓에 극심한 번아웃으로 고통받았음을 깨달았다. 일중독과 면역 관련 질환의 연관성을 밝힌 연구로 판단하건대, 아넬리스가 겪은 의문의 증상들은 대부분 일에 지나치게 몰두한 것과 직간접적으로 연관이 있었을 가능성이 크다. 일중독에 심각하게 빠졌을 당시에 아넬리스는 몸 여기저기가 차례로 고장이 났다. 예를 들어, 아넬리스는 수년간 발진으로 고생했는데 의사들은 그저 습진이라고만 진단했다. 약물복용과 치료에 힘썼지만 증상은 점점 심해졌다. 결국 손이 온통 물집으로 뒤덮일 정도였다. 물론 건강 문제가 대개 그렇듯 병의 원인을 단 하나로 결부시킬 수는 없다. 그만큼 우리 몸은 복잡한 시스템이다. 그럼에도 아넬리스는 일중독 문제를 극복한 이후로 여러 건강 문제가 자연스럽게 해결되었다고 흔쾌히 인정한다.

앞부분에서 언급한 사라의 사례도 살펴보자. 사라의 병은 폐렴으로 시작해 극심한 피로감 등의 여러 만성 증상으로 이어졌고 더는 일할 수 없는 지경에 이르렀다. 1년간 여러 곳에서 검사를 받았지만 원인을 찾지 못하다가 마침내 마요 클리닉Mayo Clinic에서 진단을 받았다. 매우 희귀한 형태의 혈관염이었다. 사라는 현재 주당 3시간 이상 일할 수 없는 상태여서 장애 급여를 받고 있다.

하지만 사라의 정체성이나 존재 가치의 중심에는 언제나 일이 있었다. 정확한 진단을 받고 휴식하며 회복할 기회를 갖게 되면 안도감을 느낄 일이지만, 사라는 더는 정규직으로 일하지 못한다는 사실을 어쩔 수 없이 받아들이며 "가슴 아픈" 일이라고 묘사했다. 혈관염의 원인이 단순하지는 않을 것이다. 하지만 사라 본인도 인정했듯이 일중독 성향이 "절대 도움이 됐을 리는 없다."

게이브Gabe의 이야기도 빼놓을 수 없다. 그는 25세 이후로 줄곧 희귀하고 심각한 만성질환에 시달렸다. 사라처럼 게이브도 몸이 너무 나빠져 도저히 일할 수 없는 지경에 이르렀다. 건강 문제로 아예 일을 못 하게 되고 부득이하게 몇 주 동안 쉬면서, 게이브는 극도의 단절감과 공허감에 빠졌다고 말했다. "분주한 삶이 딱 멈추고 나니 나 자신이 산산이 무너지더군요."

내가 인터뷰한 일중독자들은 자신의 몸을 돌보는 데 시간을 투자하지 않는 이들이 많았다. 일중독자와 결혼해 두 자녀를 둔 레베카Rebecca와 했던 이야기가 기억난다. 레베카는 남편이 건강을 해칠 정도로 일을 우선시하는 것에 불만을 토로했다. 남편은 운동도 하지 않고 치과나 병원에 가서 검진을 받지도 않는다고 했다.

> 남편이 병원에 안 간 지 하도 오래돼서, 예약을 잡으려면 새로 등록해야 한다고 하더군요. 올해 초에 남편에게 단호

하게 일렀죠. "당신 이제 쉰네 살인데 기본 건강검진도 받지 않고 벌써 몇 년째예요? 이번에는 검진을 꼭 받아야죠." 언제 검진을 받으러 가는 게 좋을지 남편에게 물어볼 것도 없어요. 그러면 일정을 살펴야 한다면서 얼버무리고 넘어가기 일쑤거든요. 하는 수 없이 제가 악역을 맡아 병원이랑 치과 예약을 잡을 때가 있어요. 이런 일을 제가 맡아야 한다는 게 너무 어이가 없어요. 남편은 다 큰 성인이잖아요. 저는 아내이지, 엄마가 아니라고요.

아이비Ivy도 생각난다. 아이비는 연구원, 시간강사, 라마 목장 관리자 등 여러 가지 일을 하다 현재는 은퇴했다. 아이비는 화장실 가는 일도 밥 먹는 일도, 정해진 업무 목표를 달성하지 못하면 허용하지 않았다. "주문 들어온 것을 전부 포장해서 발송하기 전까지는 화장실도 가지 말자고 다짐하며 일했어요. 배도 몹시 고프고 볼일이 급해도 아드레날린으로 버틸 때가 많았죠. 무조건 일을 끝내야 했어요. 그러지 않으면 아무 쓸모 없는 사람처럼 느껴졌거든요."

수면장애

일중독자들은 수면장애를 호소한다. 수면의 질이 나쁘고, 빨리 잠들지 못하고, 수면 시간이 부족하고, 아침에 깨었을 때

피로감이 가시지 않고, 잠잘 때가 아닌데 잠든다(졸음운전 등).[21] 잠이 들어도 업무 생각이 떠나지 않기 때문에 뇌가 제대로 쉬지 못할 때가 많다. 앤-마리를 생각해보자. 그는 "잠을 자면서도 머릿속으로는 밤새 분주하게 일한 느낌"이라고 말했다. 다른 일중독자들도 앤-마리와 비슷한 경험을 이야기했다. 몸이 완전히 녹초가 되었음에도 잠들지 못할 때가 많다고 했다.

수면이 건강에 얼마나 중요한지는 익히 알려진 사실이다. 따라서 수면장애가 일중독과 심혈관 질환 사이의 연관성을 설명하는 요인의 하나로 꼽히는 것도 당연한 결과라 하겠다.[22]

불안과 우울증

항상 완벽해야 한다고 생각하며 불가능하리만치 높은 기준을 세우고 거기에 미치지 못한다고 스스로를 비하하는 것은 불안과 우울증으로 이어질 때가 많다. 실제로 일중독자들은 우울 증상을 보고할 가능성이 더 높고, 보통의 직장인에 비해 상당 기간 우울증이 지속될 가능성이 2.5배나 더 높은 것으로 나타났다.[23]

그 외의 중독 증상

일중독자들은 끊임없이 일을 해야 한다는 강박감을 해소

하고자 스스로 대체 수단을 찾곤 하는데, 이는 또 다른 중독으로 이어지곤 한다. 로렌의 경우는 일중독으로 알코올중독에 빠지게 되었다. 사실 로렌은 알코올중독에서 회복되는 과정에서 자신이 일중독이었음을 알게 되었다. 놀랍게도 로렌은 약물 남용과 중독 치료를 전공한 조교수였다. 덕분에 로렌은 알코올중독과 싸우는 과정에서 일중독과 알코올중독이 얼마나 유사한지 깊이 이해할 수 있었다. 로렌은 현재 컨설턴트, 코치, 트레이너로 주로 일하고 있으며 비밀경호국을 비롯한 여러 기관에서 일중독에 관한 워크숍을 진행한다.

로렌을 비롯해 중독을 다루는 치료사들은 일중독이 알코올중독 같은 중독 증상과 비슷하다고 강조한다.[24] 두 경우 모두 불편한 감정을 처리할 때 다른 대상에 위탁하거나 의존하는 특성이 있다. 이 방법이 일시적으로는 효과가 있을지 모르나 결국 역효과를 내기 마련이다. 로렌에 따르면, 일중독은 과정 중독의 하나다. 일중독은 일 자체에 중독된 것일 뿐만 아니라 일하는 과정에서 생기는 아드레날린, 즉 호르몬 반응에 중독된 측면이 더 크다. "정신없이 질주하며 바쁘게 사는 느낌, 그에 따르는 성과와 칭찬, 포상과 지원금, 자기 이름으로 내는 논문, 직함 같은 것을 추구하는 중독입니다. 그런데 이는 그 과정에 중독되는 것이기도 해요. 그 압박감과 생산성에 중독된 것이죠."

로렌은 자신의 경험을 예로 들면서 일중독과 알코올중독이 공생하는 과정을 설명한다.

제가 썼던 비유가 하나 있어요. 그러니까 저한테는 완벽한 스피드볼(코카인과 모르핀을 혼합한 마약 - 옮긴이) 같았어요. 일을 하면 아드레날린이 솟구치죠. 쉴 새 없이 일하고, 도전하고, 성취하고. 인정받고 싶은 욕망에 흥분합니다. 각성제 역할을 하는 겁니다. 스피드볼로 치면 코카인이죠. 일을 하면 기운이 넘쳐요. 황홀하죠. 여기서 끝이 아니고, 그다음엔 진정제 역할을 하는 술을 먹어요. 저는 기분을 진정시키는 데 알코올이 필요했어요. 스피드볼로 치면 모르핀이죠. 그러니까 저는 이 두 가지 상반된 자극 사이에서 아슬아슬하게 중심을 잡으며 줄타기를 하고 있었던 거죠.

로렌은 대학원을 거쳐 조교수 생활을 시작하면서 갈수록 알코올 의존도가 심해졌다고 한다. 알코올 사용장애였던 로렌은 술을 끊은 지 2년이 되어서야 비로소 자신의 일중독과 알코올중독이 밀접한 관계에 있었다는 사실을 제대로 이해하게 되었다. 알코올중독이 아니라 일중독이 '1차성' 중독이라는 사실을 어떻게 알아차렸느냐고 묻자, 로렌은 알코올중독 문제를 다스릴 수 있게 되고 학계를 떠났음에도 자신이 일하는 방식이나 정체성 문제가 전혀 해결되지 않았다는 사실을 깨달았기 때문이라고 설명했다.

⋮

　일중독과 얽혀 있는 이런 문제들이 진짜로 위험한 까닭은, 연쇄적으로 영향을 미쳐 결국은 다시 일에 악영향을 미치기 때문이다. 일중독으로 지친 직원들은 창의력이 떨어지고, 다른 사람들에게 조급함을 표출하고, 업무에서 실수를 저지르게 된다. 또 일중독으로 만성질환을 앓는 직원들은 결근하는 날이 늘어날 수밖에 없다.

　이렇게 되면 악순환이 발생한다. 좋은 성과를 바라보며 언제나 열심히 일하던 사람이 어느 순간 일을 제대로 못하게 되면 좌절감은 더욱 커진다. 완벽함을 추구하던 사람이 잠을 제대로 자지 못해 실수를 반복하게 되면 일에 대한 고민과 반추가 더욱 심해진다.

　일중독 행동으로 생기거나 악화되는 건강 문제는 실제로 조직에 해롭다. 위에서 언급한 사례를 보면 알겠지만 일중독자들은 자신이 그토록 피하고 싶었던 결말을 맞이하게 된다. 다시 말해, 꽤 오랫동안 일을 쉬어야 하거나 아예 일을 못 하게 된다. 이런 처지에 놓이는 것은 일중독자들에게는 죽음과 별반 다르지 않다. 일중독은 개인에게도 회사에도 해롭다.

사례에 등장하는 사람들이나 회사가 겪는 악영향의 유일한 원인이 일중독은 아니겠지만, 문제에서 큰 부분을 차지하는 것만은 분명하다. 게다가 다른 원인을 해결하기보다 일중독 문제를 해결하는 게 더 쉽다. 특정한 질병을 일으키는 유전적 성향을 바꿀 수는 없지만, 만약 일중독이 삶을 망가뜨리고 있다면 그 문제는 개선할 수 있다. 만약 우리 가족력에 암이 있고 일중독이 암 발병 위험을 높일 수 있다면 그 가능성을 낮추려고 최선을 다하는 게 옳다. 만약 회사가 일중독 문화를 적극적으로 조장하거나 방치하고, 일중독자들을 미리 발견해 너무 늦기 전에 행동을 개선하도록 돕지 않는다면, 직원들의 생산성을 떨어뜨리고 건강을 해치는 역할을 하는 셈이다.

다행히 당신 자신과 주변 사람들의 일중독 증상을 미리 발견할 수 있는 방법이 있다.

일중독이 주변 사람들에게 미치는 영향

일중독이 일으키는 부정적 영향으로 힘들어하는 것은 일중독자들만이 아니다. 주변 사람들도 어쩔 수 없이 피해를 입는다. 브라이언 로빈슨Bryan Robinson을 비롯해 여러 임상심리학자들이 이 같은 악영향이 무엇인지 체계적으로 연구하고 정리했다.[25]

가정에서

일중독이 미치는 부정적 영향을 가장 생생하게 보여주는 사례는 일중독자의 가족들이 제공할 때가 많다. 나와 연구진은 일중독자의 배우자들을 50명 이상 인터뷰하고 일중독이 가정에 미치는 영향을 분석했다. 가족들에게 얻은 답변을 일중독자 본인에게 얻은 답변과 비교한 결과, 일중독자들은 자신의 행동이 가족에게 미치는 악영향을 과소평가하고 있음이 드러났다.

크리스는 자신의 일중독이 가족에게 얼마나 깊은 영향을 미쳤는지 아들의 노동관을 듣고서야 깨달았다. 이제 스무 살인 아들은 아버지가 항상 일하는 모습만 보았기 때문에 자신은 전혀 다르게 살 거라고 말했다. 아들이 크리스에게 말했다. "저는 아빠처럼 되지 않을 거예요." 크리스의 아들은 주말을 챙기고, 여행을 가서는 그 시간을 오롯이 즐길 작정이었다. 직장 생활은 어디까지나 자신의 삶을 유지하는 도구일 뿐 일이 인생의 전부가 되게 하지는 않을 것이라고 다짐했다. 크리스의 일중독은 결혼 생활에도 타격을 입혔다. 외도 때문에 힘들어하는 부부를 보면서 크리스는 이렇게 말한다. "아내는 내게 애인이 생길까 봐 걱정할 필요가 없었어요. 내게는 일이 애인이었으니까요." 크리스는 아내와 함께 일주일 휴가를 떠났다가 콘퍼런스에 참석하려고 이틀 만에 돌아온 적도 있다.

또 다른 일중독자 아내도 비슷한 말을 했다. "남편이 바람을 피울 일은 없겠죠. 항상 일만 하는걸요(웃음). 글쎄요. 싸울 일이 있다면 그건 대부분 남편이 가족과 더 많은 시간을 보냈으면 했기 때문입니다." 흥미롭게도 이 아내는 남편의 행동에 문제가 있음을 알면서도 남편을 변호하려고 애썼다. "그런데 싸울 일이 있다면 차라리 남편이 바쁜 걸로 싸우는 편이 낫지 않아요? 일 때문에 바빠서 딴짓은 안 하니까요." 이는 사람들이 누군가를 두둔하려고 할 때 흔히 하는 행동이다. 문제 행동을 합리화하거나 별로 대수롭지 않은 일이라고 포장하며 상대방을 두둔하고 싶은 것이다.

일중독이 결혼 생활과 가족에게 어떤 영향을 미쳤는지 물었을 때 일중독자 가족들에게서 들은 답변을 아래에 소개한다. 대부분 따로 편집하지 않고 그대로 여기 소개했다. 가족들이 느끼는 실망감이나 좌절감, 또 가족들이 적절한 답변을 찾으려고 고심하는 모습을 그대로 느낄 수 있을 것이다.

부부 사이 애정에 악영향을 줄 수밖에 없죠. 화가 나니까요. 화나죠. 화나면 기분 좋게 함께 있을 수가 없어요. 함께 있고 싶기도 하고 함께하기 싫기도 하고. 진퇴양난이죠. 일에 빠져서 집에 들어오질 않으니 열 받아요. 그런데 또 막상 함께 있으면 다툼이 일어나요. 일을 집에 가져오니까요. 조용하고 편한 순간이 없어요. 둘만 온전히 친밀함을 나눌 기회가 없어요. 둘 사이에 이미 너무 많은 문제가 있거든요.

아이들이 아빠를 빼앗긴 기분이에요. 저는 남편을 빼앗겼고요.

(남편이 일중독에 빠져 있으니) 저 혼자 두 아이와 대부분의 시간을 보내요. 아이들을 감정적으로 지지하고 배려하는 일은 물론 온갖 집안일까지 저 혼자 떠맡고 있어요. 스트레스가 많고 가끔은 너무 힘겨워요.

홀로 저녁을 먹은 날이 얼마나 많은지 몰라요. …혼자 잠을 자야 할 때도 있는데 그런 날은 참 힘들어요. 곧 아기를 낳을 텐데 앞으로도 며칠씩 남편 얼굴도 못 보는 날이 많겠지 싶으니까 걱정도 되고 마음이 아파요.

이혼하려고 변호사와 약속을 잡았다가 두 번이나 취소했어요. 그 대신 몇 주 뒤에 마지막 지푸라기 잡는 심정으로 부부 상담을 받기로 했어요.

다섯 살배기와 이제 한 살 되는 아이가 있어요. …아이들은 이제 아빠 없는 삶에 익숙해요.

우리 아이들은 아빠와 제대로 교감을 나눈 적이 없어요. 이런 말 하기는 싫지만 그이는 오래전부터 애들 옆에 거의 없었어요. …아이들은 아빠를 보면 그냥 길 가다가 처음 본 사람 대하듯 해요. 부모랑 자식 간에 대화다운 대화를 나눈 적이 없어요.

아내는 아이들을 볼 시간이 없어요. 아들이 다섯 살인데 최근에 이런 말을 하더군요. "아빠들은 모두 가족을 위해 모든 일을 다 해줘요." 이 말을 듣고 곁에 엄마가 없다는 사실을 우리 아들이 확실히 알고 있다는 걸 깨달았죠.

남편은 월요일 새벽 4시에 출근해서 금요일에 돌아와요. 아빠가 5일씩이나 집을 비워도 아이들은 눈치도 못 챌 때가 있어요. 뭐라고 하면 좋을까요, 아이들에게 보이지 않는 존재가 되었다고 할까요. 아이들은 아빠에게 별 기대가 없어요. 무슨 문제든 아빠를 찾지 않고 저만 찾거든요.

참 가슴이 아파요. 아이들이 "엄마, 우리는 한부모 가정 같아요"라고 말할 때면 가슴이 미어져요. 아빠가 없는 것에 너무 익숙해서, 아빠가 어쩌다 학교행사나 경기에 참석하면 오히려 깜짝 놀라요. 뭔가 잘못된 줄 알아요.

이들 인용문을 보면 나타나듯이 일중독은 가족과 나누는 대화의 양과 질에 영향을 미친다. 일중독자들은 함께 있을 때조차 머릿속으로는 일만 생각하기 때문이다. 일중독은 주변 사람들에게 슬픔이나 외로움을 안겨준다.

직장에서

일중독 행동은 직장에서 동료들에게도 악영향을 미친다. 제1장에서 나는 일중독이 생산성이나 성과 향상과 연관 없다는 사실을 증명한 연구 결과를 소개했다. 일중독자들은 자신이 쏟은 에너지를 회복할 시간을 갖지 않기 때문에 실제로 과로로 지칠 때가 많고 업무 몰입도가 떨어진다. 게다가 일중독자와 함께 일하는 동료나 부하 직원들의 성과에도 악영향을 미칠 수 있다. 위에서 언급한 몇몇 가족들이 간절하게 하소연하는 까닭은, 속마음이야 어떨지 몰라도 어쨌든 일중독에서 벗어나지 못하는 사람을 사랑하거나 사랑하고 싶어서다. 동료들은 가족만큼 애정이 깊지는 않겠지만 어떤 면에서는 일중독자의 가족 못지않게 상호 의존하는 측면이 있다. 따라서 일중독이 동료 관계에 영향을 미치게 되면 같이 일하는 팀원들은 답답함을 느끼고, 팀 성과에도 해를 끼칠 수 있다.

조직에 해로운 일중독 행동의 전조 증상을 식별할 수 있는 지표가 있다. 몇몇 행동은 향후 심각한 문제로 발전할 수 있는 신호로 봐야 한다.

완벽주의가 비효율을 초래한다. 일중독자들은 완벽주의 성향 탓에 업무에 지나치게 많은 시간을 쓰기 때문에 오히려 조직 구성원들의 업무 효율성을 떨어뜨린다. 가령, 자말Jamal이 팀 회의에 쓸 프레젠테이션 자료 중의 일부를 맡았다고 하자. 그는 슬라이드 다섯 장을 완벽하게 만드는 데 꼬박 사흘을 쓰고, 그사이 다른 팀원들은 그들이 맡은 분량을 진행하지 못하는 상황이 벌어진다. 문제는 여기서 끝이 아니다. 자말은 다른 팀원들의 작업물을 보고 자기 성에 차지 않는다며 수정하려 든다. 발표 자료의 완성도를 높이려고 끊임없이 고민하고 야간 근무도 불사하는 자말에게는 수정 작업이 별문제가 아닐지도 모른다. 하지만 이런 행동은 주어진 과제에 비해 과도

한 투자일 뿐 아니라 팀원들의 업무 수행을 방해했다. 사실은 자말이 투입한 노력의 3분의 1만으로도 발표 자료를 작성하는 데 아무 문제가 없었을 것이다.

일중독자들은 자신이 맡은 일에 완벽을 추구하는 것처럼 남들도 똑같이 자신이 설정한 기준에 맞추려 든다. 따라서 일중독자들이 보기에는 결과물이 탐탁지 않은 경우가 많다. 관리자가 일중독자라면 그 사람은 팀원들에게 비현실적인 기준을 들이댈 것이다.

권한을 위임할 줄 모른다. 일중독자들은 문제나 과제를 적절히 처리할 사람은 조직에서 *자신뿐*이라고 생각하는 공통점이 있다. 터무니없이 높은 기준을 설정하고 남들도 그 기준에 따라 판단하기 때문이다. 그 결과 모든 책임을 혼자 감당하려고 한다. 이때 일중독자들은 오히려 만족감을 느끼는데, 자기에게 남는 시간을 전부 일로 채울 수 있기 때문이다. 권한을 위임하게 되면 반대로 여유가 생긴다. 하지만 일중독자들은 여유로운 시간이 생기는 것을 그다지 반기지 않는다.

권한을 위임하지 않고 혼자 일을 처리할 때 일중독자 본인은 만족할 수 있겠지만 팀 전체로 보면 부정적인 결과를 초래한다. 팀장이 권한을 위임할 줄 모르면 팀원들이 자율성을 발휘하지 못하고 의존성만 키우게 된다. 좋은 리더는 구성원들에게 권한을 주고 성장할 기회를 부여한다. 그러면 구성원들은 새롭고 창의적인 아이디어를 제시할 수 있고 자기 역량을 발휘하며, 효율적으로 업무를 수행할 수 있다는 자신감을 기르게 된다.

무리하게 일정을 산출한다. 사람들은 대체로 프로젝트를 마감하기까지 걸리는 기간을 과소평가하는 편인데, 일중독자들은 특히 더 일정을 산출하는 데 취약하다. 그들은 '일중독자 시계'에 따라 프로젝트 일정을 산출한다. 자유 시간도 없이 모든 시간을 일하는 데 쓸 수 있고 또 그렇게 써야만 한다는 전제 아래 움직이는 시계다. 예컨대 20시간이 걸리는 프로젝트가 하나 있다고 하자. 보통 사람이라면 하루 4시간씩 5일간 작업하고 여유 시간을 더해 7영업일로 납기일을 정할 것이다. 하지만 일중독자는 그 20시간의 작업을 가능한 한 빨리 처리하고 싶어 한다. 일중독자는 이 일을 연달아 20시간 동안 해서 끝낼 수도 있고, 주말에도 할 수 있다고 생각한다. 이들은 출퇴근 시간과 수면 시간만을 제외하고 이틀이면 충분히 일을 끝낸다고 추정할 가능성이 크다. 그들에게는 가능한 일정일지 몰라도 이런 일정은 비합리적일뿐더러 성과도 저조할 가능성이 크다(게다가 일중독자 본인과 그 가족에게도 해로운 영향을 미친다).

일중독자의 사고방식은 동료들이 얽혀 있을 때(동료들은 일중독자의 일정에 동의한 적이 없다) 혹은 고객과 일정을 논의하거나 약속할 때 심각한 문제가 된다. 일주일 안에 완성된다고 고객에게 약속하면 고객은 기뻐할지 모르지만 일중독자의 동료나 부하 직원들은 말도 안 되는 일정임을 알 것이다. 설상가상 일중독자는 비합리적으로 짧은 일정을 남들도 똑같이 지켜주기를 기대하고 압박할 때가 많다. '이미 그렇게 고객에게 약속했기' 때문이거나 중요한 고객이기 때문이거나 중요한 프로젝트이기 때문이거나, 이유는 다양하다. 그리고 일중독자에게는 또 다른 중요한 고객이나 중요한 프로젝트가 줄줄이 대기하고 있을 것이다. 그렇게 이런 일이 끝없이 반복된다.

일중독자의 위기의식이 조직을 위협한다. 일중독자는 언제나 위기 상황에 놓인 것처럼 투쟁-도피 반응 상태에서 긴장하며 일을 한다. 극도의 스트레스 상황에 처했을 때 자신의 행동양식이 어떻게 변하는지 생각해보면 이 문제의 심각성을 알 수 있다. 배우자나 자녀에게 지나치게 비판적인 태도를 보이지 않았는가? 동료에게 짜증을 심하게 내거나, 나중에 돌아보면 별것도 아닌 말에 지나치게 부정적인 반응을 보이지 않았는가? 사람은 위기에 처했다고 느낄 때 자신의 불안과 위기감을 주변 사람들, 특히 함께 일하는 동료와 부하 직원들에게 전이시킨다.

⋮

일중독이 업무 성과에 악영향을 미친다고 주장해도 과언이 아니다. 다시 강조하지만 일중독자는 생산성이 높은 노동자가 *아니다*(많은 일중독자들이 자신은 생산성이 높다고 생각하겠지만, 실제로는 그렇지 않다). 일터에서 보내는 시간, 끊임없이 일을 반추하고 고민하는 시간, 바쁘게 지내는 하루, 이는 모두 높은 생산성을 평가하는 지표가 되지 못한다.

일중독은 좋은 성과를 보장하지 않는다. 여기서 역설은, 내가 조사한 바에 따르면 일중독이 관리자로 승진하는 것과 *상관성*이 있다는 것이다. 앞서 논의했듯이 일중독은 건강을 악화시키고, 가족에게 악영향을 끼치고, 동료와의 협업을 어렵게 한다. 그럼에도 기업은 여전히 일중독자들에게 승진이라는 보상을 제공한다. 왜냐면 그들의 생산성이 높아 *보이기* 때문이다. 사람들이 흔히 오해하듯이 기업도 분주함을 우수한 생산성으로 오인한다. 기업은 '제일 먼저 출근해서 제일 마지막에 퇴근하는' 사람들을 높이 평가하지만, 앞서 밝힌 대로 이런 지표는 우수한 성과를 보장하지 않는다. 기업은 밤낮

없이 일하는 사람을 칭찬하지만 이 같은 문화에서 구성원들은 병들고 우울해지기 십상이다.

　일중독 행동을 높이 평가하는 문화는 조직을 해칠 뿐이다. 기업은 과도하게 일에 집착하는 사람들을 높이 평가하고 보상함으로써 일중독 문화를 강화한다. 일중독자가 관리자로 승진하게 되면 비현실적인 기준을 직원들에게 강요하고 그 결과 번아웃, 사기 저하, 업무 몰입도 저하 같은 문제를 일으킨다. 일중독을 조장하는 문화는 대체로 개인 및 조직의 성과를 저해한다.

　당신은 일중독을 조장하는가? 다음 장은 이 질문에 답하는 데 도움이 될 것이다.

요점 정리

우리는 제2장에서 일중독이 일중독자 본인은 물론 그들의 가족과 동료들에게 미치는 악영향이 무엇인지 알아보았다. 아울러 이 같은 악영향이 일중독 성향과 연관이 있는 이유가 무엇인지도 살폈다.

- 일중독 행동에는 끊임없이 일만 생각하는 것, 지나치게 많은 일을 떠맡는 것, 쉬지 않고 일하는 것, 완벽주의 같은 특징이 있다.
- 일중독자는 언제나 투쟁-도피 반응 상태에서 스트레스를 받는다.

- 일중독자는 제대로 회복할 시간을 갖지 않는다.
- 일중독은 심혈관 질환 위험, 면역반응 약화, 수면장애, 부정적 감정, 다른 중독 증상을 유발할 위험이 있다.
- 남성보다 여성이 일중독이 미치는 해로운 결과에 더 취약할 가능성이 크다.
- 일중독은 가정에도 악영향을 미친다. 부부 갈등을 일으키고, 배우자에게 과중한 부담을 지우고, 자녀와의 관계를 악화시킨다.
- 일중독자는 본인의 성과는 물론 다른 직원들의 성과에도 부정적 영향을 미친다.

/ 3장　　　/ **일중독 습관 버리기**

NEVER NOT WORKING

NEVER NOT WORKING

"만약 인생에서 단 하루를 다시 살 수 있다면 어느 날을 선택하시겠습니까?"

이것은 산업 및 조직심리학 대학원생들이 내게 던진 질문이었다. (요즘 학생들은 강의 첫날 담당 교수에게 질문을 던지는 전통이 있다.) 나는 그들에게 내 딸이 태어난 날로 돌아가고 싶다고 대답했다. "여러분은 제 대답을 듣고 이렇게 생각하겠죠. '정말 다정한 분이시다. 가족과 함께한 특별한 순간을 정말 소중히 생각하시는구나.' 제가 여기서 '네, 맞아요'라고 거짓말할 수도 있겠죠. 하지만 이날로 돌아가고 싶은 이유는, 딸이 태어난 순간을 진짜로 기뻐하고 싶어서예요. 제가 일중독자여서, 그날 온전히 기뻐하지 못했거든요."

박사과정 3년 차에 중간고사로 한창 바쁠 때 알렉스가 태어났다. 진통이 시작되었을 때 나는 커피숍에 앉아 중간고사 과제를 풀고 있었다. 나는 과제를 마저 풀고 싶어서, 진통이 일정하게 오기 전까지는 과제를 풀어야 한다고 다짐했다. 이후로도 몇 시간 더 버티며 과제를 풀었다. 몸이 버틸 수 있을 만큼 버텼다. 진통이 일정 간격으로 오고 어느 순간 고통을 참을 수 없는 지경이 되었을 때, 나는 어쩔 수 없이 작업을 중단하고 집으로 향했고 곧바로 병원으로 갔다.

알렉스가 태어난 당일과 이후 며칠간은 출산의 경험과 새 생명을 맞이하고 가족을 이룬 기쁨으로 가득 차야 했지만 나는 그러지 못했다. 중간고사 과제를 끝내지 못했다는 사실 때문에 불안감과 두려움에 사로잡혀 있었다. 나는 출산한 지 72시간도 안 되어 자리를 털고 일어났다. 그 주에는 내내 수면 부족에 시달리며 남은 기운을 끌어모아 미친 듯이 과제를 완성했다. 알렉스가 태어난 다음 주는 마침 봄방학이었고, 그다음 주는 동기가 내 강의를 맡아주었다. 이렇게 2주간의 '휴식'을 마치고 나는 다시 수업과 강의로 복귀했다. 지금 생각해보면 어째서 대체 강사를 요청하지도 않고 과제 기한 연장도 신청하지 않았는지 모를 일이다. 도대체 어떻게 신생아를 집에 두고 그렇게 일에 몰두할 수 있었을까?

나는 요즘도 갓난아이 딸을 두고 몇 달간 일에 매달려 살았다는 사실에 죄책감을 느낀다.

내가 연구한 바로는 안타깝게도 내 사연이 특별한 경우가 아니다. 내가 인터뷰한 많은 이들이 자신이 일중독자임을 깨닫고 나서 나와 비슷한 경험을 떠올리며 후회하고 죄책감을 느꼈다고 말했다. 게이브를 예로 들자. 게이브는 기술 회사의 창립자이자 최고경영자다. 그는 영화 〈노트북〉의 감동적인 마지막 장면을 보며 갑자기 깨달음을 얻었던 순간을 회상했다. 영화에서 남편은 아내의 손을 잡고 마지막 순간까지 함께하겠다고 약속한다. 그 장면을 보며 게이브는 자신이 지금까지 가족보다 일을 더 사랑했다는 사실을 자각했다. 그는 흐느껴 울었다. 아무리 아내와 아이들을 부양하고 있다고 해도 가족은 뒷전이고 일에 훨씬 더 많은 시간과 관심을 기울였다는 생각에 게이브는 충격에 빠져 슬픔이 북받쳤다. "저는 깨달음을 얻은 순간을 사람들과 공유했어요. 서글프고 창피했지만, 그만큼 간절히 변하고 싶었습니다."

당신도 어떤 일을 계기로 앞만 보고 달리던 삶을 돌아보고 우선순위를 재고한 경험이 있을지도 모른다. 많은 사람이 코로나19 대유행 기간에 그런 계기를 만났다. 전 세계가 멈췄고, 코앞에 닥친 마감일보다 우리의 건강과 안전이 더 중요해졌다. 의사에게 충격적인 진단을 받고 나서, 혹은 사랑하는 사람을 잃고 정신이 번쩍 들었을지도 모른다. 내가 대화를 나는 많은 이들이 몸에 심각한 이상이 생긴 후에 비로소 큰 깨달음을 얻었다. 작가이자 기업가인 아리아나 허핑턴Arianna Huffington도 그랬다. 하루 18시간씩 근무하다가 지쳐 쓰러졌고, 그 충격으로 광대뼈가 부러진 후에야 삶에서 더 중요한 것이 무엇인지 눈을 떴다.[1]

제3장에서는 일중독 행동을 진단하고 이를 줄여나가는 데 도움이 되는 몇 가지 활동과 연습을 소개하고자 한다. 자신에게 문제가 있음을 알면서도 어디서부터 어떻게 문제를 개선해야 하는지 모르는 사람들에게 특히 효과가 있다. 내가 관찰한 바로는 사소한 변화일지라도 첫발을 떼고 나면 그 영향력이 의외로 크고 지속적인 편이다. 사람들은 일단 일중독 문제를 직면하고 나면 그 문제에 다시 빠지지 않도록 지속적으로 해결할 방법을 찾아 나선다. 나 역시 그랬다.

주변에 일중독으로 걱정스러운 사람이 있다면 아래의 방법을 소개하면 도움이 될 것이다. 또 조직을 이끄는 관리자라면 직원 지원 프로그램에 포함해도 좋다.

일중독 행동 알아차리기

연습 1: 현재의 나와 미래의 나를 성찰하라

만약 당신 혹은 주변의 누군가가 일중독자라면 첫 단계로는 솔직하게 자기를 성찰하는 것이 좋다. 이때 자신의(혹은 그 사람의) 행동이 본인과 주변 사람들에게 어떻게 영향을 미치는지 집중해야 한다. 이런 질문을 던져보자.

- 내가 일하는 시간을 이대로 계속 유지해도 괜찮은가?
- 내가 일하는 방식이 건강에 악영향을 미치는가?
- 얼마나 자주 집에 일을 가져오는가? 다른 일에 집중해야 할 때 자꾸 일만 생각하는가?
- "오늘은 이게 마지막"이라면서 업무 관련 이메일을 확인하고 싶은 유혹에 빠지지 않고 일과 자신을 분리할 수 있는가?
- 자녀나 배우자에게 중요한 순간에 일 때문에 함께하지 못한 것을 후회한 적이 있는가?

이들 질문에 답을 적어보자. 거짓 없이 솔직해야 한다. 알코올중독자들이 "필요하면 언제든 술을 끊을 수 있어"라고 말하듯이 "내 몸은 아직 멀쩡해"라며 일중독 행동을 합리화하기 쉽다. 당신이 적은 답변을 다른 사람들에게 보여주고 그들도 동의하는지 물어보자. 만약 이들 질문에 하나라도 문제가 있다면 소리 내어 읽으면서 일중독을 인정하는 게 좋다.

"언제까지고 이렇게 일할 수는 없다." "나는 저녁 11시 이후에도 계속 이메일을 확인한다."

일 때문에 놓쳐버린 소중한 순간을 후회하는가? 당신만 그런 게 아니다. 《나의 오늘은 내일로 이어지지 않는다》의 저자 브로니 웨어Bronnie Ware에 따르면, 죽을 때 가장 후회하는 것 중에 두 번째가 "일 좀 적당히 하며 살 것을"이었다. 첫 번째 후회는 "내 뜻대로 살아볼 용기를 냈으면 좋았을걸"이라고 한다.[2] 그러니까 자문해보자. "내가 정말로 중요하게 여기는 가치는 무엇인가?" "그 가치에 맞게 살고 있는가?"

산업 및 조직심리학자 로렌 쿠이켄달Lauren Kuykendall은 또 다른 성찰을 제시한다. 그는 이 방법을 일컬어 *미래의 나와 연결하기*라고 부른다. 미래의 특정 시점, 이를테면 지금으로부터 5년, 10년, 20년 후의 자신이 어떤 모습일지 그려보는 방법이다. 현재의 삶을 살펴보고 이때 내린 선택, 행동, 결정이 미래의 자신에게 어떤 영향을 미칠지 구체적으로 상상해보자. 쿠이켄달이 내게 설명한 바에 따르면, 우리는 대체로 지금 당장 더 좋아 보이는 결정을 내리기 쉽다. 사람은 단기적 보상과 이득에 더 큰 가치를 부여하고, 시간이 꽤 지나야만 얻는 보상의 가치를 폄하하는 경향이 있다. 이를 가리켜 '시간 할인time discounting'이라고 한다.[3] 하지만 오늘 내가 미래에 도움이 되는 결정을 내린다면 미래의 내가 큰 혜택을 누릴 수 있다.

일례로, 나는 동물 간호사인 앨런Alan에게 10년 후의 모습을 그리는 연습을 해보자고 권했다. 나는 앨런에게 미래의 삶이 어떤 모습일지 질문했다. "10년 후에 당신은 무슨 일을 하고, 직함은 무엇일까요?" "어디서 살고 있을까요?" "자녀나 애완동물을 키우고 있을까요?" "자녀는 몇 명이고 애완동물은 몇 마리나 될까요?" "결혼했을까요?" "무슨 취미를 즐기고 있을까요?" "가장 열정을 쏟는 일은 무엇일까요?" "눈을 감고 미래의 자신이 살아가는 하루를 구체적으로 상상해보세요." 앨런은 10년 후에 43세가 될 테고 동물병원을 차릴 거라고 말했다. 결혼은 하겠지만 아이는 없을 테고, 개와 고양이를 각각 세 마리씩 키울 거라고 했다. 여가 시간에는 되도록 남편과 함께 근처 동물 보호소에서 봉사 활동을 하고, 하이킹을 하면서 보내고 싶다고 했다.

그리고 나서 앨런은 현재 행동을 돌아보며 미래의 목표를 이루기까지 과연 지속 가능한 일인지 따져보았다. 앨런은 목돈을 모으려고 많은 시간을 일에 투자하고 있지만 그만큼 몸이 망가지고 있다는 사실을 인정할 수밖에 없었다. 앨런은 질문을 받기 전까지 취미가 무엇인지도 생각해본 적이 없다고 했다. 어떻게 하면 남들보다 일을 잘할지, 대개는 일 생각만 하며 살았기 때문이다. 언제나 일을 최우선으로 살다 보니 오랫동안 제대로 된 연애도 못 했다. 일중독자로 사는 게 미래의 꿈을 이루는 길처럼 *보였지만*, 곰곰이 생각해보니 일중독 행동이 정작 그 꿈을 가로막고 있을지도 모른다는 사실을 알게 되었다.

완벽주의에 일중독인 사람들은 앨런이 그랬듯이 일과 돈만 생각하며 하루를 살 것이다. 즉 '지금 더 많이 일하고 야근도 하면 돈을 많이 벌고 빨리 승진할 것'이라고 생각할 터이다. 물론 그렇게 될 수도 있겠지만, 돈으로 시간을 사지는 못한다(앞서 살핀 대로 사람들이 죽을 때 후회하는 것들을 생각해보자). 일에만 매달려 살 때 치를 대가가 얼마나 큰지 생각해야 한다. 몸과 마음의 건강을 잃고, 인간관계가 망가지고, 내가 앞서 언급했듯이 손해가 한두 가지가 아니다. 당장 눈앞의 이익보다는 미래의 자신에게 가장 소중한 관계가 무엇인지, 또 가장 중요한 가치와 목표가 무엇인지에 집중해야 한다. (애슐리 월런스Ashley Whillans가 쓴 《시간을 찾아드립니다》를 추천한다.[4] 이 책에서 저자는 시간이 돈보다 더 가치 있는 자원임을 깨닫는 데 도움이 되는 여러 관점을 제시한다.)

자신이 중요하게 여기는 가치와 관계에 집중하며 미래의 자기 모습을 생생하게 그려보자. 나 역시 일중독과 싸울 때 내게 너무나 소중한 두 아이들과의 관계에 집중해 미래의 나를 그려보았다. 우리 막내가 현재 중학교에 다닌다. 5년쯤 지나면 아이들 모두 집을 떠날 가능성이 크다는 뜻이다. 그래서 미래의 내가 아이들이랑 매주 통화하는 모습을 그려보았다. 내 친구는 부모님이랑 매주 금요일 정오에 통화한다. 나도 그런 습관을 만들어야겠다고 상상한다. 나는 아마도 산책하면서 아이랑 통화할 것이다. 매년 가족여행도 가고 싶다. 아이들이 각자 가정을 꾸리거나 혼자 힘으로 여행 가기 전까지는 그렇게 하고 싶다. 나는 미래에 가족여행을 떠날 곳을 몇 군데 적어봤다. 이탈리아, 하와이, 알래스카, 그리고 오로라를 볼 수 있는 곳.

미래의 나에게 바라는 희망과 꿈은 아이들이 독립한 후에도 아이들과 돈독하게 지내는 것이다. 아이들이 어른이 되어서도 끈끈한 유대를 유지하기 위해 크든 작든 오늘 내가 할 수 있는 일은 무엇일까? 일중독자들은 시간 할인의 덫에 빠져 다른 의무를 등한시하고 현재 '긴급해 보이는' 일을 우선하는 경향이 있다. 여기서 문제는, 일중독자들은 언제나 급한 일을 처리하느라 바쁘다는 것이다. 그들에게는 끊임없이 급한 일이 생기므로 다른 할 일은 계속 뒷전으로 밀려난다. 일을 우선하다 보면 우리의 관심이 필요한 대상, 즉 배우자, 부모, 애완동물, 자녀에게는 점점 소홀해진다. 그러다 보면 어느새 해리 차핀Harry Chapin의 명곡 〈요람 속의 고양이Cat's in the Cradle〉에 등장하는 것처럼 너무 바빠서 무심한 아빠가 되는 것이다. 5년이나 10년쯤 지나고 나면 가족들과의 사이는 멀어지고 이웃사촌보다 못한 사람이 되어 있을 것이다.

당신은 지금까지 미래의 자신이 어떤 모습일지 상상해보았다. 미래의 자신을 만나고 나니 현재의 우선순위에 변화가 생기는가? 당신이 그린 큰 그림에서 우선순위를 순서대로 정리하고 그 순위에 따라 시간을 관리하자.

예를 들어, 앨런은 다음과 같은 순서로 우선순위를 매겼다.

1. 미래의 배우자와 돈독한 관계 형성하기
2. 애완동물과 시간 보내기
3. 동물 보호소에서 봉사 활동하기
4. 하이킹을 하고 체력 단련하기

앨런이 내게 말했다. "저는 이 일을 사랑하지만 감정적으로 힘든 순간이 많아서 숨 쉴 구멍이 필요하다는 사실을 알게 되었어요. 제가 좋아하는 일이나 취미가 그 역할을 해줄 수 있을 것 같아요." 앨런은 종이에 적어둔 자신의 우선순위를 확인하면서 자신이 *진짜*로 중요하게 생각하는 우선순위가 일이 아니라는 사실을 깨달았다. 이렇게 우선순위를 정리해두면, 가령 병원에서 2주 연속 근무를 부탁받았을 때 초과 근무로 버는 돈이 자기 인생의 큰 그림을 완성하는 데 도움이 되지 않는다는 사실을 상기할 수 있다.

연습 2: 일중독 패턴을 기록하라

지금부터는 시간을 어떻게 사용하고 있는지 철저히 평가해보자. 다음 순서대로 진행하기 바란다.

1. 기다릴 것 없이 지금 당장 휴대폰에서 새 '메모'를 열거나 아니면 컴퓨터에서 새 파일을 열자. 종이를 한 장 꺼내도 좋다.
2. 날짜와 시간을 기록한다.
3. 지난 시간 동안 무엇을 하고 있었는지 적는다. (아마도 이 책을 읽고 있었을 것이다.)
4. 이제 이전 단계에서 나열한 활동 중에서 회사 일과 관련된 활동을 모두 적어보자. 그리고 지난 한 시간 동안 일과 관련해서 떠올랐던 생각을 전부 기록하자.
5. 마지막으로 일과 관련된 생각을 하면서 느꼈던 감정을 기록하자. 다음과 같은 항목으로 구성된 양식을 만들어 써도 좋다.

날짜/시간:
이 시간에 한 일:
일과 관련된 활동:
일과 관련된 생각:
감정:

만약 당신이 일중독자라면 하루에도 여러 번 일을 생각했을 것이다. 혹은 일하는 시간이 아닌데도 어떤 식으로든 일과 관련이 있는 활동을 했을 것이다. 일중독자들은 "방금 무슨 생각 했어요?"라는 질문에 대체로 오늘 할 일, 동료와의 대화, 임박한 마감일, 혹은 승진 심사 같은 회사 일을 생각했다고 말한다. 대개는 이런 생각들이 일중독자의 머릿속으로 *침투한다*. 일부러 일에 대해 생각하는 것이 아니라, 무엇을 하든 불현듯 일 생각이 끼어드는 것이다. (이는 중독 상태랑 비슷해서, 일을 해야만 해소된다. 앞 장에서 소개한 일중독자들이 말했듯이 일을 전혀 못 하게 되면 속이 메스껍고 초조해진다.)

일중독자로서 느끼는 감정을 솔직하게 기록했다면 다른 사정으로 일을 못 하게 될 때 대개는 짜증이 나고 불안하며 죄책감을 느낀다고 썼을 것이다. 일중독자라면 다른 사람들보다 일을 많이 못 하거나 기대에 못 미치는 사람으로 보일까 봐 두려워하고, 성과가 저조하다는 판단을 받을까 봐 겁을 낼 것이다. 내 경우에는 중요한 업무 마감일을 생각하거나 일간이나 주간 목록을 생각할 때마다(예를 들면, 이 장의 초고를 편집자에게 보내야 한다는 생각) 배가 살살 아프고 속이 거북해진다. 가슴이 두근거리고 겁이 나기 시작한다.

열거한 사항을 모두 기록했으면 할 일이 또 하나 있다. 하루나 이틀 후 일하지 않는 시간대로 알람을 맞춘다. 알람이

울리면 새 메모장을 열고 방금 했던 과정을 반복한다. 이 작업을 평일에도 해보고 주말에도 해야 한다. 알람이 울릴 때마다 메모장에 자신의 행동과 생각과 감정을 기록하면 된다. 이렇게 열 번 정도 기록이 쌓이면 일정한 패턴이 보일 것이다. 일중독적인 생각이나 감정이 있는지, 또 그 빈도가 얼마나 되는지 파악할 수 있다. 이외에 퇴근한 후에 혹시 일과 관련해 강렬한 충동을 느낀 순간이 있으면 바로 기록해서 목록을 보완하는 것이 좋다.

일례로, 산드라Sandra는 이 기록 작업을 마치고 속이 후련해지는 경험을 했다. 일과 관련해 머릿속에 떠오르는 부정적인 생각을 기록하면서 제일 큰 문제가 무엇인지 파악할 수 있었다. 산드라는 매사 전력을 다하고, 무슨 일이든(일과 무관한 것조차) 완벽해야 한다는 부담감이 컸다. 그는 이 압박감에 맞서기 위해 익명의 일중독자 모임에서 배운 건강한 방법으로 자신의 몸과 마음을 우선적으로 챙기기 시작했다. 산드라는 다음 네 가지 영역에서 행동을 개선하는 데 집중한다. 일을 더 많이 위임하기, 자신에 대한 기대치 낮추기, 무리하지 않기, 그리고 우선순위 설정 능력 개선하기. 이 네 가지를 실천하는 일이 쉽지는 않지만 일중독 성향을 극복하는 데 도움을 받고 있다.

⋮

방금 소개한 연습이 일중독 행동이나 생각, 일과 관련해 느끼는 부정적 감정을 알아차리는 데 도움이 되기 바란다. 지금부터 일중독적인 생각이 떠오를 때마다 바로 알아차리고 인정하는 연습을 하자. 소리 내어 혼잣말을 하는 것도 좋고, 머릿속으로 되뇌는 방법도 좋다. "내가 지금 일중독적인 충동을 느끼고 있구나" 혹은 "이건 일중독 성향 때문에 느끼는 생각과 감정이야"라고 말하는 것이다. 이렇게 일중독적인 충동이나 생각, 행동을 알아차리고 인정하는 과정이 중요하다. 정신과 의사 댄 시겔Dan Siegel은 이를 가리켜 "이름을 붙이면 길들일 수 있다"라고 설명한다.[5] 연구에 따르면 우리 생각과 감정에 이름을 붙이면 뇌에서 진정 효과가 있는 신경전달물질을 분비해 긴장이 풀리고 몸이 안정을 찾기 시작한다.

일중독 행동에 대응하기

방금 소개한 두 가지 연습으로 일중독 성향을 인지한 사람은 자신이 중요하게 여기는 가치와 우선순위도 알아차렸을 것이다. 이제 구체적인 실천 단계에 따라 문제 행동을 개선할 차례다.

우리는 다음 여섯 가지 전략에 집중한다. '긴급성'의 기준 재정의하기, 할 일 목록 재설정하기, 거절하는 법과 위임하는 법 익히기, 일중독자의 시간 감각 오류 고치기, 부정적 반추 조절하기, 휴식하고 회복하는 시간 받아들이기.

1. '긴급성'의 기준을 재정의하라

당신이 작성한 할 일 목록에서 긴급한 일은 몇 퍼센트나 되는가? 일중독 성향이 있는 사람이라면 대다수 항목이 긴급한 일로 표시되어 있을 것이다. 게다가 중요도에 따라 할 일을 나열했다면 상위 항목은 대부분 일과 관련이 있을 것이다. 일과 관련이 없는 항목은 아예 목록에 넣지 않았을지도 모른다.

모든 일을 긴급하게 처리해야 하는 우선 과제로 만들면 정신없이 분주해진다. 익명의 일중독자 모임에서 발간한 《발견의 책 Book of Discovery》에서는 이를 '정신없는 멀티태스킹'이라고 부른다.[6] 내가 인터뷰한 많은 일중독자들이 이 정신없이 바쁜 '상태'에서 느끼는 아드레날린에 중독된 기분이라고 말했다. 스스로 위기 상황을 만들어 극도의 스트레스를 받고 싶다면 할 일을 모두 긴급한 일로 설정하는 것만큼 좋은 방법은 없다.

문제는 이렇게 되면 우리 몸이 끊임없이 투쟁-도피 반응 상태에서 스트레스를 심하게 받게 된다는 것이다. 베스트셀러 《바쁜 엄마를 위한 비법Mom Hacks》의 저자인 다리아 롱Darria Long에 따르면, 위협적인 상황과 그렇지 않은 상황을 구분하지 못하는(즉, 모든 일을 급박하게 여기는) 사람들이 다른 사람들보다 스트레스 호르몬 수치가 2배 높다고 한다.[7]

대학에서 일했던 로렌을 기억하는가? 익명의 일중독자 모임 회원이기도 한 로렌은 일중독으로 알코올에 더 의존했었다. 로렌은 휴가 때 가족 파티에 쓸 케이크를 사러고 식료품점에 들렀던 이야기를 들려주었다. 남편이 자동차에서 우는 아이들과 함께 기다리는 동안 로렌은 케이크를 받아가지고 나와 한참이나 주차장에 서 있었다. 더운 날씨에 케이크가 녹아내리는 동안, 로렌은 대체 무엇을 하고 있었을까. "신입 임상연구 코디네이터에게 전화를 했어요. 일을 제대로 하고 있는지 확인하고 싶었죠. 온갖 세부 사항들을 되짚으면서요."

로렌은 또 이렇게 말했다. "마음이 너무 급했어요. 제가 거기 없으니까 일이 엉망이 될 것만 같았고, 그러면 저한테도 좋지 않으니까요." 로렌은 일이 너무 급박한 나머지 휴가 중에 가족들을 실망시키고 케이크를 망치면서까지 신입 연구원에게 전화를 걸어야만 했다. 물론 이 연구원이 이러한 간섭과 지시를 고마워했을 리는 없다.

무슨 일이 그토록 급박했을까? 로렌은 "그게 뭐였는지 기억조차 나지 않아요"라고 말했다.

일중독자들은 우선순위를 정하는 데 어려움을 겪는다. 은퇴한 연구원이자 라마 목장 관리자였던 아이비를 기억하는가? 심리치료사가 아이비에게 물었다. "우선순위가 어떻게 되죠?" 아이비는 선뜻 대답을 하지 못하고 당황하다가 이렇게 대답했다. "저는 우선순위를 정하면 안 돼요. 모든 일을 완수해야 하거든요." 앞서 소개한 게이브도, 일중독 문제를 해결하기 전에는 자기도 비슷했다고 내게 말했다. "어느 하나 중요하지 않은 일이 없었어요. 저한테는 모두 중요했습니다. 급박하지 않은 일이 없었어요."

게이브는 일중독 문제를 직시하고 나서야 자신의 사고방식이 두려움과 불안감을 키웠다는 사실을 깨달았다. 게이브는 자신이 "엄청난 겁쟁이"라면서 이렇게 말했다. "겁쟁이가 머릿속을 조종할 때 성공할 수 있는 사람은 아무도 없어요. 저는 실패할까 봐 끊임없이 두려워했고, 제 옆에서 일하는 사람들도 모두 부정적인 영향을 받았습니다." 게이브에 따르면, 그가 모든 일을 급박하게 다룰 때 그 두려움과 불안감을 주변 사람들도 느낄 수 있었다. 게이브가 보낸 이메일을 보면 모든 사안을 최우선 과제로 다루는 게 보였고, 게이브의 목소리에서는 긴박감이 묻어났다. 게이브는 항상 정신이 없었고, 신경이 곤두서 있었으며, 무슨 일이든 서둘렀다. 모든 일이 긴급하고 중요했기에 자기 뜻대로 일이 진행되지 않아도 그 일을 쉽게 놓지 못했다. 남들이 지나간 일을 대수롭지 않게 여기거나 사소하게 취급할 때도 게이브는 그 일에 집착했다. '회사에서는 왜 일을 이렇게 처리했을까?' '나는 어째서 이렇게 하지 않고 그렇게 처리했을까?'

게이브는 일중독에서 조금씩 벗어나면서 모든 일을 긴급하게 취급한 방식이 본인뿐 아니라 회사와 동료들에게도 걸림돌이었음을 알게 되었다. 게이브는 "완전 엉망진창"이었다고 그 시절을 회고한다.

현재 게이브는 '긴급성'의 개념을 다시 정의하고 몇 가지만 긴급한 일로 설정한다. 지금은 2주마다 진짜 중요한 업무 대여섯 가지에만 집중한다. 그 이상은 자신에게 일을 허용하지 않기로 했다. 이 원칙을 지키는 일이 쉽지는 않다. 하지만 때로는 엄격한 기준을 세워 자기를 제한하는 것이 일과의 관계를 재정립하고 '긴급한' 일을 새로운 관점에서 바라보는 좋은 방법이다.

모든 일이 생각만큼 긴급하지 않다는 것을 일중독자 본인이 깨닫는 데 도움이 되는 방법이 또 하나 있다. 그것은 과거의 업무를 소급해서 검토하는 것이다. 한 달 전에 기록한 할 일 목록을 살펴보자. 지금도 여전히 그 일들이 긴급하고 중요해 보이는가? 주변 사람들에게 의견을 청하는 것도 좋다. 그때 그토록 긴급하게 처리했던 일이 사실은 그만큼 중요해서가 아니라 자신의 성향, 즉 모든 일을 긴급히(그리고 완벽하게!) 처리하고 싶은 일중독 성향 때문임을 깨달을 수 있다. 과거에 처리했던 일을 돌아보면 그렇게까지 중요한 일이 아니었거나 그 시간 안에 완벽하게 끝낼 필요도 없었다는 사실을 알게 될 것이다. 따라서 이런 일들을 기록해두고 나중에 비슷한 일이 발생하면 우선순위를 낮게 조정하는 습관을 들여야 한다.

지난달 긴급한 업무로 처리했던 일 10개를 추려서 분석해보자. 가령, 다른 팀에서 사업 기회를 분석해달라는 요청을 받고 당신은 그 일이 긴급하다고 생각했다. 당신은 사업 기회를 분석할 능력이 있음을 입증하고 싶었기에 밤새 분석을 끝내고 곧바로 결과물을 그들에게 제공했다. 하지만 한 달이 지나도록 그 팀은 그 자료를 사용하지 않았다. 게다가 그들이 그 자료를 쓴다 하더라도 향후 장기 전략을 설명하는 프레젠테이션에서 참고용으로만 활용한다고 한다. 당신이 긴급하게 여겼던 일이 사실은 전혀 긴급하지도 중요하지도 않았던 것이다. 다음에 비슷한 요청이 들어오면 그 일이 실제로 긴급하고 중요한 일인지 곰곰이 따질 줄 알아야 한다.

할 일 목록에서 일 외의 중요한 일을 상위에 고정해두는 방법도 '긴급한' 일의 기준을 다시 정립하기에 좋은 방법이다. 이들 항목은 제거하지 않는 것이 원칙이다. 예컨대, 자기 자신과 건강을 지키는 일들을 상위 항목으로 설정하는 것이 좋다. 간단해 보이지만, 일에 집착하는 사람들에게는 결코 쉽지 않은 일이다. '건강한 간식 챙겨 먹기'라든지 '물 충분히 마시기', 혹은 '화장실 갈 시간 챙기기'나 '잠자기' 같은 일을 우선순위로 고정하자. 지금 이 글을 쓰면서 나는 아이비와 했던 인터뷰가 떠오른다. 그날 나는 너무 바빠서 점심 먹는 것도 잊어버렸다. 정확히는 잊은 것이 아니라, 배가 고팠지만 먹지 않았다. 점심보다 일이 더 중요했기 때문이다. 아침을 먹고 나서 오후 2시가 되도록 아무것도 먹지 못했다. 이미 점심시간을 놓쳐버렸으니 인터뷰를 끝내기 전까지는 데워둔 스프링롤도 먹을 수가 없었다. 그때 아이비가 내게 일하느라 끼니를 놓칠 때가 많았다고 털어놓았다. "이것만 끝내고 가야지" 하다가 화장실도 못 가고 점심을 놓치고 배를 곯기 일쑤였다는 것이다. 일 하나를 끝내기까지 몇 시간씩 걸릴 때도 있었기 때문이다. 나는 웃음이 터져 나왔고, 부끄럽지만 지금 이 순간 내가 그 사례에 해당한다고 말했다. 아이비는 내게 말했다. "제발 스프링롤을 드세요." 이것은 사소하지만 뜻깊은 순간이었다. 그때 나는 할 일 목록에서 일과 관련된 일부 항목을 긴급하지 않은 일로 전환하고 나 자신을 돌보는 활동을 긴급한 일로 전환해야겠다고 마음먹었다. 그날 저녁 나는 아들과 탁구를 치다가(우리는 몇 달 전부터 함께 탁구를 즐겼다) 이렇게 말했다. "오늘 저녁엔 몇 게임 더 하자." 아이비와 인터뷰하다가 얻은 깨달음이 내 인생에서 '긴급한' 일이 무엇인지 다시 정의하는 계기가 되었다.

2. 할 일 목록을 다시 설정하라

할 일 목록 자체는 문제가 없다. 하지만 이 도구가 잘못된 사람 손에 들어가면 일중독을 강화하는 도구가 되기도 한다. 일중독자에게 할 일 목록은 과로로 이끄는 초대장 역할을 한다.

할 일 목록의 장점은 시간을 짜임새 있게 쓰도록 한다는 점 외에도 여러 가지가 있다. 목록에 적힌 일들을 완수하고 체크 표시를 하는 순간에 대한 기대감과, 실제로 체크 표시를 할 때의 성취감도 큰 장점이다. 나는 할 일 목록을 손으로 직접 작성하는 게 좋다. 할 일을 끝내고 각 항목에 체크 표시를 할 때 몸으로 느끼는 성취감 때문이다(요즘은 일부 앱에서 이 경험을 디지털로 구현하려고 한다). 이때 만족감을 느끼는 데는 그만한 이유가 있다. 연구에 따르면 목표를 달성할 때 도파민이 분출되면서 긍정적인 감정을 느끼게 되고, 다음 목표를 향해 열심히 나아가고픈 욕구를 느낀다고 한다.[8] 남들은 어떨지 모르지만 나는 이미 완료한 일들도 할 일 목록에 추가하기도 하는데, '다 했다!' 하고 체크 표시를 하고 싶어서다. 뭔가를 *완수했다*는 것은 정말로 뿌듯하고 기분 좋은 일이다.

하지만 냉엄한 현실을 생각하면 일중독자가 할 일 목록을 전부 완수하는 일은 결코 일어나지 않을 것이다. 일중독자에게는 일중독을 오히려 *강화하는* 도구가 되기도 한다. 휴가 중에 케이크가 녹는 것도 모르고 일에 매달렸던 로렌은 할 일 목록에 체크 표시를 하며 항목을 하나씩 지워가도 별로 만족스럽지가 않았다. 그게 문제였다. 로렌은 이렇게 말했다. "일을 더 많이 하면 괜찮아질 줄 알았어요. 그런데 일을 더 많이 할수록 일에 더 치이는 기분이었어요." 다시 말해, 할 일 목록에서 항목을 지워나갈수록 더 많은 일이 추가될 뿐이었다.

과학적 연구에 따르면 쉬지 않고 일을 계속하는 현상은 일중독자에게만 나타나는 것이 아니다. 한 연구진은 할 일이 많을 때 사람들이 어떻게 반응하는지 살폈다. 실험 참가자들은 일이 많을 때 쉬고 *싶어 했지만*, 연구진이 발견한 바에 따르면 일이 많을수록 사람들은 마음대로 쉬지 못했다. '이 일을 끝내고 나서 쉬어야겠다'라고 생각하거나 남은 일을 줄이고 싶은 욕구가 클수록, 휴식을 취할 가능성은 매우 낮았다.[9] 오늘 할 일을 완수하고 목록에서 그 일을 지우면 이론상으로는 내일 할 일이 줄어들기 때문이다.

이제 일중독자에게 동일한 시나리오를 적용해보자. 일중

독자는 업무량이 많은 것을 오히려 반긴다. 이들은 몸에서 휴식이 필요하다는 신호를 보낼 때조차 쉬고 싶어 하지 않는다. 이들에게는 일을 하는 게 가장 중요하기 때문이다. 일중독자는 할 일을 완수하고 얻는 만족감보다 새로운 일을 추가해 더 많은 일을 확보하려는 욕구가 더 크다. 일중독자에게 휴식이란 뭔가가 잘못되었음을 알리는 신호다. 할 일 목록이 짧아질수록 *위협*으로 느끼고, 빈 공간을 채워야 직성이 풀린다.

하지만 일중독 패턴에서 벗어나는 방법이 있다. 할 일 목록을 작성하는 목적과 활용 방식을 재정립하는 것이다. 여기서 핵심은, 앞으로 완료할 작업을 정리한 것이 할 일 목록이라는 개념에서 벗어나는 것이다. 할 일 목록에 올린 일들을 끝냈는지 여부는 중요하지 않다. 완수한 일에 체크 표시를 하며 하나씩 지워나갈 이유도 없다. 그 대신 *우선순위를 효과적으로 배치하거나 파악하는* 도구로 활용하자. 할 일 목록에 올린 일들을 반드시 완수해야 한다고 부담감을 느낄 필요도 없다.

할 일 목록을 다시 설정할 때는 아이젠하워 매트릭스 Eisenhower matrix를 이용하는 것도 좋은 방법이다.[10] *긴급성과 중요성*에 따라 우선순위를 구분하는 이 도구는 어떤 일에 너무 많은(혹은 너무 적은) 시간을 쓰고 있지 않은지 파악하는 데 도움이 된다.

가장 간단한 방법은 자신의 할 일 목록에 순서대로 적힌 항목을 〈그림 3-1〉에 보이는 매트릭스에 차례로 배치하는 것이다.

예를 들어, 나는 이번 주에 할 일을 차례로 고려해 〈그림 3-2〉에 보이는 것처럼 배치했다.

긴급성과 중요성이 모두 높은 범주에는 이번 장 초고를 편집자에게 전달하는 일을 넣었다. 또 중요하지만 긴급성이 낮은 일에는 다음 학기 심리학과 일정을 수립하는 일을 넣었다. 아직 몇 주 여유가 있지만, 부학과장으로서 내가 처리해야 하는 중요한 일이다. 학생들의 이메일을 확인하고 답장을 보내는 일은 긴급하지만 중요성은 낮다. 여러 학술지 편집위원으로서 논문 두 편을 검토하는 일도 이 범주에 넣었다. 또 논문 심사 과정을 관리하는 편집자로서 논문 심사 결과를 편지로 알리는 일도 같은 범주에 넣었다. 긴급성도 낮고 중요성도 낮은 범주에 해당하는 일을 배치하기는 쉽지 않았다. 이는 내게 일중독 성향이 있음을 보여주는 증거일지도 모른다. 나는 예전에 할 일 목록을 완수하고 나면 일을 끝냈다는 성취감을 느끼려고 몇몇 작업을 새로 추가하곤 했었는데, 이런 일들이야말로 긴급성도 낮고 중요성도 낮은 범주에 어울리는 일이 아닐까 한다.

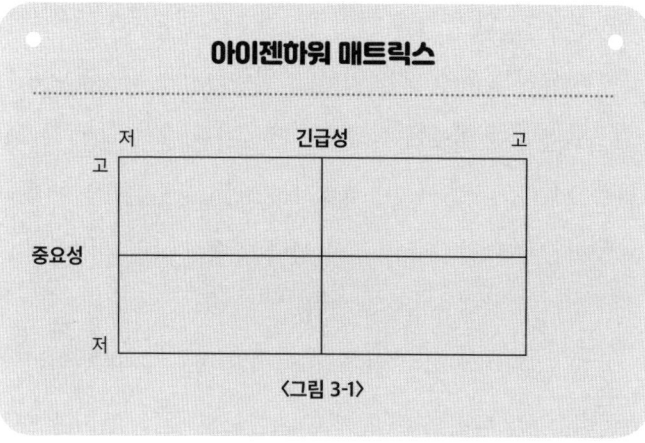

아이젠하워 매트릭스

〈그림 3-1〉

할 일을 배치하기

	저 긴급성 고
고 중요성 저	다음 학기 일정 수립 / 이번 장 초고 편집자에게 전달하기 내일 수업에 쓸 슬라이드 작성 완료하기 주말까지 학술지에 논문 제출하기
	??? / 학생들의 이메일 확인하기 논문 두 편 검토하기

〈그림 3-2〉

자신의 할 일 목록을 아이젠하워 매트릭스에 대응시키는 일이 처음에는 쉽지 않을 것이다. 일중독자에게는 거의 모든 일이 우측 상단 범주에 해당하기 때문이다. 모든 일이 긴급하고 중요하다! 이런 사고방식에서는 모든 일을 완수해야 한다는 압박감이 크기 때문에 우측 상단 범주에 일을 배치하지 않으면 속이 불편하고 답답해진다.

모든 일을 우측 상단 범주에 배치하지 *않으려면* 노력이 필요하다. 나는 아직도 이 문제로 씨름하고 있다. 하지만 솔직하게 자신을 성찰하며 긴급성과 중요성을 고려한다면 모든 일을 중요하게 여기는 강박적 사고에서 벗어날 수 있다. 일단 몇몇 과제를 내려놓는 일부터 시작해보자. 예를 들면, 우측 하단(긴급하지만 중요하지 않은 일)에 해당하는 일들이 일중독을 부추긴다. 일중독자들은 이 범주에 해당하는 일을 자신이 반드시 해야 할 일로 *여기지만*, 사실은 그렇지 않다. 스스로 긴급성을 과대평가하는 것이다. 그 일에 소홀하면 남들에게 나쁜 평가를 받을까 봐 두렵기 때문일 수도 있고, 아니면 과도한 업무에 둘러싸였을 때 느끼는 아드레날린에 중독되었을지도 모른다.

긴급하지만 중요하지 않은 일들이 있으면 아예 손을 떼거나, 그게 아니라면 최대한 미루는 연습을 해보자. "이 일은 지금 중요하지 않아. 나중에 해도 돼"라고 스스로에게 말해보

자. 긴급하지도 않고 중요하지도 않은 일이 있으면 모두 과감하게 지워도 좋다. 또 중요하지만 긴급하지 않은 일(좌측 상단)이 있으면 시간을 두고 천천히 신경 쓰면 된다. 그 일들은 미래를 위한 계획이다. 다시 한번 스스로에게 말하자. "이건 나중에 해도 돼."

여기서 또 하나 중요한 게 있다. 업무와 무관한 활동도 할 일 목록에 포함해야 한다는 것이다. 일중독에서 벗어나 인생을 다시 설계하고 싶다면 일과 무관한 활동을 긴급하고 중요한 범주에 적어도 하나는 설정해야 한다. 게이브는 할 일 목록을 일간 단위로 작성할 때 긴급성과 중요성을 기준으로 1시간(때로는 30분) 단위로 계획하는 것이 가장 효과적이었다고 한다. 그의 실행 계획에서 최상위에는 일이 아니라 건강에 집중하는 시간이 놓인다. 그러니까 우측 상단 사분면에는 '운동하기'가 적혀 있다. 요즘 게이브는 평일에도 일주일에 두 차례 암벽등반 일정을 지키고 있다.

할 일 목록을 새로 설정하는 방법이 또 하나 있다. 다리아 롱은 TED 강연에서 〈응급환자 분류 체계로 바쁜 삶을 정리하는 법 An ER Doctor on Triaging Your "Crazy Busy" Life〉을 설명하고 할 일 목록을 재설정한다. 응급실에서 적색은 생명이 위독해 즉시 치료해야 하는 긴급 환자다. 황색은 심각하긴 해도 즉각 치료해야 할 만큼 생명이 위독한 환자는 아니다. 녹색은 증상이 경

미한 환자다. 또 하나 흑색은 어떤 조치를 해도 생존 가능성이 없는 환자를 말한다.[11]

이 분류 체계를 할 일 목록을 작성하는 데 적용하면(재차 강조하건대, 솔직하고 냉정한 자세로) 모든 일을 긴급하게 여기는 게 아니라 진짜로 중요한 일이 무엇인지 구분할 수 있다. 제출 마감일 하루 전에 다급하게 면담을 요청하는 학생의 이메일을 받았을 때, 까다로운 고객이 이메일로 요청 사항을 보내고 20분도 채 지나지 않았는데 전화와 문자로 진행 상황을 확인할 때, 이럴 때 일중독자는 긴급하고 중요한 일로 여겨 할 일 목록에서 최상단에 둘 것이고, 신속히 완료하지 못하면 속이 불편하고 불안할 것이다. 하지만 응급환자 분류 체계를 적용하면 그 일이 과연 적색 범주에 해당하는지 따져야 한다. '이 일을 당장 완료하지 않으면 어떻게 되는가?' '이 일을 아예 하지 않으면 무슨 일이 생기는가?' 이 일들은 시끄럽고 신경 쓰이지만 사실은 나중에 처리해도 되고 반드시 완벽하게 대응해야 할 일도 아니므로 황색 범주에 배치해도 문제없다. 아이젠하워 매트릭스와 마찬가지로 여기서도 핵심은 각 범주에 맞게 골고루 할 일을 배치하는 것이다. 모든 일을 적색으로 분류할 수는 없다. 아이젠하워 매트릭스에서도 그랬듯이 건강한 방식으로 일과 분리할 수 있는 활동을 배치해야 한다. 가령, 게이브가 응급환자 분류 체계를 사용했다면 긴급하지 않은 일들은 황색이나 녹색 범주로 내리고 '이번 주 암벽등반 일정'을 적색으로 분류했을 것이다.

작가 애덤 그랜트Adam Grant는 모든 일을 완수하려는 욕심을 줄이고 우선순위를 어떻게 정하는 게 좋은지 자신만의 방법을 개발했다.[12] 그는 오랜 세월 시간을 최적화하고 싶었고, 그렇게 하면 모든 일을 해낼 수 있을 거라 여겼다. 그래서 최대한 효율적으로 시간을 쓰는 법을 연구했지만, 사실은 얼마나 많은 시간을 낭비하고 있었는지 뒤늦게 깨달았다. 물론 자신이 시간 관리에 실패했다는 좌절감도 컸다. 앞서 게이브가 2주 단위로 몇 가지 핵심 업무에 집중하는 방법으로 문제를 해결했다면, 그랜트는 시간을 다층적으로 계획하는 방법으로 문제를 해결했다. 그랜트는 하루를 시작할 때 그날 가장 중요한 프로젝트가 무엇인지 명확히 정리한다. 그리고 '어느 프로젝트에 에너지와 시간을 가장 많이 투자해야 하는지' 주간 단위와 월간 단위로도 계획을 세운다. 각기 다른 시간대별로 특정 프로젝트에 집중함으로써 그랜트는 시간을 최대한 아껴서 활용해야 한다는 강박에서 벗어날 수 있었다. 또 단기적 관점과 장기적 관점에서 자신이 목표를 향해 차질없이 나아가고 있는지 확인할 수 있었다.

재차 강조하지만 지금까지 소개한 여러 대안을 쓰는 목적은 할 일을 배치하고 그 일을 완수하는 데 있지 않다. 일을 끝내고 기분 좋게 체크 표시를 하는 것이 최종 목표가 아니라는 말이다. 그보다는 자신이 해야 한다고 생각하는 일들을 한눈에 파악하고, 합리적으로 우선순위를 조정하도록 돕는 것이 목적이다. 이 방법을 계속 연습하다 보면 어떤 일의 우선순위를 낮추고 뒤로 미뤘다고 해서, 혹은 완벽하게 끝내지 못했다고 해서 하늘이 무너지는 게 아니라는 사실을 알게 된다.

3. 일 요청을 거절하는 법과 위임하는 법을 익혀라

일중독자들은 다른 사람에게 일을 위임하는 데 매우 서툴다. 일이 내 손을 떠나면 불안하기 때문에 이들은 남한테 일을 맡기지 않고 직접 처리하는 것을 선호한다. 누군가에게 일을 부탁받으면 그 사실이 *기분이 좋아서* 절대 거절하지 않는다. 또 일을 완벽하게 해야 한다는 강박 때문에 다른 사람들이 자기 기준을 충족할 수 있으리라 믿지 않는다. 정부 기관 분석가이자 익명의 일중독자 모임 회원인 산드라를 예로 들어보자. 산드라는 예전에 같이 일하던 상사도 일중독자여서 자신의 일중독 성향이 악화되었다고 한다. 그 상사는 부서 직원들에게 지나치게 많은 일을 시켰다. 산드라가 분석한 바에 따르면 그 상사는 일을 거절할 줄을 몰랐다. 너무 어렵거나 일정이 빡빡해서 남들이 거절하는 일까지 모두 떠맡곤 했다. 그러다 보니 팀원들은 언제 무슨 일을 갑자기 맡게 될지 모른다는 불안감을 안고 살아야 했다. 언제 또 다른 업무 지시가 내려와 하던 일까지 전부 엉망이 될지 모를 일이었다. 한번은 상사가 중요한 회의를 마치자마자 초조한 눈빛으로 산드라의 자리로 찾아왔다. 그리고 얼마 지나지 않아 새로 떠맡은 과제를 팀원들에게 넘겼다. 상사는 빨리 일을 진행해야 한다는 조바심에 언제나 다급했다. 이러한 패턴이 지속되자 일중독자인 산드라도 결국 한계에 도달하고 말았다.

일중독 성향을 극복하려면 연습이 필요하다. 애덤 그랜트는 〈애덤 그랜트와 이야기하는 직장 생활 WorkLife with Adam Grant〉이라는 팟캐스트에서 자신의 성향에 맞서 일부러 거절하는 연습을 자주 한다고 이야기한다. 그는 앞서 언급한 응급환자 분류 체계나 아이젠하워 매트릭스와 비슷하게 우선순위를 설정해 일을 거절한다. 다음은 그가 사용하는 방법이다.

- 누구를 도울 것인가? 1순위 가족, 2순위 학생, 3순위 동료, 그 외의 사람들이 4순위다.
- 언제 도울 것인가? 내 목표에 방해되지 않는 지정된 시간에만 돕는다.
- 어떻게 도울 것인가? 나만이 할 수 있는 일로 돕는다.

그랜트는 이렇게 덧붙였다. "제 전문 분야를 벗어나거나 제 일정에 맞지 않는 요청이 들어오면 이제 저는 관련 논문이나 전문가를 소개해줍니다."[13]

그랜트가 자기 말을 그대로 실천하고 있다는 사실은 내가 입증할 수 있다. 내가 이 책을 쓰면서 그에게 인터뷰를 요청했을 때 그는 안식년 중이라며 정중하게 거절했고, 방금 언급한 팟캐스트 에피소드를 내게 소개했다. 사실 1년 전에 이미 그랜트를 인터뷰하면서 일중독을 주제로 대화를 나눴기에 이 책에 사용할 자료는 충분했다. 그러니 그랜트가 내 인터뷰 요청을 거절한 것은 잘한 일이었다. 일중독자라면 일정이 빡빡해도 주저하지 않고 시간을 빼서(물론 일중독자라면 애초에 안식년을 보내지도 않겠고, 설령 안식년을 보내더라도 손에서 일을 놓지 않겠지만) 내 인터뷰에 응했을 것이다. 그리고 나와의 인터뷰를 할 일 목록에서 최우선순위에 올려놓았을 것이다. 그 후에는 인터뷰에 쓸 자료를 수집했을 테고, 필요하다면 인터뷰 후에도 추가 도움을 주는 일을 마다하지 않았을 것이다. 만약 그랜트에게 일중독 성향이 있다면 현재는 그 문제를 잘 관리하고 있는 것으로 보인다.

게이브가 위임의 중요성을 깨닫고 나서 회사에서 그가 하는 역할도 크게 달라졌다. 게이브는 자신이 가장 크게 기여할 수 있는 일에 집중하고, 그 외의 업무는 더 적합한 사람이 맡도록 넘겼다. 다른 사람에게 일을 위임하는 자체가 일중독자에게는 매우 힘든 일이다. 게이브에게 변화의 계기를 제공한 것은 뜻밖에도 그가 좋아하는 미식축구팀이었다. "저는 필라델피아 이글스 팬인데, 어느 날 이 팀 단장에 관한 기사를 읽었어요. 선수 드래프트를 너무 못해서 팬들에게 인기가 없더군요. 하지만 다른 영역에서는 실력이 엄청 좋았어요. 연봉 상한액 운용이나 트레이드, 자유계약 선수 평가 같은 건 끝내주게 잘했죠. 누군가가 이 사실을 지적하는데, 그때 깨달았어요. '아, 내가 바로 이 단장 같은 사람이구나.' 제가 정말 잘하는 일이 몇 가지 있지만 정말 못하는 일도 있거든요. 하지만 저는 모든 일을 다 해내려고 애쓰고 있었습니다. 이후부터는 회사에서 제 역할을 바꾸기 시작했어요. 일상 업무에서 물러나고 그 대신 최고운영책임자 자리를 새로 만들었죠."

그렇게 해서 창출한 성과도 일중독자 게이브가 변화된 역할을 유지하는 데 도움이 되었다. 처음에는 일을 덜어내는 게 두려웠지만 용기를 내자 긍정적인 변화가 생겼고, 이를 경험한 이후로는 자신이 잘하는 영역에 집중하는 방침을 고수하고 있다.

일중독과의 싸움을 이겨낸 베로니카는 자신의 본업인 심리치료뿐만 아니라 따로 관심 있게 진행하는 프로젝트도 효율적으로 관리할 수 있게 되었다. 이에 베로니카는 규모가 크고 관리하기 힘든 기업을 운영하는 친구를 돕기 시작했다. 최고경영자인 친구는 번아웃 상태로 더는 일할 기운도 없고 건강도 엉망이어서 일을 그만둬야 할 것 같다고 베로니카에게 털어놓았다.

베로니카는 친구가 새로운 전략을 시도하도록 도왔다. 그것은 많은 일을 과감하게 위임하고 일을 거절하는 법을 익히는 것이었다. 두 사람은 기존 시스템 안에서 무엇을 변경하면 좋을지 머리를 맞댔다. 친구는 비서들의 전문성을 제대로 활용하지 못하고 있었다. 비서들의 뛰어난 능력을 활용하면 친구가 어려워하는 분야에서 도움을 받을 수 있었음에도, 친구는 그 사실을 전혀 몰랐다. 수많은 일중독자들이 그렇듯이 이 친구도 남들이 흡족하게 일을 처리하지 못할 거라고 여겼고, 전에 해보지 못한 일이라도 요청이 들어오면 거절할 줄을 몰랐기 때문이다.

베로니카의 친구가 억지로라도 일을 위임하고부터 놀라운 변화가 나타났고, 친구는 비로소 그동안 비서들이 갖춘 능력을 제대로 활용하지 못했음을 실감했다. 친구는 일주일에 70시간을 바치며 몸이 상할 정도로 일에 집착했으나 지금은 주당 30시간 미만으로 일을 줄였다. 친구가 건강하게 일하는 방식을 실천하자 직원들에게도 긍정적인 영향이 미쳤다. 일하는 시간이 줄었다고 해서 회사 실적이 나빠지지도 않았다. 그리고 비서들은 상사의 신뢰와 위임을 받아 마음껏 역량을 펼치게 되었다.

4. 일중독자의 시간 감각 오류를 고쳐라

일중독자들은 과제를 완수하기까지 걸리는 시간을 과소평가하는 경향이 있어서, 짧은 시간 내에 너무 많은 일을 처리하려고 한다. 이것이 '일중독자의 시간 감각' 오류이며 일중독자 본인뿐 아니라 비합리적인 일정에 따라 움직여야 하는 주변 사람들에게도 많은 문제를 일으킨다.

정도의 차이는 있겠지만 사실 사람들은 누구나 과제를 완수하기까지 걸리는 시간을 과소평가한다. 이 현상을 심리학계에서는 '계획 오류planning fallacy'라고 부른다.[14] 하지만 일중독자들은 특히 문제가 심각하다. 촉박하게 일할 때 분비되는 아드레날린에 중독되어 있기 때문이다. 일중독자의 뇌는 이렇게 외치는 듯하다. "그 일 내가 해야 해. 빨리 끝내줄 테니까 무조건 나한테 일을 맡기란 말이야!" 보통 사람들이라면 비합리적인 일정을 따라가지 못하고 연기하겠지만 일중독자들은 어떻게든 그 일정을 맞추려고 몸을 혹사시키면서까지 일할 가능성이 훨씬 크다.

일중독자의 시간 감각 오류를 고치려면 먼저 자신의 감각에 문제가 있음을 인정해야 하고, 다른 사람들과 얼마나 차이가 나는지 파악해야 한다. 그러려면 자신이 어떻게 시간을 쓰고 있는지 주의 깊게 관찰하고 기록해야 한다. 할 일은 두 가지다. 첫째, 일중독자가 아닌 동료들과 일하면서 일정 문제로 갈등을 빚었던 과거의 몇몇 프로젝트를 검토한다. 현실적으로 합리적인 일정을 다시 설정하고, 과거에 자신이 설정했던 프로젝트 일정과 솔직하게 비교한다. 가령 당시에 당신은 1주를 잡았지만 동료들은 3주가 현실적이라고 했을지도 모른다. 그렇다면 그 차이를 기록하자. 둘째, 앞으로 일주일 동안 어떤 작업을 시작하기 전에 얼마의 시간이 걸릴지 *당신의* 예상 일정을 기록하자. 오늘 나는 추천서 작업을 놓고 내 시간 감각 오류를 고치는 연습을 수행했다. 내 계산으로는 20분이면 충분한 일이었다. 그다음 작업을 시작한 시간과 마감한 시간을 기록했다. 실제로는 35분이 걸렸다. 이 정도 차이면 그리 심각한 수준은 아니다. 그다음 나는 더 어려운 프로젝트의 일정을 예상해봤다. 이번 장을 교정해서 편집자에게 넘기는 작업. 이 작업에는 총 5시간 정도 걸릴 거라고 생각했다. 한자리에서 다 끝낼 일이 아니고 몇 차례 나눠서 진행할 작업이므로 더 꼼꼼하게 기록해야 했다. 그래서 일을 시작할 때마다 시간을 기록하고 중간에 멈췄을 때도 시간을 기록했다. 정확하게 작업한 시간만 따져서 그 시간을 엑셀로 정리했다.

교정 작업을 충분히 마쳤다고 생각하고 편집자에게 전달한 시간을 보니 작업에 걸린 건 총 13시간 30분이었다. 처음 예상보다 2배나 더 많이 걸렸다. 나는 몇 가지 프로젝트를 대상으로 이 작업을 수행했다. 나중에 확인해보니 업무를 완수하기까지 평균적으로 걸리는 시간이 내가 처음 예상한 시간보다 1.8배 더 많았다.

이제 첫 단계를 지났고, 아직 할 일이 남았다. 내가 예상하는 하루 작업 시간이 다른 사람들과 비교해서 어떻게 다른지도 계산했다. 팀장으로서 조직의 프로젝트 일정을 정하는 역할을 맡은 사람들은 이 작업이 특히 중요하다. 예컨대, 내가 어떤 작업에 20시간 걸릴 것이라고 예상하는데 대개는 내가 예상한 시간보다 1.8배 더 걸리기 때문에 최종적으로는 이 작업에 36시간이 필요하다고 계산했다고 하자(20시간×1.8시간=36시간). 이때 일중독자는 이렇게 말할 가능성이 크다 "36시간? 이틀하고 반나절 정도의 작업이군요." 왜냐하면 이들은 하루에 14시간씩 일할 것으로 예상하기 때문이다.

일중독자는 본인이 아니라 보통 팀원들의 일정에 맞춰 시간을 분배해야 한다. 팀원들에게 과중한 양의 업무를 맡기지 않으려면 마감일을 며칠 더 연장하거나 팀원을 몇 명 더 투입해야 한다.

5. 부정적인 반추를 조절하라

여느 병적인 증상들처럼 일중독 문제의 핵심에도 긍정적

인 요소가 있다. 바로 일을 향한 열정이다. 다만 이 열정을 조절하거나 멈출 수 없다는 것이 문제다. 이때 열정은 모든 것을 집어삼키는 강박으로 발전하고, 일중독자들은 이 강박을 해소할 연료를 열심히 찾아다닌다.

나도 그랬지만 애덤 그랜트 역시 일을 하지 *않으려면* 훈련이 필요했고, 요즘도 마음을 굳게 먹어야 일과 자신을 분리할 수 있다. 한때 그는 나를 '메타 일중독자'라고 불렀다. 강박적으로 일하는 습관이 무엇인지 연구해 일을 조금이라도 줄이고 싶은 사람이 정작 일중독자처럼 연구에 매진했기 때문이다. (그랜트는 일중독자 두 명이 자신들의 고질병을 해결하려고 일에 대한 연구를 삶의 최우선순위로 삼는 것이 참으로 역설적이라고 지적했다.) 그랜트와 나는 우리와는 전혀 다른 친구들, 그러니까 일 미루기 습관이 심각한 사람들에 대해서도 얘기했다. 이들은 어떻게 하면 넷플릭스 드라마를 몰아보거나 유튜브 영상에 주의를 빼앗기지 않고 일에 몰두할 수 있을지 고민이다. 반면에 우리 같은 일중독자들은 일을 하지 *않으려면* 강한 의지력이 필요하다. 그랜트는 프로젝트를 연이어 하지 않도록 자신을 강하게 다스려야 한다.

그랜트는 자신이 일 생각에 빠진 것을 알아차리면, 즉 가족과 시간을 보내는 자리에서도 일 생각을 하거나, 텔레비전을 보면서도 노트북을 켜거나, 일을 하지 않고 있어서 불안하고 스트레스를 받거나 죄책감을 느낄 때 의식적으로 일 생각을 멈추려고 애쓴다. 그리고 왜 이런 감정을 느끼는지 자문한다. 그가 스스로에게 반복해서 던지는 질문과 명제가 있다. '도대체 누가 내게 매 순간 일해야 한다고 했는가? 내게는 상사도 없다.' '어느 프로젝트에 몇 시간을 쓸지 스스로 결정할 수 없다면 종신 교수직이 무슨 소용인가?'

끝없이 일을 곱씹는 반추는 겉으로 드러나지 않고 내면에서 벌어지는 일이므로 일중독 성향에서 가장 극복하기 어려운 요소에 속한다. 아무도 들여다보지 못하는 마음 깊은 곳에서 일어나기에 통제하기가 쉽지 않다. 생각과 감정은 우리가 원하든 원하지 않든 수시로 일어나기 때문이다. 우리가 실제로 느끼는 것은 겉으로 보이는 것과 전혀 다를 수 있다. 일례로, 나는 그랜트에게 꼭 알고 싶은 게 있었다. 그는 와튼 스쿨의 전임 교수이면서 강연에 컨설팅에 팟캐스트까지 진행을 하고 게다가 많은 책을 쓴다. "비결이 뭐예요? 어떻게 이 모든 일을 해낼 수 있죠?"

이에 그랜트가 말했다. "사실 저는 생산적이라고 느끼지 못해요. 하루하루 달성하고 싶은 목표에 미치지 못한다는 생각이 들거든요."

그랜트는 자신의 일중독 문제를 충분히 인식하고, 그 문제를 성공적으로 조절하고 있음에도 여전히(그리고 솔직히 나 역시) 일을 곱씹는 성향에서 벗어나기 위해 싸움을 지속하고 있다.

일을 곱씹는 습관은 간단히 없앨 수 없고, 이 사실을 이해하는 것이 문제 해결의 실마리다. 끊임없이 침투하는 생각을 인지하고, 이 생각을 다루고 조절하는 법을 배워야 한다. 그랜트에게는 그럴 때마다 되뇌는 자신만의 주문이 있다. 당신도 그런 주문을 적어두었다가 지난 일을 곱씹으며 부정적 감정이 생길 때 꺼내어 큰 소리로 읽어보자. 이를테면 다음과 같은 간단한 다짐도 좋다. "이 일은 나중에 해도 돼. 지금은 쉬면서 회복할 시간이야." 자신을 괴롭히는 일 생각이 너무 커지지 않도록 스스로를 다스릴 좌우명이나 주문을 찾아야 한다. 명상이든 호흡법이든 또 다른 무엇이든, 자신에게 맞는 마음챙김 기법을 찾아서 실천해야 한다. 떠오르는 생각을 억지로 없애려 하지 말고, 그 생각과 마음을 조절하고 다스리는 법을 배우는 것이 핵심이다.

유용하게 써먹을 방법이 또 하나 있다. *반추할 시간을 따로 일정에 넣는 것이 좋다.*

예를 들어, 나 같은 경우는 특정 프로젝트에 대한 생각이 자꾸 떠오르면 이렇게 한다. '아니야, 말리사. 오늘 밤은 됐어. 내일 아침에 한 시간 따로 시간을 내서 생각해보자.' 이런 식으로 생각을 전환하고 나서 해당 프로젝트와 관련해 두세 가지 실행 계획을 세운다.

상기한 방법은 '자이가르닉 효과~Zeigarnik effect~(끝내지 못한 목표를 자꾸 떠올리고 오래 기억하는 현상)'를 상쇄하는 데 도움이 된다.[15] 하루 일과가 끝나고 몇 분만이라도 시간을 내서 그날 끝내지 못한 일을 언제, 어디서, 어떻게 처리할지 계획하는 것만으로도 퇴근 후 업무에서 분리될 수 있는 능력이 향상되는 것으로 나타났다. 특히 업무량이 많고 자기통제력이 낮은 사람일수록 효과가 크다.[16]

일을 적게 했을 때 좋은 결과를 얻었다면 이 사실을 상기하는 것도 좋은 방법이다. 베로니카를 예로 들면, 상담 환자 수가 곧 그의 소득이나 근무시간과 직결되기에 업무량을 줄이려고 진료비를 인상했다가 환자들의 발길이 끊길까 두려워했다. 하지만 환자들은 줄지 않았다. 차후 베로니카는 다시 진료비를 인상했으나, 환자들은 계속 베로니카를 찾았다. 베로니카는 이제 '내가 일을 너무 적게 하는 건 아닐까?'라고 후회하고 곱씹게 될 때 스스로 이렇게 말하며 마음을 진정시킬 수 있다. "전에도 요금을 인상했지만 사람들은 발길을 끊지 않았지. 지금도 기다리는 환자들이 줄을 섰어. 더는 무리해서 일하지 않아도 돼."

일중독자들은 자신에게 의지하는 학생이나 환자, 고객, 의뢰인 등을 생각해서라도 힘들어도 오래 일할 수밖에 없다고 변명하곤 한다. 사람들을 실망시킬까 봐 두려워하는 마음이 이들을 움직이는 원동력이다. 이럴 때는 그 사람들과 직접 만나 물어보는 것도 좋은 방법이다. "내가 만약 일하는 시간을 줄이거나 퇴근 후에 업무 전화를 받지 않으면 실망하실까요?" 내가 만난 일중독자들에 따르면, 일을 줄인다고 할 때 오히려 *안도하는* 사람들을 보면서 깜짝 놀랐다고 한다.

6. 휴식하고 회복하는 시간을 수용하라

제2장에서 설명했듯이 우리 몸은 투쟁-도피 반응 상태를 지속할 수 없도록 설계되어 있다. 우리가 스트레스에 건강하게 반응한다는 것은 신경계가 차츰 안정을 되찾아 항상성을 유지하는 것을 의미한다. 우리 몸은 잠을 잘 때뿐만 아니라 깨어 있는 동안에도 쉬면서 에너지를 충전할 수 있다. 여러 연구 결과에 따르면, 몸과 마음을 휴식하고 회복하는 시간을 가져야 건강하고 행복한 일상을 영위할 수 있다. 할 일이 많은 사람일수록 휴식과 회복은 더욱 중요하다.[17]

일중독자들은 투쟁-도피 반응으로 비상사태에서 벗어나지 못한 나머지 수면조차 '성가신 일' 혹은 '시간 낭비'로 여긴다. 이 말은 일중독자들이 나와 인터뷰하는 중에 실제로 사용한 표현들이다. 이들은 자신의 삶에서 잠자는 시간을 아예 없애지 못해 짜증이 난 듯했다. 일중독자들은 결국 자기 몸이 말을 듣지 않을 때까지 자는 시간을 줄여가며 버틴다.

수면이 중요하다는 사실을 모르는 사람은 없다. 여러 연구에서도 수면의 중요성을 입증했다. 하지만 번아웃 관리 코치인 에밀리 바에스테로스Emily Ballesteros는 내게 이렇게 말했다. "깊이 잠자는 시간에만 휴식하면 충분하다고 생각하면 오산입니다. 깨어 있는 시간에도 쉬어야 합니다."

일중독자들에게는 충분한 수면을 확보하는 것도 쉬운 일이 아니다. 그러니 수면 시간 외에 또 쉬는 시간을 갖는 것은 이들에게는 말도 안 되는 소리일 것이다. 이들에게 휴식은 *불필요한* 일이기 때문이다. 교실을 정돈하는 일에 완벽주의 성향이 있다고 했던 유치원 교사 데세아는 아무 일 없이 시간을 보내야 할 때가 가장 힘들다고 말했다. 그런 시간이 생기면 시간을 낭비하고 있다는 생각에 극도로 초조하고 불안해져 더더욱 일에 매달리게 된다는 것이다.

휴식의 중요성을 밝힌 여러 연구에 따르면 사람들이 휴식에 대해 잘못 알고 있는 부분이 많다. 일례로, 사람들은 피곤해지면 휴식을 취하는 게 좋다고 여기지만 사실은 피곤해지기 전에 미리 휴식하는 것이 더 효과적일 수 있다.[18]

다행히 여러 연구진이 우리가 일에서 벗어나 어떻게 휴식하고 회복하는 것이 좋은지 그 방법을 제시한다. 나는 일중독 성향을 극복하는 데 도움이 되는 네 가지 휴식 방법을 소개하고자 한다. 조직심리학자 자비네 조넨탁_{Sabine Sonnentag}은 직무 스트레스를 줄이고 건강한 삶을 증진하는 방법을 체계적으로 밝힌 저명한 학자이며 여기서는 그의 연구에 등장하는 중요한 개념을 적용할 생각이다.[19]

- **심리적 분리.** 정신적으로 일과 철저하게 '단절'되는 것을 의미한다. 업무 시간 외에는 일과 관련된 생각을 전면 차단해야 한다. 일과 완전히 단절되려면 억지로라도 일과 무관한 활동을 시도하여 다른 것(또는 사람)으로 주의를 돌려야 한다. 늘 '시간이 없다'는 핑계로 하지 못했던 취미나 활동이 있다면 해보자. 처음에는 내키지 않아도, 일단 시작하면 그 행위에 몰두하면서 일 생각에서 벗어날 수 있다. 예컨대, 좋은 책이나 재미난 TV 프로그램을 보는 것도 좋고, 요리를 하거나 연락이 뜸했던 친구들과 이야기를 나누는 것(단, 일 이야기는 금물이다)도 좋다.
- **신체 활동.** 의학적으로 운동이 사람의 기분과 신체 건강에 긍정적 영향을 미친다는 사실을 모르는 사람은 없다. 이뿐만 아니라 운동은 일에서 벗어나 몸과 마음을 휴식하고 회복하는 데도 도움이 된다. 운동이 직장인들에게 주는 유익함을 입증한 연구도 많다. 게이브를 생각해보자. 그는 평일에 암벽등반을 한다. 하지만 이 때

문에 게이브의 업무 효율이 떨어지는 일은 없었다. 일과 분리되어 에너지를 충전하였기에 오히려 업무 효율이 증가했다. 신체 활동은 일반 직장인보다 일중독자에게 더 효과적인 것으로 나타났다. 한 연구에 따르면, 일중독 성향이 높은 사람들이 퇴근 후 운동을 하거나 스포츠 활동에 참여한 날에는 저녁에 더 기분이 좋고 이튿날 아침에 심신이 더욱 회복된 기분을 느낀다고 한다.[20]

- **이완**. 요가와 같은 이완 운동이나 명상은 활성화된 교감 신경계를 진정시킨다. 심박수가 줄어들고, 호흡이 안정되고, 긴장이 풀린다. 말 그대로 투쟁-도피 반응에서 벗어나 스트레스가 감소한다. 내가 이야기를 나눈 익명의 일중독자 모임 회원들은 각자 나름의 이완 방법을 찾았다고 말했다. 임상 상담사 데브라는 매일 아침 거실에서 골프 퍼팅 연습을 하거나 재즈 음악을 듣는다고 했다. 데브라와 한 친구는 하루에 두 번씩 반드시 휴식하는 시간을 갖기로 다짐하고 서로 점검하기로 했다. 특별히 하는 것은 없고, 하던 일을 멈추고 그저 서너 차례 천천히 심호흡을 하는 것이었다.

- **숙달 경험**. 이는 일과 무관한 활동을 새로 배우며 성장하는 경험을 의미한다. 따로 정해진 활동은 없다. 예컨대,

내가 가르치는 대학원생 한 명은 목공예를 배운다. 내 편집자는 기타를 배운다. 외국어를 배우는 사람도 있고, 제빵 기술이나 원예 실력을 향상시키고 싶은 이들도 있다. 스포츠를 배우는 이들도 있다. 자신에게 맞는 활동이면 무엇이라도 좋다. 모래성 쌓기 분야에 도전해 세계 최고가 되는 것도 좋을 것이다.

애덤 그랜트는 학자로서 여러 논문을 공동으로 발표하고 나서 자비네 조넨탁과 솔직하게 나눈 대화를 떠올렸다. 그때 조넨탁은 그랜트에게 "제가 연구하는 주제에서 당신이 그렇게 좋은 본보기는 아니에요"라고 말했다. 그랜트가 자신이 무엇을 잘못했는지 묻자 조넨탁이 말했다. "당신은 이완하는 데 서툴러요."

그랜트는 이 말에 동의했다. 그러면서 엄청난 시간 낭비로 느껴지니 잠자는 일도 외주를 주고 싶은 기분이라고 덧붙였다. 그러자 조넨탁은 이렇게 조언했다. "제 연구 논문을 자세히 읽었다면 숙련 경험도 심신을 회복하는 데 도움이 된다는 걸 알았을 텐데요." 그랜트는 그 순간 정신이 번쩍 들었다. 얼티밋 프리스비 Ultimate Frisbee(원반을 이용해 승부를 가르는 경기 - 옮긴이)처럼 '좋은 시간 낭비'로 여겨지는 운동을 여태껏 우선순위에 넣지 않았다는 사실을 깨달았기 때문이다. 그랜트는 이 운동을 일정에 포함시킨 후로 이와 비슷한 활동이 더 많이 필요하다는 사실을 알게 되었다. 이런 활동은 일이 아니면서도 그랜트가 일 못지않게 열정을 쏟고 몰두할 수 있었다. 나아가 집착에 가까울 정도로 몰입해도 문제가 없다는 사실을 알게 되었다.

만병통치약 같은 회복 방식은 없으므로 여러 방식을 활용하는 이들이 많다.[21] 자신에게 잘 맞는 방법이 무엇인지 스스로 찾는 것이 가장 중요하다. 여가 시간에 무슨 활동을 하든 스스로 선택할 때 더 긍정적인 효과를 얻기 때문이다.[22]

그러니까 일에만 정신없이 매진하는 일중독 성향이 있음을 알아차렸다면, 일과 무관하되 몸을 움직이는 활동에 참여하는 것이 좋다. 개인적으로 나는 집 안 여기저기를 수리하며 시간을 보내는 것을 좋아한다. 예전에는 남녀 혼성 축구팀에서 선수로도 뛰었는데, 몇 차례 부상 이후 그라운드에 직접 나가지는 않고 대신 아들이 소속된 축구팀 감독으로 몇 년 활동했다. 요즘에는 산책을 많이 한다. 동네를 한 바퀴 돌았을 때 정확히 1마일(약 1.6킬로미터)이 되는 구간을 찾은 후로는 해당 구간을 적어도 하루에 두 번 이상 산책한다. 하지만 그렇게 걷기만 하면 머릿속이 곧바로 일 생각으로 채워지리라는 사실을 잘 알고 있다. 책에 어떤 내용을 추가하면 좋을지, 할 일 목록에는 무슨 일을 넣을지 생각할 게 뻔하다. 그래서 나는 이어폰을 끼고 일과 무관한 팟캐스트나 오디오북을 듣는데, 이 방법이 대체로 효과가 있다.

일하는 시간에도 자유 시간을 더 많이 확보하는 것이 좋다. (제4장에서 이 주제를 더 자세히 다룬다.) 운동과 휴식 시간, 숙달 경험에 쓰는 시간을 일정에 포함하자. 예를 들어, 점심시간에 운동하는 직장인을 조사한 결과에 따르면 운동 이후로 더 활기차게 남은 일과를 마무리하는 것으로 나타났다. 더 흥미로운 점은, 이렇게 증가된 활력이 특히 이완과 숙달 경험 같은 회복 활동에 더 적극적으로 작용한다는 것이다.[23] 그러므로 자문해보자. '더 자주 휴식하고, 더 적게 일하면서도 똑같이(혹은 더) 생산적으로 일하는 것이 가능할까?'

회복하는 시간도 일하는 시간만큼이나 중요하게 선택해야 한다. 재미만을 위해 뭔가를 하는 것은 잘못된 일이 아니다.

⋮

당신이 일중독자라면 이 글을 읽는 순간에도 이 모든 제안이 어렵게 들릴 것이다. 일과 자신을 분리한다는 개념 자체가 어렵게만 느껴질 것이다. 직장에서 일하는 시간 중에 *일하지 않는* 시간을 따로 만들어야 한다는 생각만 해도 몸에서 거부 반응이 일어날지도 모른다.

이 모든 반응은 정상이다. 내가 지금까지 자신의 문제를 솔직하게 인정하고 어떤 방법이든 '억지로라도' 시도해보라고 몇 번이나 강조한 까닭도 여기에 있다. 아울러 다른 대안에 마음을 열고 이를 꾸준하게 실천해야 한다. 적지 않은 노력이 필요하지만, 장담컨대 노력에는 보상이 따른다. 노력한 만큼 더 건강한 상태에 이를 것이다. 내가 본문에서 소개한 많은 이들이 심각한 일중독이었지만 이들 방법을 실천하면서 일중독에서 많이 벗어났다.

기업과 기관 역시 일중독을 극복하는 프로그램을 개발하고 이를 실천하는 구성원을 칭찬하고 보상함으로써 문제를 해결하는 데 중요한 역할을 할 수 있다. 곧 알게 되겠지만, 실제로 조직은 구성원들이 깨닫지 못하는 사이에 일중독 문화를 조장할 가능성이 크다.

요점 정리

- 일중독 습관을 버리는 첫 단계는 자신에게 일중독 성향이 있음을 알아차리는 것이다.
- 인생의 목적과 의미에 초점을 두고 미래에 어떤 사람이 되고 싶은지 구체적으로 상상하라.
- 일하는 시간뿐만 아니라 쉬는 시간에 나타나는 일중독 행동 패턴을

모두 기록하라.
- 일중독 성향에 맞서려면
    - '긴급성'의 기준을 재정의하라.
    - 할 일 목록을 다시 설정하라.
    - 일 요청을 거절하는 법과 위임하는 법을 익혀라.
    - 일중독자의 시간 감각 오류를 고쳐라.
    - 부정적인 반추를 조절하라.
    - 휴식하고 회복하는 시간을 수용하라.

/ 4장　　／ **일중독을 조장하는 조직**

NEVER NOT WORKING

NEVER NOT WORKING

 여기까지 읽었다면 개인이 일중독에 빠지는 데는 개인의 성향뿐 아니라 외부 요인도 작용한다는 것을 분명히 알 수 있을 것이다. 그중에 사회적 요인은 개인이나 특정 집단이 통제할 수 없다. 하지만 조직적 요인은 조직의 결정권자들이 얼마든지 통제할 수 있다. 이 말에 반발하는 이들도 있을 것이다. 내가 이 주제로 강연할 때마다 많은 이들이 이렇게 말하곤 했다. "스스로를 관리할 책임은 어디까지나 개인에게 있으니 스스로 해결해야 하지 않나요?" 조직의 구성원이 자기 때문에 우울증이나 병에 걸렸다고 생각할 관리자는 아무도 없다.
 하지만 일중독에 적극적으로 맞서 싸우거나 예방하려는

노력을 하지 않고 있다면 그 조직은 일중독을 조장하고 있을 가능성이 크다. 우리는 알게 모르게 조직에서 일중독 문화를 부추기고 있을 확률이 매우 높다. 혹시 이렇게 상대를 비웃은 적은 없는가? '이 사람은 여기서(이 업계에서) 어떻게 일해야 하는지 전혀 몰라. 여기서는 다들 그렇게 일해. 어쩔 수 없어.' 만약 그런 경우라면 일중독을 조장하고 있는 게 틀림없다. 경쟁에서 이기려면 *반드시* 특정 가치를 따라야 한다고 옹호하는 태도 자체가 일중독 문제를 키우는 요인이다. 그리고 일중독 문화를 가장 열렬하게 옹호하는 사람들이야말로 가장 많이 변해야 할 사람들이다.

나도 안다. 변화는 어렵고 힘든 과정이다. 시간도 많이 걸린다. 혼자 힘으로는 이 큰 문제를 해결할 수 없다. 따라서 이 문제를 해결하려면 우리가 속한 조직 문화와 사회적 요인도 함께 다뤄야 한다.

제4장에서는 개인의 근무 패턴과 '조직에서 당연하게 여기는 관행'을 들여다보고 고민하는 시간을 갖는다. 조직에 변화를 일으키려면 조직에서 과로 문화가 형성된 배경이 무엇인지 관찰하고, 조직 문화가 직원들에게 어떤 신호를 보내고 있는지 이해해야 한다.

우리는 일중독 문제를 일으키는 문화적 요인과 조직적 요인을 함께 분석할 생각이다. 당신이 속한 조직에도 비슷한 문제가 있는지 주의 깊게 살펴보자.

일중독을 조장하는 사회적 요인

산업혁명의 영향

서론에서 이미 언급했듯이, 우리는 역사상 그 어느 때보다 소득이 높고 자유 시간도 많아졌다. 그럼에도 일중독자들이 갈수록 증가한다는 것은 모순처럼 보인다. 하지만 역사를 *더 길게* 보면 19세기에 일어났던 문화, 경제, 정치 변동과 노동 환경의 변화에서 이 모순의 이유를 찾을 수 있다.[1]

공장이 출현하기 전에는 많은 사람이 농촌에 살았고 자기가 소유한 땅에서 일했다. 하지만 공장이 급증하면서 사람들의 거주지가 바뀌었을 뿐만 아니라 임금을 받는 방식은 물론 시간의 가치와 의미도 바뀌었다. 장인 계층(공예가, 목공, 금속공)이 노동자 계층으로 대체되었고, 노동자들은 이제 작업을 완성한 대가가 아니라 순전히 일한 시간만큼 임금을 받게 되었다. 셀레스트 헤들리Celeste Headlee가 그의 저서 《바쁨중독》에서 지적했듯이, 시간 단위로 임금을 받는 구조로 바뀌고 나서 "시간이 곧 돈"이라는 개념이 탄생했다.[2] 노동자가 공장에서 더 오래 일할수록 기계는 더 많은 제품을 생산할 수 있었고 회사는 그만큼 더 많은 돈을 벌었다.

 산업혁명은 철학적 변화도 함께 일으켰다. 그중에서도 눈에 띄는 변화는 프로테스탄트 노동 윤리의 부흥이다. 프로테스탄트 노동 윤리는 막스 베버Max Weber, 벤자민 프랭클린Benjamin Franklin, 헨리 포드Henry Ford, 프레데릭 더글러스Frederick Douglass 같은 저명한 인물들에 의해 19세기와 20세기에 더욱 널리 퍼져나갔다. 이 노동 윤리는 부지런히 일하는 것이 바람직하고 도덕적이며, 게으름은 부적절하고 비도덕적이라는 가치관을 심었다. 더글러스는 1859년 "자수성가한 사람"에 대해 연설하면서 이렇게 말했다. "좋은 것, 위대한 것, 가치 있는 것 중에 노동 없이 이루어지는 것은 하나도 없습니다."[3] 나아가 셀레스트 헤들리는 이 시기에는 근면함이 지닌 문화적 가치가 종교적 가치를 능가하기 시작했다고 주장한다. 헤들리는 《바쁨중독》에서 이렇게 지적했다. "헨리 포드 시대를 살던 이들에게는 일요일 예배에 빠지는 것보다 직장에 하루 결근하는 것이 더 부끄러운 일이었다."[4] 이 당시 사회에서 전하는 메시지는 분명했다. 사회가 인정하는 가치 있는 사람이 되려면 무엇보다 조심할 일이, 돈을 받지 않는 일에 시간을 쓰는 것이었다. 그리고 돈을 받고 일하는 시간이 많을수록 가치가 크다고 여겼다.

 여가 시간을 언제나 멸시했던 것은 아니다. 현대 자본주의

체제 이전에는 며칠씩, 때로는 몇 주씩 명절이나 특별 행사를 즐기곤 했다. 중세 시대에는 사회에서 *공식적으로 휴일을 승인*했기 때문에 모두가 휴일을 보내는 것이 당연했고, 사회의 기대에도 부합했다. 일례로, 중세 시대 잉글랜드에서는 1년의 3분의 1이 휴일이었다.[5] 반면 오늘날에는 추수감사절에도 영업하는 것을 자랑스럽게 여기는 소매업체들이 많다. 미국에서 공식적으로 인정되는 국경일은 며칠일까? 총 11일, 즉 1년의 3퍼센트에 불과하다. 이는 OECD 회원국 평균과 비슷한 수준이다.[6] 민족과 종교가 다양한 아시아 국가들은 국가 및 종교 기념일까지 포함해서 공휴일이 가장 많은 편이지만, 그마저도 자본주의 이전 시대와 비교하면 훨씬 적다.[7] 이는 사회에서 가치 있게 여기는 대상이 달라졌음을 의미한다.

산업혁명 및 자본주의 부흥과 더불어 노동시간도 증가했다. 결국 노동자가 하루에 일할 수 있는 시간의 상한선을 제도로 규정하기에 이르렀다.[8] 하지만 이런 규제만으로는 과로를 부추기는 문화적 영향력에서 온전히 벗어날 수 없었다. 일례로, 노동법에서는 고용주가 직원들에게 유급휴가를 제공하도록 규정하지만 미국인의 절반 이상이 그들에게 부여된 휴가일을 제대로 쓰지 못한다.[9]

기업의 보상 체계 역시 일중독을 장려하는 방식으로 설계된 것들이 많다. 노동시간이 곧 임금과 직결되는 일자리에서는 초과근무에 금전적 보상이 따른다. 이는 일중독 행동을 조직에서 장려하고 포상하는 것이나 다름없다. 일터에서 더 오래 일할수록 더 많이 돈을 버는 구조다.

전기 기사 토니Tony를 예로 들어보자. 그는 폭풍이 불 때 연장 근로하면 근무 수당이 2배, 심지어 3배까지 올라간다. 이만큼 큰돈을 두고 토니가 초과근무를 포기하는 건 불가능에 가까웠다. 하지만 이런 구조에서 일하는 이들은 일중독에 걸린 이들과 똑같은 지점에 도달한다. "우리는 모두 지쳐 쓰러질 때까지 일하곤 했습니다." 토니는 결국 공황 발작을 일으켜 일하는 시간을 줄일 수밖에 없었고, 그제야 증상이 완화되었다. 하지만 그때 얼마나 많은 돈을 벌었는지 기억하는 토니는 여전히 예전처럼 일에 매달려 살고 싶은 충동에 시달린다. 토니의 사례는 이런 보상 체계가 새로운 가치관을 만들어냈음을 보여준다. 즉 여가 시간을 오히려 스트레스로 여기는 현상이다. 시간이 경제적 가치로 너무나 소중해졌기 때문이다. 경제학자 게리 베커Gary Becker는 이렇게 지적한다. "사람들은 임금을 더 많이 받을수록 더 오래 일한다. 노동이 여가보다 훨씬 더 수익성이 크기 때문이다."[10]

일 지상주의

사회학자 메리 블레어-로이Mary Blair-Loy에 따르면, 의미 있고 가치 있는 삶이 무엇인지에 대해 우리 문화가 공유하는 전제는 여러 사회적 요인에 따라 결정된다.[11] 이런 전제를 가리켜 '도식schemas'이라고 부르는데, 이는 우리가 세상을 이해하는 틀을 제공한다. 다시 말해, 도식은 우리가 주변에서 일어나는 일을 인식하고 해석하고 내면화하는 방식을 형성한다. 우리 사회는 사람이 얼마나 열심히 일하는지를 기준으로 개인을 평가하는 '일 지상주의 도식'을 형성했다. 일 지상주의에서는 학자들이 '바람직한 노동자'라고 부르는 사람들을 지지하고 우상화한다. 바람직한 노동자는 자신의 이익보다 고용주의 이익을 우선시하는 사람이다.[12] 바람직한 노동자는 사무실에서 긴 시간을 보내고, 퇴근 후에도 집에서 일을 하고, 정규 근무시간 외에도 시간을 내서 일을 하고, 업무 요청에 언제든 즉각 대응한다. 심지어(그리고 특히) 개인 일정이나 가족과의 약속이 있을 때도 주저하지 않고 출장 요청에 응함으로써 일을 향한 열정을 증명한다. 이들은 일에 헌신하는 것 외에는 다른 어떤 의무도 챙길 게 없는 사람처럼 보인다.

회계 및 컨설팅 회사 마컴Marcum의 광고를 보면 우리 사회가 2023년에도 여전히 바람직한 노동자상을 강화하고 있음이 선명하게 드러난다. 광고에서 면접을 보는 구직자는 자신감 넘치는 목소리로 말한다. "저는 이 회사에서 일하도록 태어났습니다. 저는 취미가 없습니다. 주말 같은 건 필요 없습니다. 이메일과 스프레드시트를 무엇보다 좋아하고, 그보다 더 좋아하는 건 이메일과 스프레드시트에 대한 회의입니다." 그 순간 카메라가 지원자가 귀에 장착한 작은 장치를 확대해서 비춘다. 알고 보니 마컴의 컨설턴트가 지원자가 할 말을 불러주고 있었던 것이다. 이어서 화면에 다음과 같은 문구가 뜬다. "모든 답을 알고 있는 사람들이 있습니다. 그들이 어디서 답을 얻는지 궁금하십니까?"[13] 광고가 전하는 메시지는 명확하다. 좋은 직장에 취직하고 싶다면, 당신이 바람직한 노동자라는 사실을 면접에서 확실하게 보여주어야 한다는 것이다.

일 지상주의 도식이 회사에 강하게 뿌리내리고 있다는 사실을 어떻게 알 수 있을까? 방법은 의외로 간단하다. 다음 두 가지 질문을 던져보면 알 수 있다. "우리 회사 사람들은 장시간 일하는 사람을 어떻게 생각하는가?" 반대로 이렇게 물어도 된다. "우리 회사 사람들은 적은 시간 일하는 사람을 어떻게 생각하는가?" 베스트바이Best Buy에서 표적 집단을 선정해 이 두 질문을 던지자 바람직한 노동자상이 규범으로 자리하고 있음이 드러났다.[14] 첫 번째 질문에 대다수 직원들은 회사에서 장시간 일하는 사람들을 다음과 같이 긍정적으로 묘사했다. "헌신적이다." "중요한 사람이다." "주어진 역할 이상으로 일을 잘한다." "더 많은 보상을 받을 사람들이다." 반면에 적게 일하는 사람들은 부정적으로 묘사했다. "게으르다." "무신경하다." "자기 역할을 다하지 않는다." "필요할 때 자리에 없다." "업무에 몰입하지 않는다. 일을 더 많이 맡겨야 한다." "팀워크가 부족하다." 이에 베스트바이는 바람직한 노동자상을 강요하는 문화를 바꾸려고 혁신을 단행했다. 이 프로젝트에 대한 이야기는 제5장에서 자세히 다룰 생각이다.

일 지상주의 도식이 사회에 워낙 깊이 뿌리내려 의문을 제기하는 사람도 없으니 우리는 이를 자연스럽게 다음 세대에 전수한다. 사람들에게 이제 직장은 단순히 생계를 유지하는 수단이 아니다. 평생을 바칠 자기 일이자 소명이다. 우리는 어려서부터 이런 이야기를 듣고 자란다. "네가 좋아하는 일을 찾아야 해." "끊임없이 열정을 불살라 일에 헌신해야 해." "완벽한 직장인이 되어야 해." 자기 일에서 성공하는 것은 선택이 아니라 도덕적 의무이고, 자기 일에서 성장하는 것만이 자신의 가치를 증명하는 길이 되었다.

나 역시 그렇게 배웠고 그렇게 살았다. 내 정체성에서 가장 큰 부분을 차지하는 게 바로 교수라는 내 일이다. 이 자리에 오기까지 정말 열심히 살았기에 자부심도 크다. 하지만 나 역시 일 지상주의에 젖어 내 가치를 입증하려고 애쓰면서 나 자신과 주변 사람들에게 해를 끼쳤다는 사실을 뒤늦게 깨달았다. 지금 나는 내 삶을 다시 평가하고, 일 *바깥에서도* 의미

있고 만족스러운 삶을 찾기 위해 내 시간과 에너지와 열정을 배분하고 있다.

일중독을 부추기는 문화적 요인들은 오랜 시간에 걸쳐 우리 사회 깊숙이 뿌리를 내렸다. 이제는 우리 사회의 일부가 되었고 우리가 세상을 바라보는 방식 자체가 되었다. 《타임 푸어》의 저자이자 '더 나은 삶 연구소' 책임자인 브리짓 슐트는 내게 문제의 심각성을 말하면서 일중독이 우리 문화를 작동시키는 방식의 하나가 되었다고 지적했다. "현대인은 바쁘고 생산적으로 살아야 한다는 문화적 통념 때문에 다른 선택의 여지가 없는 것처럼 느낍니다. 일하지 않을 때 불안하고 죄책감을 느끼는 것은 일중독의 전형적인 특징이죠. 하지만 상당수 미국인들이 느끼는 감정일 겁니다." 직무 스트레스와 회복 문제를 연구하는 라리사 바버Larissa Barber도 대화에서 이 문제를 지적했다. "우리가 누군가에게 '일이 너무 많아서 감당이 안 돼'라고 말하는 것은 사회적으로 아무 문제가 없어요. 하지만 '가족 때문에 시간을 내야 해'라고 말하기는 쉽지 않아요. 특히 여성이라면 더욱 그렇죠." 바버에 따르면, 결국 모든 사람이 바쁘다고 핑계를 대기 때문에 다들 자기보다 바쁘게 산다고 착각하게 되고, 나중에는 게으른 사람으로 보이지 않으려고 "너무 바빠!"라고 외치게 된다는 것이다.

슐트는 한 인터뷰에서 누군가에게 스페인에서 지냈던 경

험을 듣고 나서 미국인의 분주한 삶과 비교했을 때 미국과 스페인의 여가 문화가 너무나 달라서 크나큰 충격을 받았다. 그 사람은 이렇게 말했다. "주말에는 온전히 쉬었어요. 주말이 백만 년은 되는 것처럼 길더군요. 주말이 끝나면 몸도 마음도 개운했어요. 그런데 미국에 돌아와 보니 토요일에도 쉬지 못하고 잡무를 처리하느라 정신이 없어요. 여기서는 어떻게 쉬어야 할지 모르겠어요. 여가를 즐기기로 선택하고 재미로만 어떤 일을 하는 게 여기 미국에서는 혁명적이고 급진적인 선택처럼 느껴져요." 미국에서는 개인이든 조직이든 다음과 같은 질문을 던지는 게 쉽지 않다. "우리가 꼭 이렇게 살아야 할까? 다르게 살 수도 있지 않을까? 일 말고 내게 진짜로 소중한 것은 무엇일까?" 이런 질문에 답을 하려면 엄청난 노력이 필요하고, 때로는 전 세계를 강타한 유행병처럼 충격적인 사건이라야 변화가 가능하다.

하지만 우리는 이들 질문에 답을 찾을 수 있다.

일중독을 부추기는 구조적 요인

조직을 운영하는 방식

조직은 살아 있는 생물과 같아서 고유의 성격과 특징을 지닌다. 다시 말해, 조직마다 고유한 문화가 있다. 이 문화는 처음에는 창립자의 가치관, 성격, 이상을 기반으로 형성된다. 조직 문화 연구로 손꼽히는 에드거 샤인Edgar Schein에 따르면 조직 문화란 조직 구성원들이 공유하는 가치관, 신념, 기본 전제 이렇게 세 차원으로 구성되는데, 말하자면 회사의 정체성이다.15 이는 조직의 구조, 운영 방식 및 여러 관행에 문화가 깊이 스며들어 있다는 의미다.

조직 문화를 확립하고 싶은 창립자는 자신과 비슷한 사고방식과 비전을 가진 사람들을 주요 직책에 배치한다. 회사의 사명선언문은 창립자의 신념과 가치관, 기본 전제를 반영한다. 새로 직원을 채용할 때도 조직의 가치관과 목표에 부합하는 사람을 선발한다. 이렇게 시간이 지나면 조직 문화가 뿌리 내리고 더욱 공고해진다. 산업 및 조직심리학자 벤 슈나이더Ben Schneider는 이를 가리켜 '유인attraction' '선발selection' '이탈attrition', 즉 ASA 모델로 설명한다.16 개인은 자신이 중요하게 여기는 가치와 동일한 가치를 실현하려는 조직에 '끌린다'. 예를 들어, 공익 활동을 중시하는 사람은 비영리단체나 사람들을 돕는 직업에 끌릴 가능성이 크다. 목표지향적이고 성취주의적인 사람은 경쟁과 성공을 강조하는 조직에 끌린다. 마찬가지로 채용 담당자들은 직원 '선발' 과정에서 회사의 비전과 사명에 부합하는 핵심 지식knowledge, 기술skills, 능력abilities 및 기타 특성other characteristics(산업 및 조직심리학에서는 이를 가리켜 KSAO라고 부른다)을 보유한 지원자를 찾는다. 그리고 마지막으로 조직 문화에 맞지 않는 사람은 '이탈' 과정을 거쳐 결국 해당 조직을 떠나게 된다.

구직 과정에서 어떤 기준으로 결정을 내렸는지 한번 돌아보자. '내가 이 조직과 잘 맞을까?' '이 회사의 가치관이 나와 잘 맞을까?' 이런 질문을 중요하게 고려했을 게 틀림없다. 그러면 이 질문에 대한 답은 어떻게 찾았는가? 아마도 채용 담당자나 직원에게 이 회사에서 보내는 하루 일과가 어떤지, 이 조직에서 성공하려면 어떤 점이 중요한지 물어보고 답을 얻었을지도 모른다. 실제로 그 안에 들어가보기 전에는 그 문화를 제대로 알 수 없겠지만, 외부인이라도 조직 문화를 파악할 방법은 많다. 사회학자 멜리사 마즈마니안Melissa Mazmanian은 이렇게 말했다. "사람들은 모두 자신의 환경을 닮아간다."

조직마다 고유한 문화가 있지만 대다수 조직은 자본주의 사회에 이미 깊이 뿌리박힌 일 지상주의를 수용한다. 따라서 바람직한 노동자에 대한 관념을 당연하게 받아들이고, 어떤 행동에 보상하고 불이익을 줄지도 일 지상주의 도식에 따라 결정된다. 다시 말해, 조직 문화는 사회 통념에서 자유로울 수 없다.

과로를 칭찬하는 문화

일 지상주의는 과로를 긍정적으로 평가하는 태도를 비롯해 일중독에 빠지게 만드는 여러 가치도 수용한다. 과로 문화가 뿌리내린 조직은 가장 헌신적인 사람(회사에 가장 많은 시간을 투자하고 가장 많이 희생을 감수하는 사람)이 모범 직원이라는 전제 아래 움직인다. 모범 직원이라면 24시간 7일 내내 거의 언제든 업무 요청에 응답해야 하고, 일 외의 다른 책무는 최소화해야 한다. (이때 육아라든지 가족 행사, 가사 등의 책무는 흔히 배우자가 대신 처리하기 마련이다.) 과로하는 환경에서는 근무일과 비근무일, 근무시간과 비근무시간이 따로 없다. (일 지상주의 도식이 너무 강력해서 주말과 휴일을 법으로 보장했을 정도다.) 열정적인 'A형 성격 유형' 인재들이 모여 '강도 높게 일하는 회사'라고 공공연하게 인정하는 조직도 많다. 이는 "우리 조직은 일중독을 장려"한다고 인정하는 것이나 다름없다. 하지만 이런 조직에서는 일중독이 아니라 당연한 경쟁으로 포장된다. 즉, 시장에서 성공하려면 어쩔 수 없이 그렇게 일해야 한다는 식이다.

내가 볼 때 사람들은 일 지상주의 도식을 당연하게 받아들이고 있다. 하지만 일중독을 전략적으로 조장하고 직원들을 탈진할 때까지 부려먹겠다고 의도하는 조직은 거의 없을 것이다. (내가 제3장에서 지적했듯이 이런 전략은 그리 효과가 없다. 장기적으로 보면 일중독자들은 오히려 생산성이 떨어진다.)

일 지상주의 도식이 교묘하고 까다로운 점이 바로 여기에 있다. 우리 삶 전반에 걸쳐 오래전부터 알게 모르게 서서히 스며들어 의문의 여지조차 없는 당연한 현실이 되었다는 점이다. "우리는 이런 식으로 일할 수밖에 없다"라고 누군가가 말할 때, 여기에는 한 치의 의심도 없다. 마치 파란색이 없는 세상을 상상할 수 없는 사람들처럼, 이들은 과로가 미덕이 아닌 세상을 상상조차 하지 못한다. 이들에게는 일 지상주의만이 세상을 올바로 살아가는 방식이다.

이렇게 생각하면 ASA 모델이 작동하는 방식도 이해가 간다. 만약 사람들이 일 지상주의 도식 말고 다른 눈으로 세상을 본다면 조직이 어떻게 운영될 수 있겠는가? 일을 최우선순위로 두지 않아도 되는 선택지가 있다고 하면 사람들을 조직으로 끌어들이기 힘들 것이다. 아울러 사람들이 다른 대안을 찾아 나서면 기존 조직에서 이탈할 가능성이 매우 크다.

조직이 보내는 신호

대다수 회사는 자신들이 얼마큼 일중독을 장려하는지 대놓고 드러내지 않지만, 모든 조직은 신호를 보낸다. 나는 이 단서를 가리켜 '문화적 신호'라고 부른다. 이 신호는 해당 조직으로 사람들을 끌어들이는 역할을 하는가 하면 밀어내는 역할을 하기도 한다. (만약 이미 조직에 속한 사람이라면, 가령 인사 담당자라면 그의 언행이 문화적 신호를 만들어내고 강화하는 역할을 한다.) 신입 직원이라면 문화적 신호를 보고 이 조직에서 일하는 것이 *실제로 어떨지* 판단하고, 성공하려면 어떻게 행동해야 하는지 알게 된다. 처음에는 문화적 신호를 감지하기 쉽지 않지만 여러 조직을 살펴보고 나면 자연스럽게 포착할 수 있다. 내가 대학을 나와서 처음으로 얻은 '진짜' 일자리는 작은 인쇄 회사의 영업 사원이었다. 나는 샌디에이고 전역의 회사들을 돌아다니며 불특정 고객에게 영업을 하거나 기존 고객을 방문하는 일을 맡았다. 당시에는 몰랐지만 이 일을 하면서 나는 다양한 기업 문화를 관찰하고, 그들이 보내는 신호가 무엇인지 파악할 기회를 얻었다. 회사마다 고유한 분위기와 느낌이 있었다. 캘리포니아 칼즈배드에 있는 노피어_{No Fear} 본사를 방문했을 때 나는 느긋하면서도 도전적인 기운을 느꼈다. 실내에 스케이트보드를 탈 수 있는 경사로가 있고 직원들의 애완견을 위한 전용 공원이 있었으며, 탁 트인 사무실 공간의 중앙에는 바가 자리하고 있었다. 그런가 하면 비밀스럽고 딱딱한 분위기의 고객사도 있었다. 직원들의 책상은 폐쇄된 공간 안에 배치되어 있고, 간혹 마주치는 직원들을 보면 모두 깔끔한 정장 차림이었다.

대다수는 나만큼 조직 문화를 다양하게 관찰할 기회가 많지 않았을 것이다. 조직 문화를 관찰할 때도 겉으로 드러나는 문화적 요소를 보이는 그대로 판단하면 안 된다. 가령, 사무실에 스케이트를 타는 공간이 있다고 해서 일중독을 부추기지 않는 조직이라고 확신할 수는 없다.

흔히 쓰이는 빙산의 비유로 조직이 보내는 문화적 신호를 설명하겠다. 문화는 관찰 가능한 정도에 따라 여러 층위에서 존재한다.[17] 하지만 눈에 보이는 것은 극히 일부다. 조직의 외부인들이 볼 수 있는 빙산의 꼭대기는 *조직의 가시적 요소*다. 수면 아래로 조금 내려가면 조직 구성원들이 옹호하는 신념과 가치관이 자리한다. 여기에는 이상, 목표, 가치, 열망, 이념, 그리고 조직의 문화를 정당화하는 방식이 포함된다. 그리고 마지막으로, 가장 깊은 곳에는 조직 문화 기저에 깔린 전제가 자리한다. 조직에서 당연시하는 신념과 가치를 가리킨다. 조직에서 드러나는 여러 가시적 요소는 〈그림 4-1〉에 정리되어 있다.

빙산의 꼭대기는 전체 이야기에서 일부에 불과하다는 사실에 유의하면서 우선 눈에 보이는 요소를 살펴보자. 조직의 가시적 요소가 과로 문화를 어떻게 촉진하는지 이해하는 데 도움이 되는 사례를 소개하겠다.

조직 내 일중독 문화를 보여주는 신호

가시적 요소	과로/일중독 문화를 보여주는 신호
물리적 환경	일중독적 표현을 눈에 띄게 전시한다. ("월요일이 행복한 회사")
사회화 과정	신입 직원은 제일 먼저 출근해서 마지막에 퇴근해야 한다고 사방에서 강조한다. 그러니 사무실을 나갈 일이 있으면 조용히 움직여야 한다. (중요한 물건을 책상에 올려두면 잠깐 자리를 비운 척할 수 있다.)
조직에서 강조하는 미담	어떤 직원이 모범 사례로 회자되는가? 사람들이 특히 강조하는 특징은 무엇인가? (예를 들면, 장시간 일하는 것을 칭찬하는가?)
규범과 관행	점심시간에도 일하는 것을 당연하게 여기는가? 직장에서 가족 문제를 이야기하거나 처리하는가? 누군가 휴가를 신청하면 반감이나 비난을 사는가? 의사소통 방식은 어떤가? (퇴근 후에도 메시지를 주고받는 게 당연한 일인가?)
조직 행사와 의식	근무시간 외에도 필수로 참석해야 하는 회의나 워크숍 등이 있는가?
보상	어떤 사람이 승진하고, 그 이유는 무엇인가? 과로를 용납하고 나아가 칭송하는 분위기인가?
본보기	리더들이 일중독 행동을 보이는가?

〈그림 4-1〉

물리적 환경

회사의 건물 자체나 사무실 공간의 특징만 살펴봐도 그 조직이 어떤 문화인지 많은 사실을 알 수 있다. 벽에 무엇이 전시되어 있는가? 예를 들어, 소프트웨어 개발사인 멘로이노베이션Menlo Innovations은 개발자들이 작업 공간을 공유하도록 설계했고, 두 사람이 짝을 이루어 키보드와 모니터를 공유한다.

이는 회사가 팀워크를 중요한 가치로 여기고 있음을 상징한다.[18] 반면 테라노스Theranos 같은 기업은 각 부서마다 분리되어 문이 잠겨 있다. 보안과 비밀 유지가 중요하다는 뜻이다. 다음 두 사무실에 처음 들어갈 때 어떤 인상을 받을지 생각해 보자. 하나는 창립자들의 사진이 벽에 죽 걸려 있고 호화롭고 폐쇄적인 사무실이 줄지어 있다. 또 하나는 실리콘밸리 기술 기업으로, 걷기 운동이 가능한 책상이 배치되어 있고 공용 공간에는 축구 게임기와 푹신한 대형 소파가 가득하다. 이 같은 물리적 환경은 그 회사가 중시하는 가치가 무엇인지 신호를 보낸다. 회사가 강조하는 가치가 전통인지 돈인지, 아니면 창의성과 혁신인지 알 수 있다.

과로 문화를 알리는 신호를 찾을 때 내가 주목하는 물리적 요소는 사무실 곳곳에서 눈에 띄는 단어와 문구, 회사의 전문 용어들이다. 무엇을 강조하는가? 성과인가, 아니면 일에 헌신하는 자세인가? 칭찬하는 말인가, 아니면 도움을 요청하는 말인가? 영감을 주는 말인가, 아니면 강요하는 말인가? 과로 문화를 보여주는 고전적인 사례로 1980년대 매킨토시(현재 애플) 개발팀이 입었던 스웨트셔츠가 있다. 거기에는 "일주일 90시간, 행복하다!"라는 문구가 적혀 있었다.[19] 골드만삭스 Goldman Sachs의 전 최고경영자 행크 폴슨Hank Paulson의 책상에는 이렇게 적힌 팻말이 놓여 있었다. "토요일에 나오지 않을 거면 일요일에도 나올 생각 하지 마라."**20** 미식축구 감독인 톰 코플린Tom Coughlin은 몇 분 *일찍* 회의에 도착한 자이언츠 선수들에게 벌금을 부과한 사건으로 물의를 일으켰다. 이른바 '톰 쿠플린 시간'에 따르면 회의에 5분 일찍 와야 제시간에 온 것이고, 제시간에 도착하면 지각이었다.**21** 이 회의에 참석하는 것이 다른 어떤 일보다 중요하다는 메시지인 것이다. 최근의 예시로는 위워크WeWork 사무실 벽에 붙어 있는 "오늘도 빡세게Hustle"라든지 "월요일이 행복한 회사!Thank God It's Monday" 같은 문구가 있다.**22**

    일과 노동을 칭송하는 용어를 쓴다면 그 표현이 긍정적으로 포장되어 있더라도 경계해야 한다. 예컨대, 위워크에서 자주 쓰는 "좋아하는 일을 하라" 같은 표어는 아무 문제가 없어 보이지만(누군들 자기 일을 즐기고 싶지 않겠는가?), 일을 놀이 삼고 놀이를 일로 삼는 문화를 조장한다. 하지만 좋아하는 일이라는 게 반드시 노동일 필요는 없지 않은가. 위워크가 즐겨 쓰는 "열심히 일하고 열심히 놀자"라는 표어는 직원들이 일 외에도 충만한 삶을 살아야 한다고 말하는 것처럼 들린다. 하지만 위워크 직원들이 실제로 경험한 현실은 전혀 달랐다. 이들은 회사에서 주최하는 파티에 빠질 수 없었고, 조직에 자기의 모든 것을 헌신해야 한다는 압박감을 받았다.**23**

사회화 과정

신입 직원은 회사에서 일을 시작하는 순간부터 그곳에서 *실제*로 일하는 것이 어떤 의미인지 배우게 된다. 무엇을 해야 하고 무엇을 하지 말아야 하는지, 또 경영진과 관리자들이 어떤 것에 주목하는지 기존 직원들에게 듣고 배우며 사회화 과정을 거친다. 이를테면 다음과 같은 질문에 답을 찾아 나간다. 조직의 구성원들은 업무 외적인 삶에 대해 회사에서 이야기하는가? 주말에 상사에게 이메일을 받으면 얼마나 빨리 답장해야 하는가? 휴가는 얼마나 사용해야 적절한가?

재무 컨설팅 회사 머니젠MoneyZen의 창업주인 마니샤 타코르Manisha Thakor는 투자은행 애널리스트로 새 직장에 출근한 첫날, 앞으로 수많은 불면의 밤을 보내며 정신없이 일하게 될 것을 바로 예감했다. 타코르는 《머니젠MoneyZen》이라는 책에서 매일 오후 5시에 관리자가 신입들의 책상에 긴급한 업무를 던져두면 이튿날 새벽까지 잠도 못 자고 그 일들을 처리해야 했다고 회상했다.[24] 이러한 초기 경험은 앞으로 그 회사에서 무슨 일이 일어날지 예상하는 단서가 되었다.

새로운 조직에 들어가려는 구직자가 그곳의 조직 문화를 알아내기란 쉽지 않다. 실제로 그곳에 들어가 일을 해보아야만 이러한 문화적 신호를 포착할 수 있기 때문이다. 면접 과정에서 현직 직원들과 이야기하면서 최대한 많은 정보를 얻는 것이 도움이 된다. 예를 들어, 진급에 대해 물을 때 이런 질문을 던져보자. "최근에 승진한 사람들에게 가장 돋보이는 자질이나 장점은 뭐라고 생각하십니까?" 다음과 같은 대답은 과로 문화의 신호다. "그 사람은 언제나 남들보다 늦게까지 일을 했어요." "그 사람은 회사에 전적으로 헌신했어요." "그 사람은 퇴근 후에 무슨 일을 하고 있든 간에 업무 요청을 거절하는 법이 없었어요." 면접 과정에서 현직 직원들과 솔직한 대화를 나눌 기회가 주어지는지 아니면 감독관이나 인사 담당자가 계속 동석하는지도 살펴야 한다. 만약 후자라면 지원자들에게 전달되는 메시지를 엄격히 통제하려는 신호일 수 있다. 이런 경우에는 입사 제안을 받은 후에 현직 직원과 따로 연락해 대화를 나누어보면 더 솔직하고 정확한 답변을 얻을 수 있다.

조직 차원에서도 신입 직원들이 어떻게 조직에 적응하는지 이해하는 것이 좋다. 그 결과 미처 깨닫지 못했던 조직의 문화적 신호를 포착하기도 한다. 일례로, 마니샤 타코르는 신입 시절에 한 동료에게서 받은 조언이 아직도 생생하다. 개인적인 용무로 사무실을 비울 일이 있으면 반드시 열쇠만 들고 나가라는 조언이었다. 그 이유가 무엇일까? 재킷이 그대로 의자에 걸려 있고 가방이 책상 옆에 놓여 있으면 잠깐 자리를 비운 것으로 사람들이 생각한다는 것이다. 가방을 놔두고 사무실을 나가는 사람은 없을 테니 일리 있는 말이었다. 하지만 이 조언에서는 이 회사가 장시간 근무를 중요하게 여길 뿐만 아니라 사무실에서 자리를 지키는 것을 우선시하는 문화를 가졌다는 사실이 드러난다.

조직에서 강조하는 미담

조직에서 회자되는 미담이나 성공담은 조직이 어떤 자질을 높게 평가하고 어떤 자질을 낮게 평가하는지 신입 사원들에게 알려준다. 시간이 지나면 이런 미담과 성공담이 전설이 되고 그 안에 담긴 가치는 계속 강화된다. 미담과 전설의 소재는 다양하다. 창업주나 회사 역사에서 중요한 사건일 때도 있고, 회사가 실행한 특별한 전략이나, 유난히 조직의 이목을 끌었던 직원의 이야기일 때도 있다. 좋은 이목이라면 엄청난 성과를 달성한 직원의 본보기를 장려하는 것이고, 나쁜 이목이라면 그와 같은 문제 행동을 저지르면 안 된다는 교훈을 전달한다.

애덤 그랜트는 자신의 팟캐스트 〈애덤 그랜트와 이야기하는 직장 생활〉에서 신입 사원들이 조직 문화를 이해하려면 사내에서 회자되는 이야기들을 수집하는 것이 좋다고 조언한다. 그러면서 현직 또는 전직 직원들에게 물어볼 세 가지 좋은 질문을 소개한다(다만 입사 제안을 받은 후에 물어보는 것이 가장 좋다). (1)"다른 곳에서는 볼 수 없고 여기에서만 일어나는 일이 있다면 말씀해주시겠습니까?" (2)"이곳에서 표방하는 가치와 실제 현실이 다른 부분이 있다면 말씀해주시겠습니까?" (3)"이곳에서는 어떤 사람이 채용되고, 승진하고, 해고되는지 말씀해주시겠습니까?"[25] 이런 질문들을 던지고 탐정의 자세로 답변을 분석한다면 외부에서도 조직 내부의 문화를 상당히 깊이 파악할 수 있다.

업계에서 회자되는 미담과 성공담은 과로 문화를 부추기고 강화할 수 있다. 예를 들어, 한 미식축구 감독은 몇 주씩 사무실에서 잠을 자고 동트기 전에 일어나 하루 20시간씩 혹독한 일과를 소화한 것으로 칭송받았다. 또 야후 회장 겸 최고경영자였던 마리사 메이어Marissa Mayer의 성공담도 유명하다. 메이어는 첫 아이를 출산하고 고작 2주 만에 업무에 복귀했고, 몇 년 후 쌍둥이를 출산했을 때도 휴가 기간은 채 한 달이 되지 않았다.[26]

만화에나 등장할 법한 마리사 메이어의 이야기는 성공담이 어떻게 일중독을 부추기는지 보여주는 완벽한 사례다. 구글의 첫 여성 엔지니어였던 메이어는 당시 나눈 인터뷰에서 자신을 얼마나 채찍질하며 일했는지 설명했다.

구글 이야기에서 자주 간과하는 부분이 바로 근면함의 가치입니다. 기자들은 구글의 성공이 당연한 운명인 양 기사를 씁니다. 하지만 실제로는 어땠는지 아세요? "일주일에 130시간 일할 수 있을까요?" "네, 가능합니다." 물론 잠자는 시간, 샤워하는 시간, 화장실 가는 횟수까지 전략적으로 계산해야 가능한 일이었어요. 구글에 수면실이 있었던 이유는 새벽 3시에 주차장까지 걸어가는 것보다 사무실에 머무는 게 더 안전했기 때문입니다. 저는 구글에서 처음 5년간 매주 한 번 이상 밤을 새웠습니다. 물론 휴가 기간에는 아니었지만, 실제로는 휴가도 거의 없었답니다.[27]

우리는 메이어와 구글을 둘러싼 전설의 배경이 되는 이 발언이, 비정상적이고 터무니없는 근무 방식을 미화하고 있다는 사실에 주목해야 한다.

- 이 발언은 직원의 근무시간이 조직의 성공과 직결된다고 암시한다.
- 이런 업무 태도 없이는 메이어나 구글만큼 성공하지 못할 거라는 의미를 풍긴다.
- 개인의 건강과 행복이 일 중심으로 돌아가야 한다는 인식을 심어준다. 수면이나 화장실 용무 같은 기본욕구조차 업무 일정에 맞춰야 한다고 암시한다.

- 일중독을 부추기는 수면실 같은 환경을 미화한다. 수면실은 근무시간 외에도 사람들을 회사에 붙잡아두는 수단일 뿐이다.
- 새벽 3시를 언급하면서 밤늦도록 일하는 것이 마치 조직의 정상적인 문화라도 되는 듯한 신호를 보낸다(조직 규범에 대해서는 잠시 후에 더 설명하겠다).
- 밤샘 근무와 휴가 반납이 성공으로 가는 길이라고 제안한다.

이 사례는 극단적이지만, 당신이 소속된 회사나 입사를 고려하는 회사에서 이와 비슷한 이야기가 들리는지 주목하자. "랜디Randy가 2주 연속 주말 내내 사무실에서 지냈다는 얘기 들었어요? 건물 밖으로 아예 나가지도 않았대요. 야외용 침낭에서 자고, 체육관에서 샤워하고, 음식은 배달시켜 먹고, 마감일 지키려고 쉬지 않고 일만 했답니다." "콜린Colleen이 연간 보고서 끝내느라 회사 연말 파티도 건너뛰고 일만 했다는 얘기 들었어요?"

이런 미담과 전설은 거기에 담긴 진실이 중요한 게 아니다. 사람들 입에 계속 오르내리는 게 관건이다. 전설이란 확인되지 않은 이야기이고 과장도 많다. 여기서 중요한 건, 이런 이야기의 주인공이 칭송받는 문화에서는 일중독을 장려할 가능성이 크다는 것이다.

규범과 관행

조직마다 고유한 규범이 있으며 이는 조직이 공식적으로 표방하는 정책과 다르게 작동할 때가 많다. 신입 사원들은 대화를 나누고 회사 분위기를 관찰하며 조직의 규범을 빠르게 익힌다. 복장 규정은 무엇인가? 의사결정은 협업을 통해 이루어지는가, 아니면 상명하달식인가? 회의에서 누가 주로 발언하고, 어떤 방식으로 의견을 내는가? 하위 직원들이 재량껏 결정을 내릴 수 있는가, 아니면 반드시 상사의 승인을 받아야 하는가? 회의는 정시에 시작하는가, 아니면 10분~15분쯤 늦게 시작하는 편인가? 경영진과 직원들은 서로 격식을 차리는 편인가, 아니면 자유로운 편인가? 이 모든 요소가 조직에서 당연시하는 행동이 무엇이고, 눈 밖에 나는 행동이 무엇인지 보여주는 규범이다. 여러 연구에서 일관되게 나타난 결과에 따르면 조직의 규범과 관행은 직원들의 업무 행동에 강력한 영향을 미친다.[28]

조직 문화에는 알게 모르게 과로를 부추기는 사례가 많다. 동료들이 보통 함께 점심을 먹는가, 아니면 자기 자리에서 일하면서 점심을 먹는가? 만약 직원들이 책상에서 점심을 때우며 일하는 것이 흔한 풍경이라면 직원들이 서로 교류하고 휴식하는 것보다 일을 계속하는 것이 더 중요하다는 신호다. 직원들이 대체로 몇 시에 출근하고 몇 시에 퇴근하는가? 주말에도 일하거나 밤에도 업무 전화에 응답하는가? 직원들이 일터에서 가족 관련 용무를 처리해도 괜찮은가, 아니면 못마땅하게 여기는가? 의사결정과 실행은 얼마나 빨리 이루어지는가? 다시 말해, 언제나 긴박한 분위기에서 일을 처리하는가 아니면 서두르지 않고 신중하게 일을 처리하는가? 재택근무가 허용되는가? 마리사 메이어는 야후에 부임하고 재택근무를 금지했는데, 이는 업무 유연성보다 사무실 근무가 더 중요하다는 것을 분명히 알리는 신호였다. 코로나19 대유행은 사무실 근무 정책을 실시간으로 재평가하는 계기였고 현재도 그 여파가 지속되고 있다. 전염병이 진정되고 다시 사무실 근무제로 돌아간 기업들은 일중독을 부추기는 조직이라는 신호를 보낸 셈이며 인재 확보 경쟁에서 어려움을 겪고 있다. 왜냐면 생산성을 비교했을 때 사무실 근무제를 굳이 고집할 필요가 없음을 깨달은 기업이 많기 때문이다. 그럼에도 여전히 일부 기업은 유연근무제가 생산성 하락에 영향을 미치지 않는다는 데이터를 수용하지 않고 있다. 그만큼 일 지상주의 도식에서 벗어나기가 쉽지 않다는 뜻이다.

  사회심리학에서는 수십 년 전부터 인간이 사회규범에서 벗어날 때 다양한 방식으로 '처벌'을 받는다는 사실을 입증했다. 호손 연구Hawthorne studies가 대표적이다. 이 연구는 미국 웨스턴일렉트릭Western Electric사가 설립한 호손 공장에서 10여 년간 진행된 일련의 사회 실험으로, 특히 '호손 효과Hawthorne effect'를 밝힌 것으로 유명하다. 실험 대상인 노동자들이 자신들의 행동이 관찰되고 있음을 인지했을 때 생산성이 증가한 것을 가리킨다. 호손 효과만큼 유명하지는 않지만 이 공장에서 수행한 실험 중에 주목할 실험이 하나 있다. 배선 부서 노동자들(방에 전기 배선을 설치하는 작업자들)을 관찰한 실험이다.29 이들은 하루에 고정급을 받고 일하는데 배선 뭉치를 1.5개 단위로 설치하는 속도를 선호했고, 신입 직원도 그 속도로 작업하는 것이 불문율이었다. 그런데 경영진이 임금을 성과급 방식으로 전환할 것을 제안했다. 즉, 배선 작업을 많이 할수록 임금을 더 많이 받는 방식인데, 노동자들은 이를 거부했다. 자신들이 하루에 3개씩 설치할 수 있다는 사실을 확인하면 경영진이 늘어난 작업량은 그대로 유지하면서 다시 고정급 일당으로 돌이킬까 봐 두려워했기 때문이다. 배선 작업자들은 그들이 생각하는 공정한 하루 일당과 작업 속도를 다른 사람들이 방해하지 못하도록 집단행동에 들어갔다. 만약 신입 직원이 열정이 넘쳐서 그들이 정한 규칙을 깨뜨리고 기존 속도보다 더 빠르게 작업하면 그 신입 직원은 '빙'이라는 처벌을 받았다. 가운뎃손가락 마디를 약간 튀어나오게 해서 불문율을 어기는 직원의 팔을 세게 후려치는 것으로, 해당 직원이 다른 사람들과 작업 속도를 맞출 때까지 처벌은 멈추지 않았다.**30** 이 같은 사례는 요즘에도 찾아볼 수 있다. 이를테면, 모든 사람이 밤늦게까지 일하는 것이 불문율인 회사에서 누군가가 저녁 7시에 퇴근하려고 하면 동료들이 "오늘 반차 쓰셨어요?"라고 빈정거리며 과로를 부추기는 경우다.

    캘리 레슬러Cali Ressler와 조디 톰프슨Jody Thompson은 그들의 저서 《재미없는 일터 고치기Why Work Sucks and How to Fix It》에서 기존 직원들의 반발을 가리켜 '발목 잡기sludge'라고 부른다. 레슬러와 톰프슨에 따르면, 구태의연한 기존의 방식을 강화하고 현상을 그대로 유지하기 위해 쏟아내는 부정적인 발언이다. 두 사람은 다음과 같은 발언을 사례로 든다. "또 휴가 가는 거야? 며칠이나 쉬는데? 난 5년간 한 번도 휴가를 못 갔어!" 사실 *진짜* 하고 싶은 말은 이것이다. "사람이 참 게을러. 자기 일에 헌신하는 사람이라면 자기 시간을 희생하는 게 마땅하지."**31**

    의무가 아니라지만 이런저런 조직 행사에 참여하지 않으면 불이익을 받는 조직의 분위기도 24시간 연중무휴 상태로 과로하는 문화를 강화한다. 매달 첫 번째 토요일마다 야유회를 가는 회사가 있다고 하자. 야유회 참석은 *표면적*으로는 선택 사항이지만 참석하지 않으면 월요일에 상사를 마주하기가 영 껄끄러운 경우가 많다. 상사가 불편한 기색을 노골적으로 드러내기 때문이다. 아이들과 놀기로 약속했다고 하면 이런 답변이 돌아온다. "그냥 아이들도 데리고 참석하면 되지 않나?" (그러니까 이 말은 가정생활을 직장에 맞춰야지, 그 반대가 되면 안 된다는 뜻이다.)

조직의 업무 소통 문화는 특히 신경 써서 평가해야 하는 중요한 신호다. 업무 전화나 문자, 이메일로 근무시간 외에도 즉각 소통해야 한다는 압박이 있다면 과로 문화를 부추기는 조직이다. 연락 가능 시간에 대한 합의가 존재하는가? 상사가 근무시간 외에도 직원들에게 문자나 전화로 연락하는가? 직원들은 이런 메시지에 즉시 응답해야 하는가? 만약 응답하지 않으면 무슨 일이 발생하는가? 24시간 상시연결을 촉진하는 슬랙이나 팀즈 같은 앱을 사용하는가? 팀원이 휴대폰 알림을 꺼두면 어떤 일이 일어나는가? 나는 여기서 동료나 상사에게 받는 연락만 얘기하는 게 아니다. 고객 요구에 즉시 응답해야 한다는 압박 역시 언제나 일을 최우선으로 살아야 한다는 신념을 형성하는 데 강력한 영향을 미친다.

의사소통 방식만 중요한 게 아니다. 소통의 내용 역시 조직 문화를 평가하는 중요한 신호다. 자녀의 생일이나 결혼기념일, 혹은 가족여행 계획처럼 개인에게 중요한 일상에 대해서도 이야기하는가, 아니면 이번 달 최고 매출을 기록한 사람이나 이번 달 목표를 달성하는 방법 같은 업무 성과만 대화

주제로 삼는가? 가족 행사 때문에 휴가를 쓰거나 일찍 퇴근할 때, 이를테면 "3시에 딸 축구 경기를 보러 가야 해서 먼저 퇴근할게요"라고 말하는가, 아니면 몰래 뒷문으로 빠져나가는가?

휴가 사용과 관련해서는 어떤 관행이 형성되어 있는가? 일부 기업은 자신들이 일중독을 조장하지 않는다는 증거로 휴가를 얼마나 많이 제공하는지를 내세운다. 심지어 무제한 휴가 제도를 혜택으로 제공하는 회사도 있다. 하지만 진짜 중요한 신호는 실제로 사용되는 휴가 일수다. 무제한 휴가를 제공한다고 해서 직원이 마음 놓고 쉰다는 뜻은 아니다. 무제한 휴가 일수를 자랑하는 회사가 어쩌면 일중독 문화를 감추고 있을지도 모른다. 이는 기업이 내세우는 가치와 실제 조직의 문화 정체성이 불일치하는 사례다.

조직 행사와 의식

문화 규범과 마찬가지로 조직 행사와 의식에도 공식적인 것과 비공식적인 것이 있다. 연례 워크숍 행사를 예로 들어보자. 이 행사에 초대받는 사람은 누구인가? 주제는 무엇인가? 누가 발표하고 누가 듣는가? 이 밖에 오랜 세월에 걸쳐 반복하는 단체 활동은 무엇인가? 조직에서 어떤 성과를 축하하는가? "월요일이 행복한 회사!"라고 강조하는 위워크를 예로 들면, 매주 월요일(저녁 7시) 회의에 참석하는 것이 필수다. 새로운 한 주를 축하하는 의식이라지만 사실은 일에 헌신하라는 조직 문화를 나타내는 신호다.[32]

비공식적으로 치르는 의식도 조직이 일중독을 부추기는지 여부를 확인할 수 있는 신호다. 가령, 영업팀에서는 1년에 출장 일수가 가장 많은 사람이 누구인지 혹은 항공사 마일리지를 가장 많이 적립한 직원이 누구인지 순위 경쟁을 펼치기도 한다.

보상

조직에서 직원들을 칭찬하고 보상할 때 그 기준은 무엇인가? 조직의 리더가 무엇에 주목하고 보상하고 이야기하는지에 따라 그를 따르는 사람들이 어디에 집중하고 노력할지 그 방향이 결정된다.[33] 애덤 그랜트가 말했다. "조직에서 무엇을 가치 있게 평가하는지 바로 알아내는 방법은 사람들이 중요하다고 말하는 것이 무엇인지 듣는 게 아니다. 누가 보상을 받고 승진하는지 살펴보는 것이다. 조직은 자신들의 원칙을 대표하고 목표를 실현하는 사람을 리더 자리에 올린다."[34]

제2장 말미에서 언급했듯이, 우리가 연구한 결과에 따르면 일중독자들이 승진해서 관리자가 되는 경우가 많다. 이 같은 보상 자체가 해당 조직이 과로 문화를 조장하고 있다는

신호다.

당신이 속한 조직에서는 어떤 자질을 가장 높이 평가하는가? 일중독 문화가 자리 잡은 조직에서는 '일을 최우선시하는' 사고방식이 앞에서든 뒤에서든 긍정적으로 평가받고 보상받는다. 조직 내에서 칭송하는 미담의 주인공은 누구이고 그들의 특징은 무엇인가? 실제 성과로 보상을 받는가 아니면 일중독자처럼 보이는 행동으로 보상을 받는가?[35] 사무실에 누구보다 일찍 출근하고 가장 늦게 퇴근하는 사람인가? 가족이나 개인의 삶을 뒤로 미루고 언제나 업무를 우선시하는 사람인가? 만약 회사가 이렇게 일하는 사람들에게 보상한다면 개인의 삶을 뒷전으로 하고 일을 우선해야 성공한다는 신호를 보내는 것이다.

과로하는 노동자를 공공연하게 칭찬하고 보상하는 회사들도 있다. 나는 대학 시절 여름방학에 월요일부터 토요일, 아침 7시 30분부터 저녁 8시까지 집집마다 돌아다니며 책을 판매하는 일을 했다. 무척 고된 일이었다. 석 달 내내 죽어라 일했는데 알고 보니 다른 사람들보다 이 일을 정말 잘해냈다. 나는 이 일에 많은 시간을 투자한 보상으로 황금색 기념주화와 '골드 실 어워드'를 수상했다. 기념주화 앞면에는 성과가 적혀 있었다. 판촉 방문 하루 30회, 주당 75시간 근무. 뒷면에는 네 단어가 새겨져 있었다. 성실성, 목표, 경쟁 그리고 발전

가능성. 지금 돌이켜보면 회사가 대놓고 '과로'를 보상했을 뿐만 아니라(골드 실 어워드와 함께 높은 판매 실적을 기록해 자메이카 여행 상품도 받았다) 당시 나는 여름방학 내내 주당 80시간 이상 일한 것을 스스로 기특하게 여기며 합리화했다. '내가 얼마나 많이 벌었는지 봐! 내 인생 최고의 순간이야!'

특정한 행동을 명시적으로 보상하는 것만이 과로를 조장하는 신호는 아니다. *용인하*는 것만으로도 과로를 부추길 수 있다. 스티브 그루너트Steve Gruenert와 토드 휘태커Todd Whitaker는 그들의 저서 《학교 문화의 개선School Culture Rewired》에서 다음과 같이 이를 지적했다. "조직 문화는 리더가 기꺼이 용인하는 최악의 행동에 따라 형성된다."[36] 예컨대, 팀에서 격주로 금요일마다 쉬기로 원칙을 세웠음에도 이브Eve가 금요일에 쉬지 않고 일을 한다고 가정하자. 만약 상사가 이를 보고도 그대로 넘어간다면, 이는 원칙 따위 무시해도 상관없다는 신호를 보내는 것이다.

본보기

존경하는 사람이 일중독자처럼 행동하면 사람들은 그들을 모방하기 시작한다. 심리학자 앨버트 반두라Albert Bandura는 그의 사회학습 이론에서 관찰 학습의 개념을 설명했다.[37] 심리학을 공부한 사람이라면 아마도 반두라의 '보보 인형' 실험

Bobo doll experiments에 대해 들어봤을 것이다. 이 실험에서 아이들은 어른이 장난감을 가지고 노는 모습을 관찰하고 나서 직접 장난감을 가지고 놀았다. 연구 결과에 따르면, 보보 인형을 공격적으로 다루는 어른을 관찰한 아이들은 어른과 똑같이 행동할 가능성이 높게 나타났다. 평범하게 인형을 가지고 노는 어른을 관찰한 아이들은 공격적인 행동을 거의 보이지 않았다.

이렇게 생각할지 모른다. "알겠어요. 하지만 그 실험은 아이들을 대상으로 한 거잖아요. 설마 어른들도 주변 사람들의 행동에 쉽게 영향을 받는다고 주장하는 건가요?" 아니, 그런 단순한 논리 비약을 하려는 게 아니다. 하지만 주변 환경은 우리의 행동과 사고방식에 크게 영향을 미친다.

왜 그럴까?

우리가 비록 반두라의 실험에서 아이들이 했던 것처럼 단순하게 다른 사람의 행동을 모방하지는 않더라도, 주변 사람들을 보면서 무엇이 용인되고 무엇이 금지되는지 판단하는 기준으로 삼는 건 맞다. 어릴 때는 부모가 하는 행동을 지켜보면서 배우고 그들을 모방한다. 성인이 되어서는 직장에서 멘토와 롤모델을 지켜보면서 조직이 원하고 기대하는 것이 무엇인지 배운다. 또 우리는 어떤 행동이 보상받는지 눈여겨본다. 업무 소통 규범을 예로 들면, 상사의 행동은 조직에서 직원들에게 요구하는 것이 무엇인지 알려주는 신호가 된다. 멜리사 마즈마니안 교수는 조직에서 어떻게 휴대폰으로 소통하는지 관찰했다. 연구 결과, 상사가 문자 메시지에 항상 신속하게 응답하면 부하 직원들도 휴대폰 메시지에 빨리 응답해야 한다는 압박감을 강하게 느끼는 것으로 나타났다.[38] 또 위에록 청Yue Lok Cheung이 발표한 논문에 따르면, 일중독 성향이 클수록 이런 압박에 민감하게 반응하고 퇴근 후에도 휴대폰을 더 자주 사용하는 것으로 나타났다.[39]

리더들은 대체로 그들의 사소한 행동이 조직과 문화에 어떤 영향을 미치는지 이해하지 못한다. 대부분 악의가 있는 것도 아니다. 아마 리더에게 그렇게 소통하는 이유를 물어보면 이렇게 말할지도 모른다. "내가 바로 응답한다고 해서 자네들도 바로 응답하라는 뜻은 아니야. 내 스타일이 그럴 뿐이지." 리더의 의도가 어디에 있는지는 중요하지 않다. 부하 직원들은 리더의 행동을 따라 해야 한다는 무언의 메시지를 받기 마련이다.

실태 파악하기

이 장을 읽으면서 당신이 속한 조직에서는 어떤 신호를 보내는지 점검하는 시간이 되기를 바란다. 가령 조직에서 본인의 일중독 성향을 더욱 부추기는 것은 아닌지 혹은 가까운 지인에게 일중독 성향이 있는 것은 아닌지 걱정하고 있다면, 이런 신호들을 찾아보는 것이 중요하다. 이를 인식할 때 일중독을 부추기는 요인을 완화할 수 있기 때문이다. 만약 인사과 담당자라면 이런 신호를 살펴보는 과정에서 조직 문화의 불편한 진실을 마주할 수도 있다.

그러면 지금부터 당신이 속한 조직의 문화를 드러내는 가시적 요소가 무엇인지 살펴보자. 공공연하게든 은밀하게든 일중독 문화를 조장하는 요소가 있는가? 당신도 알지 못하는 사이에 과로 문화를 부추기고 있지는 않은가? 〈그림 4-2〉는 앞서 제시한 〈그림 4-1〉을 바탕으로 만든 양식이다. 조직 내에서 일중독 문화를 보여주는 신호를 찾아 이 표에 정리해보자. 표로 만들면 일정한 패턴이 보이고 어디서부터 개입하는 게 좋을지 파악하기 쉽다.

이때 주의할 점이 있다. 조직에서 중요하게 *내세우는* 가치에 속지 말라. 그보다는 조직에서 실제로 일어나는 일들을 적어야 한다. 이전 장에서 일중독 행동을 알아차리는 연습을 할 때도 강조했지만 이번에도 편견 없이 솔직하게 기록해야 한다. 자신이 믿고 싶은 현실이 아니라 냉정하고 비판적인 시각으로 실제 현실을 바라봐야 한다. 휴가 정책을 예로 들면, 기업이 제공하는 휴가 일수와 직원들이 실제로 사용하는 휴가 일수가 다른 것만 봐도 알 수 있다. 이 표를 작성할 때 중요한 사안은 일과 삶의 균형을 강조하는 회사의 선언문이 아니라 따로 있다. 이를테면, 실제로 승진한 사람은 트렌트Trent이고, 승진 공고에 적힌 이유는 그가 누구보다 열심히, 더 오래 일하는 사람이라는 것이다. 혹시 그동안 당신이 중요하게 지지하는 가치가 직원들 사이에서는 농담거리나 밈meme으로 조롱당하고 있지는 않았나? 일중독을 부추기는 가시적 요소를 찾을 때 주목할 부분은 바로 이런 것들이다.

조직 내 일중독 문화를 보여주는 신호 찾기

가시적 요소	과로/일중독 문화를 보여주는 신호
물리적 환경	
사회화 과정	
조직에서 강조하는 미담	
규범과 관행	
조직 행사와 의식	
보상	
본보기	

〈그림 4-2〉

조직이 표방하는 가치와 실제로 중시하는 가치가 따로 노는 대표적인 사례로 엔론Enron 같은 기업이 있다. 엔론의 조직 문화는 비밀과 기만이 만연했다. 하지만 그들이 내세운 가치는 소통, 존중, 도덕성 그리고 탁월함이었다.[40] 위워크도 말과 행동이 전혀 다른 사례로 자주 언급된다. 위워크는 진정성을 부르짖었지만, 직원들이 연례행사에 제대로 참석하는지 감시하려고 추적 팔찌를 채웠다. 이 여름 캠프는 금요일부터 일요일까지 진행되고 72시간 내내 세미나와 술판이 이어졌다. 위워크가 걸어놓은 표어는 "열심히 일하고 열심히 놀자"였지만 공동창업자이자 최고경영자인 애덤 뉴먼Adam Neumann은 직원들에게 "쓰러질 때까지 일하라"고 설교했다.[41] 브리짓 슐트가 내게 지적했듯이 조직이 표방하는 사원 복지 프로그램이나 명상 코치, 점심시간 요가 수업에 초점을 맞추면 안 된다. 그보다는 매일 밤 10시에 상사에게서 이메일이 날아오는지 여부가 더 중요하다. 슐트에 따르면, 겉과 속이 다른 조직은 직원들 사이에서 냉소주의와 회의주의를 키울 뿐이다.

조직 문화와 규범이 강하게 자리 잡은 곳일수록 그들이 말하는 '정석', 즉 "여기서는 이렇게 일하는 게 옳다"라고 믿는 신념에서 벗어나기 쉽지 않다. 강력한 조직 문화는 한편으로 조직에 대한 충성심을 키울 가능성도 크다. 하지만 앤 섀프Anne Schaef와 다이앤 패설Diane Fassel은 그들의 저서 《중독 조직》

에서 이렇게 지적했다. "조직을 향한 충성심이 개인의 삶을 잠식하면 그때부터는 조직 자체가 마약 같은 중독 물질로 기능한다. …직원들에게 제공하는 여러 물질적 혜택 자체가 문제가 아니다. 진짜 문제는 조직과 개인이 이 혜택을 이용하는 방식에 있다. 직원들의 삶에서 중심을 차지하고 충성심을 유지하려고 물질적 혜택을 제공할 때, 결국 직원들은 자신의 진정한 욕구에 따라 새로운 진로를 선택하지 못하고 자유를 제한받게 된다."[42]

변화의 첫걸음

조직 문화가 강력하게 구축된 경우에는 변화를 거부하는 경향이 훨씬 더 크다. 자본주의경제, 특히 주가를 높이고 주주들의 이익을 극대화하는 것이 초미의 관심사인 기업에서는 과로 문화를 완화하기가 더욱 쉽지 않다. 올해 회사 실적이 좋았다고 치자. 그러면 내년에는 어떻게 하면 실적을 더 높일 수 있을지 고민하기 시작한다. 성공이 더 큰 성공을 향한 욕망을 키우는 식이다.

과로 문화를 부추기는 신호를 알아차리는 데서부터 변화가 시작된다. 조직이 내세우는 가치가 아니라 조직에서 실제로 일어나는 일을 정확하게 파악해야 조직 문화를 바꿀 수 있다. 하지만 이 작업은 첫걸음일 뿐, 진정한 변화로 나아가려면 할 일이 많다. 제5장과 결론에서 나는 개인의 일중독과 기업의 일중독 문화를 개선할 다양한 방안을 다룰 것이다.

혹시 이 장을 읽으면서 창업가나 자영업자는 이렇게 생각할지도 모른다. "좋은 얘기야. 하지만 나랑은 상관없어. 어차피 내가 모든 결정을 내리니까." 이 경우에는 자기 *자신*에게 어떤 신호를 보내고 있는지 성찰하는 것이 좋다.

내가 인터뷰한 사람들 중에는 사업주, 창업가, 자영업자도 많다. 그중에 베로니카는 상담실을 운영하는 심리치료사로서 모든 결정을 내리고 그 결과도 혼자 감당했다. 베로니카는 개업 첫해에 일주일에 40명의 환자를 상담했다. 자신을 찾는 사람들을 돌려보낼 수가 없어서였다. 결국 건강이 나빠지고 나서야 베로니카는 스스로 만든 과로 문화를 해결해야겠다고 마음먹었다. 베로니카는 멘토의 도움으로 일중독 행동에서 서서히 벗어날 수 있었다. 먼저 토요일에는 진료하지 않기로 하고, 상담 비용을 인상했다. 다시 예전으로 돌아가지 않기 위해 베로니카는 카드에 다음과 같이 적어 책상에 놓아두었다. "내 삶은 충만하고 여유롭다. 최고의 제안이 와도 난 거절할 수 있다." 이 말은 익명의 일중독자 모임에서 배운 주문이었다. 베로니카는 이 말을 새로운 좌우명으로 삼고 일을 더

해야 한다는 압박감을 느낄 때마다 소리 내어 읽었다.

자신을 다스릴 좌우명을 갖는 것과 그대로 실천하는 것은 별개의 문제다. 조직이 강요한 일중독 문화이든 아니면 스스로 만든 일중독이든, 그것을 바꾸기는 쉽지 않다. 베로니카는 다시 예전처럼 일하고 싶은 유혹이 끊이지 않는다고 내게 말했다. "저를 소개받은 환자들이 전화해서 '선생님이 훌륭한 치료사라고 추천을 받았어요. 그래서 꼭 선생님께 상담받고 싶습니다'라고 말할 때마다 '죄송하지만 예약이 다 찼어요'라고 거절하는 게 저한테는 제일 힘든 일입니다." 하지만 베로니카는 꾸준히 좌우명을 실천했고, 지금은 일주일에 14명쯤 상담하고 월요일에서 수요일까지만 진료한다.

조직의 문화를 바꾸는 일은 눈에 보이는 조직의 몇몇 요소를 바꾸는 일처럼 간단하지 않다. 문화적 정체성까지 바꾸는 게 아니라면 그 효과는 일시적이다. 조직 문화는 깊이 뿌리박혀 있어서 체계적인 협력과 조정이 있어야 변화가 가능하다. 에드거 샤인은 조직 문화를 가리켜 수련 연못으로 비유했다.[43] 수련이 만개한 연못을 상상해보자. 여기서 수면 위에 떠 있는 꽃과 잎은 조직의 가시적 요소를 뜻한다. 그리고 수면 아래에 수련의 씨앗과 뿌리가 있는데, 이것들은 기업이 표방하는 가치와 신념을 나타낸다. 이 뿌리와 씨앗은 연못의 수질(기본 전제)과 농부(창업주)가 뿌리는 비료에 영향을 받는다.

수련 꽃을 다른 색깔로 바꾸고 싶다고 하자. 이 작업은 꽃잎을 다른 색으로 칠한다고 해서 끝나는 문제가 아니다. 시간이 지나면 색칠이 바래거나 벗겨져 원래 색이 드러나기 때문이다. 수련 꽃을 제대로 바꾸려면 수면 아래, 즉 보이지 않는 부분부터 바꿔야 한다. 기업으로 치면 문화적 정체성을 바꾸는 일이다. 어떻게 씨앗을 바꾸고, 수질을 바꾸고, 비료를 바꿔야 하는지 고민해야 한다. 눈에 보이지 않는 근본 요소를 바꿔야 연못이 변하고, 시간이 지나도 그 변화가 지속될 수 있다.

요점 정리

- 조직의 과로 문화는 여러 관행과 규범에 깊이 배어 있다.
- 조직 역시 과로를 부추기고 강화하는 사회 환경 안에서 영향을 받는다.
- 조직 내 일중독을 부추기는 신호가 무엇인지 살핀다. 물리적 환경, 사회화 과정, 조직에서 강조하는 미담, 규범과 관행, 조직 행사, 보상 체계는 어떤가? 리더와 뛰어난 직원들이 일중독 행동을 보이는가?
- 조직이 표방하는 가치와 *실제로* 중시하는 가치가 어떻게 다른지 관찰한다.
- 가시적 차원의 변화는 오래가지 못한다. 깊이 뿌리내린 문화적 정체성에 초점을 맞춰야 한다.

/ **5장** / **과로 문화 바로잡기**

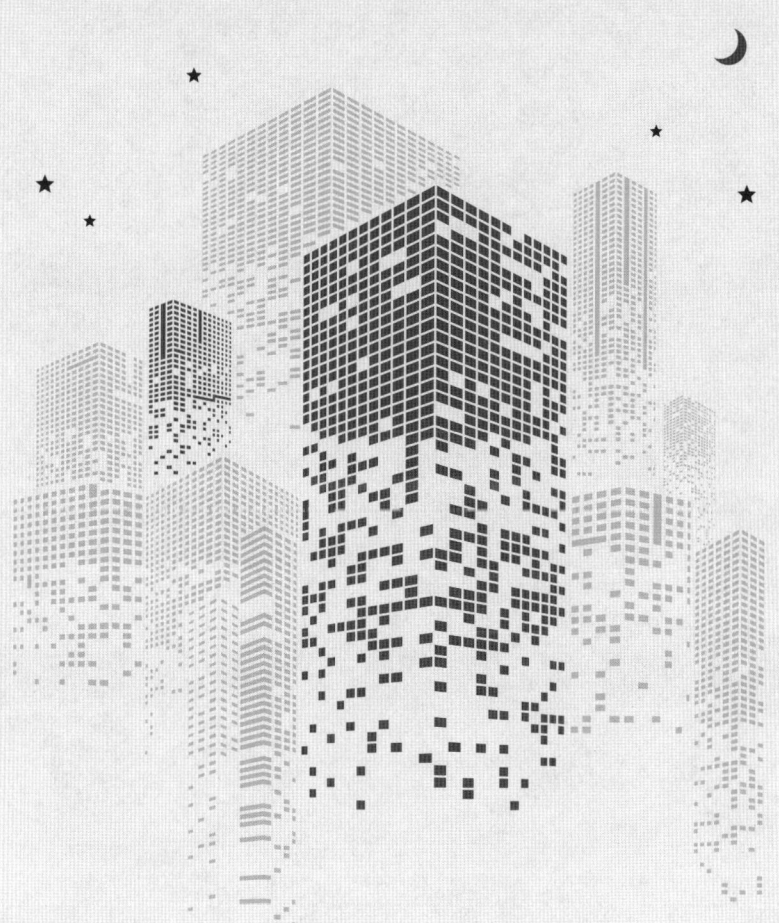

NEVER NOT WORKING

NEVER NOT WORKING

"이론적으로는 좋은 생각이지만 여기서는 통하지 않을 겁니다."
"우리 고객들은 24시간 내내 서비스를 요구해요."
"고성과자들은 그 업무를 감당할 수 있어요."

일중독 문제(그리고 조직이 어떻게 일중독을 조장하는지)를 놓고 여러 조직과 이야기하면서 나는 오만가지 변명을 들었다. 과로 문화가 만연한 조직에서는 자신들의 문제를 부인하기 마련이고, 이런 반응이 그다지 놀랍지도 않다. 무엇보다 기업은 과도하게 일하는 문화 덕분에 성공을 거두었다고 생각한다. 성공을 거두었는데 달라져야 할 이유가 있을까? 하지만 나는 이 문화가 사람들이 흔히 생각하는 것만큼 생산적이지 않고, 따라서 이 문화를 바꿔야 한다고 주장한다. 조직 문화를 바꾸는 일이 얼마나 어려운지 우리 모두 알고 있듯이, 조직이 변화에 저항하는 것은 자연스럽고 충분히 예상할 수 있는 반응이다.

제3장 후반부에서 개인에 대해 말했던 것처럼, 조직도 일중독을 조장하는 과로 문화에서 벗어나려면 연습하고 훈련해야 한다. 중단 없이 변화를 지속하는 일은 쉽지 않다. 조직이 변화를 시도하면서 처음에는 어느 정도 성과를 내다가, 어느새 다시 과거의 익숙한 방식으로 돌아가 과로를 묵인하거나 심지어 조장하는 경우도 많다. 조직 문화를 바꾸는 것이 어려운 이유다. 조직의 여러 관행과 규범에 과로 문화가 깊이 뿌리내리고 있을 뿐만 아니라, 지난 장에서 언급했듯이 조직 역시 과로를 부추기고 강화하는 사회적 압박에서 자유롭지 못하기 때문이다.

개인도 그렇지만 대체로 조직도 경각심을 일으키는 사건이나 문제에 직면하고 나서야 변화를 모색하지, 그 전까지는 자발적으로 바뀌려 하지 않는다. 변화에 눈을 뜨는 계기는 다양하다. 과로 문화로 직원이 사망하는 사건을 마주할 수도 있고, 최고경영자가 과로로 심각한 병을 얻고 기업 문화를 쇄신하겠다고 갑자기 결심할 수도 있다. 아니면 핵심 인재들이 과로 문화에 반발해 대거 퇴사하면서 조직에 큰 인력 공백이 생겼을 수도 있다. 혹은 코로나19 대유행을 겪으면서 경영진이 직원들의 건강이 얼마나 소중한지 깨달음을 얻었을 수도 있다.

내가 여러 조직과 함께 일하며 경험한 바에 비추어보아도 확실히 대다수 조직은 과로 문화에 의문을 제기할 만큼 심각한 상황에 직면하면 모를까 그 전까지는 과로 문화를 바꿀 생각이 없었다.

2013년 8월, 런던의 뱅크오브아메리카메릴린치Bank of America Merrill Lynch에서 인턴으로 일하던 모리츠 에르하르트Moritz Erhardt가 72시간 연속으로 근무한 후 욕실에서 뇌전증 발작으로 목숨을 잃었다.[1] 에르하르트의 사망 사건으로 인해 메릴린치 은행은 근무시간 검토 프로그램을 각 지사에 도입하고 인턴들의 연속 근무 일수를 제한했다.

31세의 일본인 사도 미와佐戸未和는 기자였는데, 사망 전 한 달간 159시간의 초과근무를 기록하고 자택에서 심부전으로 사망했다. 근무시간을 다시 계산해보자. 한 달 31일은 총 744시간이다. 하루에 10시간씩 일하고 6시간 잠을 잔다고 가정할 때, 이 일정에 159시간의 초과근무 시간을 더하면 일과 수면이 아닌 활동에 사용할 시간은 약 89시간밖에 남지 않는다. 이는 삶의 *다른* 모든 활동, 즉 식사, 쇼핑, 통근, 빨래 등에 사용할 시간이 하루 3시간뿐임을 의미한다.

　이보다 한 해 전에 역시 과로사로 추정되는 24세 다카하시 마쓰리高橋まつり의 죽음과 아울러 사도의 죽음을 계기로 초과 근무 시간을 제한해야 한다는 목소리가 커졌다. 아베 신조安倍晋三 일본 총리는 과로 문화와 관련된 구조적이고 문화적인 문제를 해결하라는 사회적 압박을 받았다.[2] 후생노동성의 데이터에 따르면 과로사過勞死 및 과로자살過勞自殺과 관련된 보상 청구 건수는 꾸준히 증가하고 있다. 2015년부터 2019년까지 과로사와 과로자살 관련 청구 건수는 무려 1만 3천 건에 달했다.[3]

　WHO와 국제노동기구International Labour Organization, ILO가 2000년부터 2016년까지 194개 이상의 국가에서 수집한 데이터를 분석한 연구는 과로의 악영향을 다룬 연구 중에서도 가장 광범위하고 포괄적인 연구로 꼽힌다. 연구에 따르면 장시간 노동과 연관된 뇌졸중과 허혈심장질환으로 인한 사망자가 74만 5천 명에 달했으며, 이는 2000년 이후 28퍼센트 증가한 수치다.[4] 여기서 주목할 점은 사망자 가운데 상당수가 사망 즈음에는 장시간 노동을 하지 않았다는 점이다. 다시 말해, 직장 생활 초기에 과로했던 경험이 나중에라도 치명적인 영향을 미쳤음을 의미한다. 마니샤 타코르는 그의 책 《머니젠》에서 과로가 미치는 악영향을 흡연에 비유한다. 담배를 피운다고 해서 당장 죽지는 않겠지만 장기적 관점에서 보면 건강에 무척 해롭다. 이와 마찬가지로 지금 과로하지 않는다고 해도 과거에 자주 몸을 혹사했다면 나중에 조기 사망의 원인이 될 수 있다.[5]

죽음 같은 극단적인 결과까지는 아니더라도, 자신의 일중독 문제를 나와 이야기한 사람들도 대부분 극심한 번아웃을 경험했다고 말한다. 그리고 이는 당연히 조직에도 악영향을 미친다. 최근 WHO는 번아웃의 정의를 갱신하면서 번아웃이 만성적인 직장 스트레스와 관련된 *직업* 현상임을 명확히 했다.[6] 직원이 겪는 번아웃은 기업에 막대한 비용을 초래한다. 그 피해가 연간 최대 3천억 달러에 이른다고 추정하는 이들도 있다.[7]

높은 이직률이 문제인 기업들도 있다. 미국 인사관리협회 Society for Human Resource Management, SHRM에 따르면, 직원이 퇴사할 경우 기업은 그 직원의 연봉에서 3분의 1에 해당하는 비용을 치른다.[8] 다시 말해, 직원들을 혹사시키다 결국 퇴사를 초래하는 기업 문화에서는 그로 인한 높은 비용을 감당해야 하는 것이다.

골드만삭스의 과로 문화는 특히 악명이 높았다. 신입 애널리스트들은 내부 설문 조사를 만들어 돌리면서 자신들이 겪는 학대에 가까운 노동조건을 기록할 정도였다. 이 설문 조사에서 애널리스트들은 주당 거의 100시간을 일하고, 평균 취침 시각이 새벽 3시라고 답했다.[9] 한 애널리스트에 따르면, 그들은 아침부터 자정이 넘도록 일하느라 식사나 샤워는 물론 다른 어떤 활동도 하지 못했다. 또한 몸도 마음도 건강이 현저히 나빠졌다. 골드만삭스에 입사하기 전 8.8과 9.0이었던 건강 수치가 각각 2.8과 2.1로 떨어졌다(건강 수치는 1에서 10까지의 척도로, 10이 가장 건강한 상태다). 일부 애널리스트들은 18시간 연속 근무했다고 대답했으며, 런던에서 근무하는 한 애널리스트는 번아웃으로 인해 각 팀마다 3~6명의 애널리스트들이 언제나 병가를 낸다고 대답했다.[10] 이 보고서가 소셜 미디어에 퍼지고 나서야 골드만삭스는 직원들의 불만 사항을 해결하겠다고 약속했다. 하지만 언론 보도에 따르면 문제가 드러난 지 1년이 지난 후에도 달라진 게 거의 없는 것으로 나타났다.[11]

반대 목소리 설득하기: 증거는 거짓말하지 않는다

만약 방금 사례로 든 조직처럼 되고 싶지 않다면 반드시 변화가 필요하다. 경영진은 그런 거 바꿔봤자 아무 소용이 없다거나 직원들은 앞으로도 현재의 업무 속도를 감당할 수 있을 거라고 큰소리치겠지만, 이는 착각이다. 가장 중요한 사실은 현재의 운영 방식을 개혁한다고 해서 경영진이 예상하는 것처럼 생산성이 떨어지는 일은 없다는 것이다.

일중독 문화를 바꾸는 것에 대한 저항은 코로나19 대유행 이전에 기업들이 재택근무가 불가능하다고 주장했던 것과 비슷하다. 하지만 코로나19가 발생하고 선택의 여지가 없어졌을 때, 수많은 경영진이 재택근무에 대한 자신들의 우려가 아무 근거도 없고 오히려 현실은 그들의 예상과 정반대라는 사실을 확인했다. 여러 업종에서 생산성이 오히려 증가했다. 보수적인 업종인 은행 업계조차 결과가 예상과 달리 긍정적이라는 사실에 놀랐다.

아직도 믿지 못하겠는가? 주 4일 근무제 운동은 분명 성공적이었고 이에 대한 획기적인 연구들이 있으니 확인해보자.[12] 주 4일 근무제라는 개념은 새로운 것이 아니다. 줄리엣 쇼어Juliet Schor는 그의 저서 《과로하는 미국인The Overworked American》에서 1950년대 후반에 전문가들이 주 4일 근무제가 "곧 실현될 것"이라는 예측을 내놓았다고 언급한다.[13] 50년 전, 학자들은 주 4일 근무제를 전면 도입하는 데 가장 큰 장애물은 최고경영진일 것이라고 예상했다.[14] 오늘날도 경영진의 태도는 과거와 별반 다르지 않다.

나는 비영리단체인 포데이워크글로벌의 공동설립자 앤드루 반스에게 그의 회사 퍼페추얼가디언Perpetual Guardian에서 주 4일 근무제를 시도한 계기가 무엇인지 물었다. 그는 20대에 런던의 은행 업계에서 일했던 시절을 회상했다. 당시 그의 고용주는 도쿄 금융시장이 마감하기 전에 문을 열고 미국의 금융시장 거래가 끝날 때까지 영업을 했다. 그 말인즉슨, 반스의 하루 근무시간이 기본적으로 12시간이 넘는다는 뜻이었다. 게다가 런던까지 출퇴근 시간도 빼놓을 수 없었다. 그는 편도로 1시간 30분이 걸리는 거리를 기차를 타고 이동해야만 했다. 저녁 7시 30분 기차를 자주 놓쳤는데, 이 기차를 놓치면 다음 기차는 9시 30분에나 있었고 그러면 밤 11시에야 집에 도착할 수 있었다.

그 시절에 반스는 엄청난 성과 압박에 시달렸다고 한다. 그는 자신의 상사를 포함해 두 사람이 신경성 쇠약 증세를 보이는 것을 목격했고, 이런 업무 방식이 본인뿐 아니라 팀원들에게도 지속 가능하지 않다는 것을 깨달았다. 이후 반스는 경영자가 되었을 때 자신의 경영 방식이 직원들의 과로에 어떤 영향을 미치는지 생각했고, 또 직원들만이 아니라 주변 사람들에게도 과로가 어떤 영향을 미치는지 주의를 기울였다.

국가 차원에서는 이미 아이슬란드, 스웨덴, 핀란드를 포함한 여러 북유럽 국가가 10년 넘게 주 4일 근무제를 실험

해 왔다.[15] 이 실험에서 긍정적인 결과가 나오자 이를 바탕으로 포데이워크글로벌은 민간 차원에서 가장 큰 규모의 실험을 기획했다.[16] 현재까지 미국, 영국, 호주, 뉴질랜드, 캐나다에서 총 61개 기업이 이 실험에 참여했다. 이 실험에 참여하려는 기업은 직원들의 급여를 삭감하지 않고 근무시간을 단축하는 데 동의해야 한다. 대다수 기업은 주 32시간 4일 근무를 기준으로 업무 주간을 재구성했다. 실험은 각 기업별로 2개월의 준비 및 적응 기간과 6개월의 운영 기간으로 구성되었다. 직원들의 복지와 업무 성과를 파악하려고 실험 기간 동안 설문 조사를 실시했으며 실험 전, 중간, 이후에 기업의 주요 임원진과 직원들을 대상으로 인터뷰를 진행했다. 매출, 결근율, 신규 채용, 퇴사와 같은 중요한 지표들도 수집했다.

다음은 가장 최근 실시한 실험 결과를 요약한 것이다.[17]

- 직원들의 복지가 극적으로 향상되었다. 실험 종료 시점에 직원의 39퍼센트가 실험 전보다 스트레스가 감소했고, 71퍼센트의 번아웃 수준이 감소했다. 정신 건강과 신체 건강이 개선되었고 불안감, 피로, 수면 문제가 감소되었다.
- 직원들은 일과 삶의 균형이 개선되었다고 보고했으며, 가계 재정, 인간관계, 시간 관리 방식, 전반적인 삶의 만

족도가 크게 향상되었다.
- 직원의 81퍼센트가 자신의 업무 수행 능력이 평소와 다르지 않거나 향상되었다고 인식했다.
- 기업의 92퍼센트가 실험 이후에도 주 4일 근무제를 계속 시행할 계획이라고 밝혔다.
- 6개월의 실험 기간 동안 기업의 매출은 평균 1.4퍼센트 증가했다.
- 이전 해의 같은 기간과 비교했을 때, 기업들은 평균 35퍼센트의 매출 증가를 보고했다.

그리고 마지막으로, 두 가지 주목할 만한 데이터가 있다.

- 이 실험은 수백만 명의 노동자들이 자발적으로 퇴사하던 '대사직 시대 The Great Resignation'에 진행되었다. 그럼에도 참여한 기업들의 이직률은 실험 기간에 57퍼센트나 감소했다.[18]
- 실험 종료 후에도 주 4일 근무제를 유지하고 싶은지 묻는 질문에 직원의 96퍼센트가 유지하고 싶다고 대답했다(그중 90퍼센트는 '예/확실히'라는 가장 긍정적인 답변을 선택했다). 더욱이 직원의 15퍼센트는 돈을 *얼마*를 받든 간에 주 5일 근무제로 다시 돌아가고 싶지 않다고 밝혔다.

주 4일 근무제 실험이 성공적으로 조직 변화를 이끌어낸 유일한 사례는 아니다. 국립보건원National Institutes of Health, NIH과 질병통제예방센터Centers for Disease Control and Prevention, CDC의 지원을 받은 심리학자, 사회학자, 경제학자, 공중보건 및 가족 연구자들로 구성된 대규모 연구팀인 '일, 가족, 건강 네트워크Work, Family, and Health Network'에서 개발하고 실행한 STAR(Support, Transform, Achieve, Results) 프로그램이라는 조직 변화 사업도 있다. STAR 프로그램은 (1)조직의 관심사(효과적인 업무)와 (2) 직원의 관심사(지속 가능한 방식의 업무)를 다루는 것, 이 두 가지 목표를 동시에 추구하는 이중 목표 업무 재설계 프로그램이다.[19] STAR 프로그램에서 가장 마음에 드는 점은, 이 프로그램은 24시간 상시연결하는 문화(그리고 고성과 직원에 대해 경영진이 당연시하는 전제들)를 정면으로 깨부순다는 것이다.

주 4일 근무제와 관련된 데이터는 그 양이 엄청나고 반박의 여지가 없다. 여기까지 오는 데 이토록 오랜 시간이 걸렸다는 사실은 변화가 얼마나 어렵고 두려운 일인지, 또 조직 문화의 관성과 일 지상주의가 우리 삶에 얼마나 깊이 뿌리내리고 있는지를 말해준다. 근로시간을 단축하고 과로 문화에서 벗어나는 변화에 대한 저항은 이러한 증거들 앞에서 차츰 무너질 것이다. (과거 사례들에서도 증거를 찾을 수 있다. 공장 주인들이 노동조합의 요구에 응하여 하루 노동시간을 10시간으로, 그다음에는 8

시간으로 제한했을 때, 생산량이 오히려 증가하고 회사에 많은 비용을 초래하던 노동자들의 실수나 사고가 감소했다는 사실에 경영진은 깜짝 놀랐다.[20] 나 역시 조직 내 저항은 차츰 줄어들 것이라고 생각하지만, 단시간에 이루어지지는 않을 것이다.

한편, 조직이 변화에 대한 저항을 극복하고 변화를 실행에 옮기기까지 여러 단계들이 있다.[21] 조직 문화를 바꾸려는 이유가 무엇이든 간에 그러한 욕구를 가지고 있다는 것 자체가 올바른 방향으로 첫걸음을 뗀 것이다. 이 책을 읽는 것도 좋은 선택이다. 이 책을 읽으면 개인의 일중독 성향을 부추기는 메커니즘이 무엇인지, 또 일중독 행동을 지양하려는 개인과 조직(직원들의 건강을 챙기려는 미래지향적인 조직)이 취할 수 있는 개선 방법에는 어떤 것들이 있는지 배울 수 있다.

과로 문화 해체하기

변화가 필요하다는 사실을 인정했다면 이제 일중독 문화를 극복할 계획을 수립해야 한다. 아래는 시작을 위한 3단계 과정이다.

1단계: 현재 회사의 과로 수준과 과로 원인을 평가한다

조직 문화 개선 프로그램을 실행하려면 먼저 어디에서 시작해야 할지를 알아야 한다. 그러려면 조직 내 과로 문화의 수준을 파악하고, 그 문화를 지속시키는 요인이 무엇인지 분석해야 한다. 그다음에 무엇을 할지는 평가 작업으로 파악한 회사의 기본 수준에 따라 달라진다.

나는 조직 변화 및 교육을 다룬 문헌에서 배운 개념에 따라, 조직 변화의 필요성을 평가하는 작업부터 시작하기를 권한다. 이 과정은 변화가 필요한 영역을 파악하고, 조직 문화를 바꾸는 프로그램에 대한 지지(혹은 반대)가 어느 정도인지 평가하며, 여러 차원에서 필요한 교육을 종합적으로 이해하는 데 도움이 된다.[22]

변화의 필요성을 평가하는 데 사용할 수 있는 틀은 많다. 이러한 틀은 대체로 두 가지 중요한 질문에 초점을 맞춘다:

- 어느 영역에 변화가 필요한가?
- 이러한 변화를 실현하는 데 어떤 지원이 있는가?

평가 작업은 이러한 일을 경험한 사람들이 해야 한다. 이를테면, 변화 관리 교육을 받은 전문가들이 담당하는 것이 좋다. 이 일을 진행할 사람들은 조직의 최고경영진과 관계를 잘 형성해야 한다. 변화에 두려움을 보이거나 저항하는 경영진도 있을 것이다. 〈오피스 스페이스Office Space〉 영화 팬이라면 '두 명의 밥 컨설턴트'(이 영화를 모르는 사람을 위해 설명하자면, 우연히도 이름이 같았던 두 명의 컨설턴트가 등장하는데 이들은 현실감각이 전혀 없는 효율성 컨설턴트였다)에 대해 직원들이 느꼈던 두려움과 의구심을 기억할 것이다. 누구나 이런 상황은 피하고 싶을 것이다. 정기적으로 니즈 평가나 변화 평가를 수행하는 사람들은 구성원들이 보이는 반응을 해석할 줄 알고, 그 반응이 변화에 대한 의지 관점에서 어떤 의미가 있는지 파악하는 데 능숙하다.

또 이들은 조직 문화를 개선할 때 반드시 필요한 심리적 안전감을 조성하는 데 능하며, 구성원들이 솔직하게 의견을 나눌 수 있게 익명성을 보장하는 구조를 마련하는 것도 잘한다. 구성원들이 변화에 위협을 느끼며 불이익을 받지 않으리라고 확신하지 못한다면, 조직 문화를 개선하려는 시도는 실패할 수밖에 없다.

과로 문화를 평가하는 작업은 세 가지 차원에서 진행된다:

- **조직 차원**: 과로 문화를 조장하는 요인은 무엇인가?
- **직무 차원**: 직무 구조가 어떻게 일중독을 조장하는가?
- **개인 차원**: 조직에서 인정받고 보상받는 개인들의 특징은 어떤 것인가? 그 특징들이 과로 문화를 강화하는가?

구성원들은 그들의 일과 회사에 대해 어떻게 느끼는가?

조직 차원에서는 예를 들어, 일과 관련해서 당연시하는 전제들이나 가치관 같은 문화적 요인들을 평가하는 데 많은 시간을 할애한다. 이것은 방대한 데이터를 이용해 기업이 공표한 가치와 실제로 중시하는 가치를 살피는 작업이다. 구성원들이 할당된 휴가 일수를 제대로 사용하는가? 이는 최고경영진이 의도치 않게 직원들에게 업무에서 완전히 벗어나면 안 된다는 신호를 보내고 있지는 않은지 가늠하게 해준다. 여기서 신호란 제4장에서 언급했던 모든 신호를 의미한다. 문화 설문 조사, 인터뷰, 리더들이 직원들에게 전하는 메시지를 분석하고, 심지어 업무 활동을 관찰하면 이러한 신호들을 파악할 수 있다(가급적 데이터 수집과 설문 설계에 대한 전문 지식을 갖춘 전문가나 연구자가 진행하는 것이 바람직하다).

직무 차원에서는 업무를 진행할 때 이용하는 최신 기술을 포함해 과로를 조장하는 구조적 요인이 있는지 평가한다. 일할 때 이용하는 최신 기술이 24시간 상시연결된 상태를 조장하거나 강제하는가? 직무 차원의 평가는 업무의 흐름도 살핀다. 일부 작업 때문에 사람들이 과로할 수밖에 없는 상황에 놓이는가? 직무가 어떻게 설계되었는지도 평가한다. 해당 직무가 개인에게 너무 많은 업무를 부과하도록 설계되지는 않았는지, 지나치게 인력이 부족한 것은 아닌지 등을 살핀다.

예를 들어, 내가 컨설팅했던 한 의료 기기 회사는 이메일, 캘린더, 채팅 프로그램과 같은 생산성 도구에서 데이터를 수집해 분석했다. 통신 내용이 아니라 언제, 어디서, 얼마나 자주 통화가 이루어졌는지에 대한 메타데이터만 수집했다. 또 회의가 얼마나 자주 열렸는지, 얼마나 오래 진행되었는지, 그리고 주로 언제 열렸는지에 대한 정보도 수집했다. 이 회사는 이들 정보를 직무 스트레스 강도와 함께 비교하며 직원들이 과로할 수밖에 없도록 직무가 구조화되었는지 파악할 수 있었다.

개인 차원에서는 조직 내 개인을 더 깊이 들여다보는 평가 작업을 수행한다. 첫째, 어떤 자질과 특성을 가진 개인이 조직 내에서 인정받고 보상받는지, 그리고 이러한 자질이 과로 문화를 강화하는지 살펴본다. 주말에 일하는 사람들이 승진하는가? 그 사람들은 유급휴가를 사용하는가? 둘째, 조직 문화 개선 프로그램을 지지하고 옹호할 사람들은 물론 방해꾼이 될 가능성이 있는 핵심 인물들을 파악한다. 마지막으로, 개인 차원의 평가는 직원들이 자신의 일과 회사에 대해 어떤 감정과 태도를 지니고 있는지 파악하는 과정이다. 직원들은 본인의 활력 수준, 스트레스 강도, 퇴근 후나 휴가 중에 업무에서 완전히 벗어난 느낌이 드는 것에 대해 어떤 말들을 하는가?

평가가 끝나면 과로가 조직 문화에 얼마나 깊이 뿌리내리고 있는지, 무엇보다 과로 문화의 원인이 어디에 있는지 파악할 수 있다. 경영진이 전적으로 과로 문화를 조장하는 원인일 수도 있고, 구성원들이 사용하는 협업 도구나 플랫폼이 상시 연결을 조장하는 원인일 수도 있다. 또 직무 설계와 인사 제도가 과로를 부추기는 원인일 수도 있다. 설문 조사와 인터뷰에서 일중독으로 발생하는 신체 및 정신 건강 문제와 팀워크 문제가 드러날 가능성이 크지만, 경영진은 이런 문제들이 있다는 사실조차 몰랐을 것이다.

2단계: 가장 효과적이고 빠르게 바꿀 수 있는 곳부터 점진적인 실행 계획을 수립한다

이 시점에서 조직의 리더가 가장 피해야 할 행동이 있다. "우리는 과로 문화를 없애고 일중독을 뿌리 뽑을 것입니다"라고 선언하는 것이다. 변화는 그런 식으로 이루어지지 않는다. 과로 문화를 없애는 것은 점진적으로 개선해나가야 하는, 시간이 오래 걸리는 작업이다. 핵심은 평가 작업을 마치고 나면 어디에 먼저 집중해야 할지 알 수 있게 된다는 것이다. 어디에서부터 변화를 일으키는 것이 가장 가능성이 크고 가장 효과적일까?

영화 〈노트북〉을 보고 큰 깨달음을 얻었던 게이브를 기억하는가? 그는 자신의 일중독 성향을 완전히 파악한 후 '엄청난 겁쟁이' 리더십(제3장에서 설명한 대로) 때문에 촉진된 과로 문화를 개선하는 것을 목표로 삼았다. 오늘날 그의 회사 지투아이(G2i)는 주 4일 근무제를 실시하는 회사와 개발자를 연결해주어 그들의 건강과 복지를 증진하는 것을 사명으로 삼고 있다. 지투아이는 단순한 채용 플랫폼에 그치지 않고 과로 문화에 맞서 조직 문화를 바꾸는 실험을 하려는 조직에 관련 자원을 제공하기도 한다.

개발자를 채용하려는 회사가 지투아이를 찾아오면 게이브의 팀은 그 회사가 개발자의 건강을 증진시키는 관점에서 그들이 표방하는 가치를 실제로 실천하는지 여부를 살핀다. 그러니까 입으로는 근무시간을 유연하게 운영한다고 하면서 사실은 과로 문화가 팽배한 곳은 아닌지 살핀다. 지투아이는 그들이 어째서 개발자의 건강을 중시하는지, 또 이러한 접근법이 어째서 더 나은 인력을 채용하는 길이 되는지를 고객사에 설명하는 데 많은 시간을 투자한다. 이렇게 고객사를 교육하는 접근법은 매우 효과적이어서, 지투아이는 회사의 사명(사람들이 더 건강한 직장 생활을 할 수 있도록 돕는 것)을 알리는 추가 콘텐츠를 개발할 계획도 갖고 있다.

이 단계에서 가장 중요한 것은 조직 문화 개선 프로그램의 최종 목적과 목표를 명확히 파악하고, 구성원들과 신뢰를 구축하고, 이 프로그램을 시범 운영하는 기간에 실행할 것들을 조심스럽게 계획하고, 이를 주요 구성원들에게 확실하게 전달하는 것이다.

조직 문화 개선 프로그램의 목적과 목표를 파악한다. 조직 문화 개선 프로그램의 목적은 평가 작업에서 수집하고 분석한 데이터를 기반으로 결정될 것이다. 조직의 기존 과로 문화를 살펴본 결과, 예를 들어 주 4일 근무제 같은 목표를 바로 추구하기가 어렵다는 판단이 설 수 있다. 이런 경우에는 목표를 조금 더 현실적인 수준으로 조정해야 할 수도 있다. 레슬리 펄로Leslie Perlow와 그의 연구팀은 이를 가리켜 '업무 관행의 미세 조정'이라고 부른다. 예를 들면, 비번일 때나 주말 동안 이메일로 소통하는 문제에 관한 지침을 변경하는 일 등을 가리킨다.[23]

조직 차원의 평가와 직무 차원의 평가는 조직 문화 개선 프로그램에서 어떤 목표를 추구할지를 결정하는 데 도움이 된다. 조직 문화 개선 프로그램에 근무시간을 변경하는 계획을 포함할 것인가 아니면 커뮤니케이션 규범이나 기대치를 변경하는 계획을 포함할 것인가? 예를 들어, 기업이 일중독 문화를 촉진하는 요인이 협업 도구 및 플랫폼이라고 판단하고 여기에 집중하는 것이 변화를 극대화하는 길이라고 결정했다 치자. 그러면 모든 사람의 휴대폰에서 업무용 이메일 앱을 제거하거나 커뮤니케이션 시간과 방법에 대한 새로운 규칙을 만들어 이메일 사용을 제한한다. 조직이 암묵적으로 일 중독을 부추겼음을 깨달았다면, 슬로건 같은 여러 가시적 요소에 담긴 메시지를 바꾸는 것을 비롯해 조직 내에서 경영진이나 관리자들이 직원들에게 전달하는 메시지에 변화를 주는 데 집중한다. 조직 내에서 이루어지는 소통에 변화를 주는 방법으로 6개월 안에 사무 공간의 가시적 요소들에 담긴 메시지를 80퍼센트까지 변경하고 이후 어떤 효과가 있었는지 설문 조사를 실시해 확인한다. 보상 체계가 사람들을 일중독으로 이끈다는 사실을 인지한 경우에는, 승진 평가 기준을 개편할 계획을 세우고 근무시간 이후에는 업무와 철저히 분리된 삶을 장려하는 방향으로 소통 규범을 변경한다.

조직 문화 개선 프로그램의 목적과 목표는 구성원들이 설문 조사에서 지적한 주요 문제들을 해결하는 방향으로 결정된다. 구성원들이 겪는 번아웃이나 일과 가정의 갈등 문제를 해결하는 것이 목적인가? 아니면 동기부여와 업무 몰입도를 높이고 싶은가? 만약 직원들의 경험 중에서 특히 집중하고 싶은 부분이 있다면 실험을 시작하기 전에 이 부분을 정확히 평가해두어야 한다. 그래야 나중에 다시 설문 조사를 실시했을 때 결과를 비교할 수 있다.

신뢰는 상명하달식이 아니라 아래에서부터 차근차근 쌓아야 한다. 앤드루 반스는 신뢰 형성이 주 4일 근무제의 실험을 성공적으로 마치게 만든 '특효약'이라고 설명한다. 신뢰는 하루아침에 쌓이지 않는다. 퍼페추얼가디언에서 시범 운영을 하기 전에 반스는 자신이 회사의 장기적인 성공과 그곳에서 일하는 직원들에게 투자할 의지가 있음을 먼저 입증해보였다. 만약 조직 내에서 신뢰를 형성하지 못했다면 조직 문화를 바꿀 준비가 안 된 것이다. 반스의 말에 따르면, 신뢰가 없으면 변화를 지지하고 수용하는 사람들의 선의가 변화를 거부하고 의심하는 사람들의 저항에 막힐 게 틀림없다.

모든 직원의 의견을 존중하고 조직 문화를 바꾸려고 할 때 신뢰가 형성된다. 다시 말해, 위에서 일방적으로 지시하는 방식으로는 신뢰가 형성되지 않는다. 실제로 반스는 조직 문화 개선 프로그램을 직원들이 주도하는 것이야말로 주 4일 근무제의 실험을 성공시키는 요인 중 하나라고 말한다.

존 코터John Kotter는 신뢰를 형성하려면 '변화를 선도할 팀'을 구성하도록 권장한다. 조직 문화 개선 프로그램에 열정이 있고 동료들로부터 높이 평가받는 사람들을 조직의 모든 직급에서 차출해 팀을 구성하는 것이다.[24]

신뢰 형성을 위한 노력은 변화 시도를 방해할 가능성이 있는 사람들에게 집중하는 게 좋다. 이런 사람들은 장애물이 되거나, 더 나아가서 변화를 좌절시키는 '게임 종결자'가 될 수도 있다.[25] 예를 들어, 앤드루 반스는 주 4일 근무제 시범 운영에서 가장 큰 장애물 중 하나가 일부 관리자들이었다고 언급했다. 매주 5일째부터 주말까지 휴일이라고 지시했음에도 집에서 일한 관리자들도 있었고, 5일째부터 쉬는 대신 나머지 4일간 근무시간을 더 늘리는 관리자들도 있었다(이는 주 4일 근무제의 취지를 무색하게 만들었다).[26] 신뢰 형성을 위한 노력이 실패할 경우에 대비해 훼방꾼들이 일으킬 문제를 해결할 비상 대비책도 마련해두는 것이 중요하다.

조직 문화 개선 프로그램을 신중하게 계획한다. 이 실험을 계획하는 리더들과 대화를 나누면서 두 가지 중요한 점이 눈에 띄었다. 첫째, 계획이 너무 복잡해지지 않도록 주의해야 한다. 지나치게 고민하다 보면 실행이 어려울 정도로 계획이 복잡해질 수 있다. 도중에 계획을 조정할 수 있다는 점을 염두에 두고 실험적인 접근법으로 진행해야 한다. 둘째, 시작일과 종료일을 구체적으로 정하고, 적용 범위를 명확히 설정해야 한다. 초기 실험에 어떤 팀이 참여할지, 이 적용 범위를 어떻게 확대해나갈지 정해야 한다. 그리고 실험을 마쳤을 때 평가할 모든 항목에 대해 실험 전에 관련 데이터를 반드시 수집해야 한다. 예를 들어, 구성원들의 번아웃을 줄이는 것이 조직 문화 개선 프로그램의 목적이라면, 이 실험에 대해 구성원들이 알기 전에 그들의 번아웃 수준을 미리 평가해야 한다(이렇게 해야 실험 전후를 정확히 비교할 수 있다). 구성원들을 대상으로 설문 데이터를 수집할 때는 전문가의 도움을 받을 것을 강력히 권한다. 게이브는 실험 기간을 정할 때 연중 업무가 덜 바쁜 시기로 계획할 것을 권한다.

조직 문화 개선 프로그램 계획을 구성원들에게 분명하게 전달하고 구성원들과의 대화를 지속해나간다. 주요 이해 당사자들에게 이번에 일중독 문화를 고치겠다고 발표하는 것으로는 부족하다. 어떤 노력을 기울일 것이며, 각 실험으로 무엇을 성취하려는지 구체적으로 전달해야 한다. 의사소통은 일방적으로 이루어져서는 안 된다. 빈번한 쌍방향 의사소통이 필수다. 실험 이전, 중간, 이후에 구성원들에게서 의견을 수렴해야 한다. 구성원들이 우려하는 바를 경청하고 거기에 대응해야 한다. 앤드루 반스는 그의 저서 《주 4일 근무제 The 4 Day Week》에서 구성원들에게 지속적으로 의견을 구하는 것이 중요하다고 강조하며, 이렇게 해야 구성원들이 "조직 문화 개선 프로그램에 헌신하고, 팀을 이끌고 코칭하는 과정에서도 주도적으로 중요한 역할을" 하기 때문이라고 설명한다.[27] 레슬리 펄로와 그의 팀은 이것을 '체계적인 대화 structured dialogue'라 불렀고, 조직 문화 개선 프로그램이 성공하려면 이처럼 지속적인 대화가 이루어지는 것이 중요하다고 했다.[28] 펄로는 더 나아가 체계적인 대화를 나누기 위한 회의 일정을 잡고 구성원들의 참석을 의무화하도록 권한다. 보스턴 컨설팅 그룹에서 시범 운영을 할 때 펄로의 연구팀은 회의 시간에 참가자들이 의견을 활발하게 제시하도록 돕는 도구를 활용했다. 예를 들어, '즉석 피드백'(회의 참석자들에게 시범 운영에 대한 느낌과 의견을 수렴한다)과 팀원들이 회의 전에 우려 사항을 표현할 수 있는 '불만의 소리'(익명으로 우려 사항과 질문을 게시할 수 있는 공유 문서 같은 것)가 있다.

3단계: 시범 운영을 실행에 옮기고, 배우고, 이 과정을 반복한다

계획을 수립했으면 실행에 옮길 때다. 경영진은 무엇을 개선할지 계획을 그냥 발표하고 싶을 테지만, 그래서는 안 된다. 경영진이 문제를 해결할 "방법"을 찾았다고 암시하는 것도 금물이다.

구성원들이 현재 처한 실정에 맞춰 작은 것부터 개선하자. 개선하려는 대상의 개수와 범위를 제한하자. 전사적으로 새로운 제도를 도입하는 것이 아니라, 하나의 팀이나 하나의 부서부터 시작하는 것이 좋다. 혹은 한 지역에서부터 시작하는 것이 좋다. 조직 문화 개선 프로그램에 대한 구성원들의 반응을 지속적으로 점검해야 한다. 실행에 옮길 때는 구성원들이 혼란스러워하지 않도록 메시지를 명확하게 전달해야 한다.

무슨 일이 벌어지고 있는지 확실히 알지 못하면 위험을 피하려 들 것이고, 다시 옛날 방식으로 돌아가기 마련이다.

이메일 서명에 다음 문장을 반드시 첨가하는 실험을 진행한다고 치자. "업무 시간이 아니라면 해당 이메일에 바로 답장하지 않아도 괜찮습니다." 이것도 좋지만, 여전히 모호하다. "답장하지 마세요"라고 분명하게 말하는 게 좋다. 게다가 이 이메일이 상사가 보낸 것이라면 부담을 느끼지 않겠는가? 공식적으로는 '자발적' 모임이라고 하지만 사실상 반강제인 모임이 떠오를 것이고, 이 이메일 서명도 그 모임과 같은 선상에서 해석할 것이다. 이렇게 이메일 서명을 쓴다면 아마도 구성원들이 계속 이메일에 답장하는 결과를 낳을지도 모른다. 만약 그렇다면 다음 단계에는 "업무 시간 이후에는 답장하지 마세요"라고 명시하거나 아예 특정 시간대에는 이메일이 전달되지 않도록 시스템을 변경하는 방법이 있다.

⋮

어느 것 하나 쉬운 단계는 없다. 에드거 샤인에 따르면, 문화를 바꾸는 일은 새로운 행동 양식을 배우는 것일 뿐만 아니라 기존의 행동 양식을 버리는 것이기도 하다.[29] 따라서 과로 문화를 강화하는 습관을 먼저 제거해야만 한다. 사람들이 이 전까지 내면화된 습관 혹은 의무처럼 여겼던 행동을 버려야 하는 것이다. 그런 다음에야 새로운 업무 패턴과 행동을 배울 수 있다. 사소한 변화라도 쉽지 않은 일이다. 습관을 바꾸는 것은 그만큼 어렵기 때문이다.

실행 가능한 변화 전략

모든 조직이 처한 상황이 다르다. 어떤 변화를 시도할지는 현재 조직의 상황과, 과로 문화를 극복하려는 리더와 관리자들의 의지가 얼마나 강한지(적어도 처음에는 강할 것이다!)에 따라 다르다. 조직 문화를 개선하려고 할 때 활용할 수 있는 실행 가능한 전략이 있다. 과로 문화를 부추기는 환경을 개선하려면 다음 원칙에 유의하면서 변화를 계획하고 실행하는 것이 좋다.

일한 시간이 아니라 최종 산물에 따라 보상한다

반스에 따르면, 과로 문화를 바꾸는 일에 조직이 저항하는 주된 이유는 최종 산물을 적절히 평가하는 법을 알지 못하기 때문이다. 제조업 분야에서는 이 평가 작업이 훨씬 쉽다. 부품 20개를 생산하는 직원이 10개를 생산하는 직원보다 생산성이 높다. 하지만 서비스 기반 경제에서는 시간당 부품 수로 생산성을 측정할 수 없다. 그러면 무엇을 기준으로 평가해야 할까? 대개는 성과 대신 노동시간을 사용하기 때문에 일한 시간에 따라 직원들에게 보상한다.

주 4일 근무제 운동 이전에도 일한 시간이 아니라 최종 산물로 평가하려는 시도가 있었다. 캘리 레슬러와 조디 톰프슨이 개발한 성과집중형 업무환경results-only work environment, ROWE이 그중 하나였다. 에린 켈리Erin Kelly와 동료들은 베스트바이 본사에서 ROWE를 도입한 과정을 설명했다.[30] 직원들과 관리자들이 일을 언제 어디서 어떻게 수행하는지 신경 쓰기보다 원하는 결과를 내놓는 데 초점을 맞추도록 하는 것이 ROWE의 목적이다. 베스트바이는 팀 차원에서 이 프로그램을 실행하면서 약 6시간 동안 오리엔테이션 및 교육을 진행했다. 직원들과 관리자들에게 먼저 현재의 업무 문화를 비판적으로 관찰하도록 주문하고, 이어서 역할극을 하면서 "오늘 일찍 퇴근하네요?" 같은 발언에 대응하는 법을 연습한다. 교육 담당자는 앞의 발언처럼 과로 문화를 강화하는 표현 대신 이를테면 "뭐 도와줄 것 없어요?" 같은 대안 표현을 찾도록 도왔다. 마지막으로 직원들은 ROWE를 실현하기 위해 그들이 바꿀 수 있는 업무 관행은 없는지 찾았다. 이를테면, 휴가 신청이 용이하도록 프로젝트 업무를 대행할 인력을 확보할 방안을 찾거나, 해

당 직원이 휴가를 떠났을 때 프로젝트가 순조롭게 진행되도록 비동기 방식으로 해당 직원과 소통할 방법을 찾았다.

초기 교육 시간에서 얻은 정성적 데이터에 따르면 베스트바이 내에서는 바람직한 노동자상에 대한 강한 편견이 자리 잡고 있었다. 이런 신호는 쉽게 찾아볼 수 있다. 오랜 시간 일할수록 헌신적이며 생산성이 높다는 편견이 만연했고, 이는 보상 체계에서도 명확히 드러났다. 분주해 보인다는 것은 직위가 높음을 알리는 지표였다. 회의를 세 개나 겹쳐 잡는 것은 그가 중요한 사람임을 알리는 신호였다. 또한 회사에서 걸려온 전화나 문자에 신속하게 응답하는 것을 중요하게 여겼다.

사정이 이러니 ROWE가 조직에서 제대로 작동할지 대다수가 의심의 눈초리를 보낸 것도 당연하다. 결국 이러한 변화를 시도하는 것에 가장 크게 반대했던 두 부서가 시범 운영 중에 ROWE 도입을 철회했다.

하지만 이 프로그램을 꾸준히 실행한 부서들의 데이터에 따르면 긍정적인 결과가 나타나고 있었다. 일과 생활 사이에서 발생하는 갈등이 감소했고, 질 좋은 수면 같은 건강지표가 상승했으며, 이직률이 감소했다.[31] 나쁜 소식도 있다. 베스트바이가 몇 년 후에 ROWE 프로그램을 중단했다는 것이다.[32] 레슬러와 톰프슨은 이때의 경험을 이후 《재미없는 일터 고치기》에 담았고, 컬처알엑스CultureRx라는 회사를 설립했다. 이 회사는 ROWE를 도입하는 일을 돕는다.**33**

최종 산물이 아니라 일한 시간에 따라 보상하는 것 외에도, 기업이 피해야 할 것들이 또 있다. 한 경영 논문에서 기업의 보상 체계가 의도한 바와 정반대되는 행동을 유도할 수 있음을 지적했다. 스티브 커Steve Kerr의 대표적인 논문 〈B를 바라면서 A에 보상하는 어리석음The Folly of Rewarding A While Hoping for B〉을 보면 많은 사례가 등장한다.**34** 기업이 장기 성장을 바란다면 적절한 기반을 다지기까지 단기적으로 적잖은 비용이 발생한다. 그런데 분기별로 (이런 비용을 아껴서) 높은 수익을 달성한 팀에 보상하는 기업이 있다. 또 높은 팀워크를 바란다면서 개인의 노력에만 보상하는 기업도 있다. 높은 품질을 바란다면서 실제로는 생산량이 많은 것을 높이 평가하는 기업도 있다.

일중독에 적용하면 이런 식이다. 무제한 휴가 제도를 도입해 신입 직원들과 조직 이해관계자들에게 자랑하는 회사가 있는데, 실제로 승진하는 사람들을 보면 휴가를 한 번도 사용하지 않은 이들뿐인 곳 말이다.

상시연결의 악순환 깨뜨리기

레슬리 펄로는 그의 책 《휴대폰과 함께 잠들다Sleeping with

Your Smartphone》에서 '상시연결의 악순환'이라는 개념을 설명한다(〈그림 5-1〉 참조).**35** 내가 볼 때 이 악순환이 일중독 문화의 핵심이다.

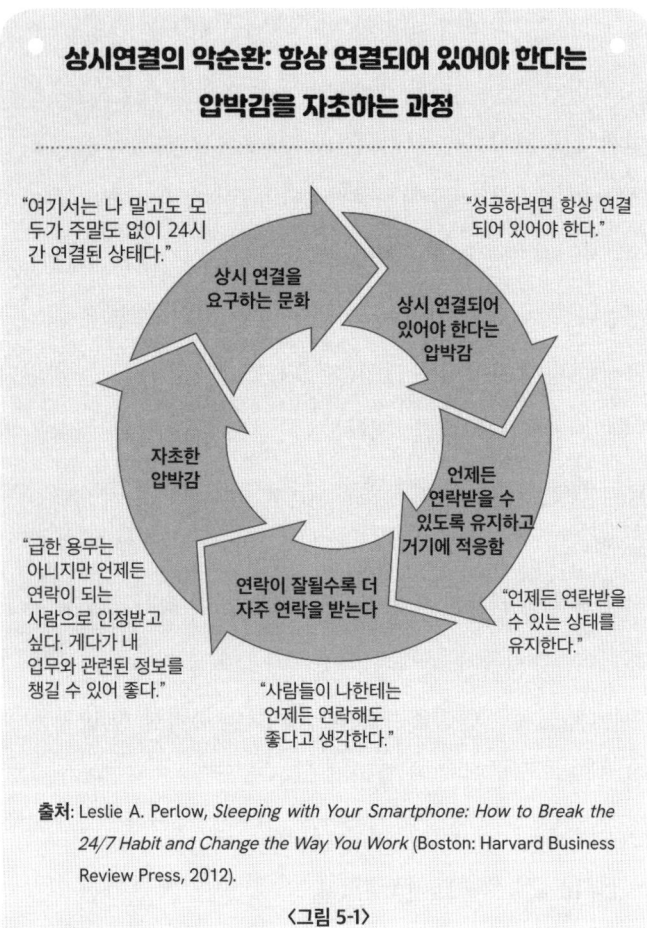

〈그림 5-1〉

이 악순환을 설명하기 위해 한 사람이 새로운 회사에 입사했다고 가정해보자. 이 신입 사원은 조직에 적응해가면서 회사가 추구하는 목적을 어떻게든 달성해야 한다는 사실을 분명히 깨닫는다. 일을 위해서라면 개인 일정을 취소하는 것은 기본이고 갑자기 비행기를 타고 출장을 떠나는 일도 감수해야 한다. 게다가 가장 중요한 고객이 시차가 다른 지역에 있어서 남들보다 더 일찍 출근할 수밖에 없다. 하지만 새 직장에 대한 기대감에 이런 것쯤은 중요하지 않게 여긴다. "그까짓 게 대수겠어?"

새 직장에 적응해가면서 이 신입 사원은 상사가 오후 4시쯤 불쑥 사무실로 찾아오거나 이메일을 보내 업무를 지시하는 일이 잦다는 것을 깨닫는다. 지시 내용은 상사가 고객에게 내일까지 주겠다고 약속한 것들이다. 문제는 그 고객이 이 신입 사원보다 6시간 빠른 시간대에 있어서 시작도 하기 전에 이미 시간이 촉박하다는 점이다. 이제 이런 요청이 올 것을 미리 예상하고 아침마다 허둥대지 않으려고, 전보다 더 늦게까지 남아 일한다. 그러다 보니 퇴근 후 운동은 포기해야 하지만 어쩔 수 없다. 게다가 월요일 아침 팀 미팅을 준비하려면 주말에도 일해야 한다. 동료들은 이 신입 사원이 어차피 쉬지 못한다는 사실을 알고 나서 주말에도 이메일과 문자를 보내기 시작하고, 이 신입 사원 역시 팀원들에게 똑같이 행동

한다. 그러다 보니 주말에 같이 일하는데 어떤 동료가 연락이 안 되면 점점 짜증이 난다. 다들 같이 일하고 있을 때 일을 끝내버리면 편한데 연락이 되지 않는 동료 때문에 일이 힘들어졌다고 생각한다! 이 신입 사원은 항상 연결이 되는 사람이 되어야겠다고 다짐하고 이메일이 오면 즉시 알림이 뜨도록 휴대폰을 설정한다. 이렇게 하면 업무를 놓치지 않고 빠르게 처리할 수 있고, 좋은 팀원으로 인정받을 거라 여기며 자신을 칭찬한다.

그렇게 1년이 흘렀다고 가정하자. 이제 그는 세 명의 신입 사원을 이끄는 팀장이 되었다. 신입 사원 세 명은 회사에 적응하면서 팀장이 신입 때 그랬던 것처럼 곧 깨닫는다, 주말까지 포함해서 팀장의 근무 패턴에 맞춰 항상 연결 가능한 상태여야 한다는 것을. 그렇게 해서 상시연결의 악순환이 반복된다. 1년이 지나면 이 신입 사원들도 팀장과 똑같이 행동할 것이다.

여기서 주목할 점은, 이런 일중독 함정이 누군가의 악의나 의도적인 전략에 따라 등장한 것이 아니라는 점이다. 사람들은 일 지상주의에 따라 서로 돕고 (스스로 생각하기에) 자신도 도움을 받으려고 했을 뿐이다. 하지만 이런 작은 선택들이 쌓이면 일중독 행동이 되고, 나중에는 다른 사람들에게도 일중독 행동을 강요하게 된다.

상시연결의 악순환은 직원들의 건강한 삶을 해치고 일중독 문화를 강화하는 요인 중 하나다. 한 연구진은 기업에서 직원들에게 이메일에 즉시 답장하기를 기대할 때 이것이 직원들과 그들의 배우자에게 미치는 영향을 연구했다.[36] 연구에 따르면, 언제든 소통하기를 바라는 회사에서 일하는 사람들은 근무시간 후에도 회사에서 연락이 올까 봐 자주 불안했고, 전반적으로 건강도 좋지 않았다. 심지어 그들의 배우자들도 불안감을 느꼈다.

이번 장을 쓰고 있을 때 나는 내가 가르쳤던 에밀리Emily가 링크드인LinkedIn에 올린 글을 우연히 보았다. 그는 현재 인사관리 분야에서 산업 및 조직심리학 전문가로 일하고 있다. 에밀리의 글은 "어디서 일하느냐가 정말 중요하다!"라는 말로 시작되었다. 그날은 에밀리가 결혼식과 신혼여행으로 10일가량 쉬고 난 후 회사에 복귀한 첫날이었다. 휴가 중에 놓친 이메일들을 따라잡을 수 있는 유예기간이 주어졌다. 팀원들은 에밀리가 없는 동안 기꺼이 그의 업무를 대신 처리해주었고, 에밀리가 돌아오자 업무 속도를 다시 끌어올릴 수 있도록 도움을 주려고 메시지를 보내왔다. "이처럼 오랫동안 휴가를 다녀와도 되는 걸까, 전혀 고민하지 않았다. 1주일 넘게 휴가를 쓴다고 비난을 들은 적도 없었다. 또 휴가 중에 일 때문에 전화가 걸려오는 일은 단 한 번도 없었다!"

이 회사는 직원들의 휴가를 존중하는 모범 사례다. 하지만 그보다 더 중요한 것은 조직의 핵심 구성원, 즉 에밀리의 상사와 팀원들이 에밀리가 인생의 특별한 순간을 즐길 수 있도록 그의 업무를 추가로 대신했다는 것이다. 이런 일이 가능하게 하려면 어떻게 해야 하는가? 직원들의 교차 훈련이 필요할까? 긴급한 고객 요청에 여러 직원이 대응할 수 있도록 공유 메일함을 만들어야 할까? 레슬리 펄로와 제시카 포터Jessica Porter는 이 과정을 '공동 대응'이라고 부른다. 다시 말해, 서로의 업무를 공동으로 책임지면서 필요할 때 자연스럽게 상대의 업무를 대행할 수 있도록 하는 것이다.[37]

팀원들 간에 서로 소통하는 시간과 방식을 바꾸는 것도 상시연결의 악순환을 깨뜨릴 방법의 하나다. 산업 및 조직심리학자 라리사 바버는 이 악순환을 깨뜨릴 수 있는 세 가지 핵심 전략을 제안했다.[38]

- **서로 다른 근무 일정을 배려하고, 즉각 응답할 필요성을 줄인다.** 퇴근 후나 주말에는 이메일이 도착하지 않도록 '예약 발송' 기능을 활용한다. 문서 공유나 업로드, 메시지 전송 시 즉시 알림 소리를 내는 자동 알림 기능의 사용을 최소화한다. 팀원들에게 즉시 '알림 소리'를 내는 이메일 스레드나 채팅 기반 플랫폼 대신 공유 문서함이

나 비동기 플랫폼(예, 베이스캠프Basecamp)을 사용한다.

- **업무를 효율적으로 조율한다.** 미리 계획하고 일정에 여유를 둬서, 비현실적인 마감 시한을 정하거나 마감 직전에 추가로 요청하는 일을 방지한다. 그러지 않으면 마감에 쫓겨 정신없이 분주해지기 십상이다. 회의 전에 주요 정보나 질문 사항을 미리 공유해 참석자들이 충분히 준비된 상태에서 바로 핵심 사항을 논의할 수 있게 한다.

- **구체적으로 요청하고 적절한 소통 도구를 정한다.** 요청할 때는 구체적으로(누가, 무엇을, 언제) 요청하고 '곧'이나 '가능한 한 빨리' 같은 모호한 표현을 피한다. 어떤 요청이 긴급한지 아닌지에 대한 기준을 논의하고, 긴급성에 맞춰 적절한 소통 도구(공유 문서, 이메일, 문자, 전화)를 정한다.

과속방지턱을 도입하다

워싱턴 대학교 브루킹 홀Brooking Hall 사무실에 앉아 있던 아서 콤프턴Arthur Compton은 주변을 지나다니는 차량들의 위험한 운전에 불만이 커졌다. 이러한 운전은 다른 차량뿐만 아니라 보행자들에게도 위험했다. 그래서 콤프턴은 이 문제를 해결할 기발한 장치를 만들었다. 지금 우리가 과속방지턱이라고 부르는 것이 그것이다. 물리학 지식을 기반으로 과속하는 차량만 손상을 입을 정도로 완벽하게 설계했다.[39] 과속하는 운전자들은 방지턱이 보이면 속도를 줄이는 것이 결국 더 나은 선택이라는 것을 금방 깨달았다.

일중독자들의 업무 속도를 줄이는 데도 과속방지턱 같은 장치가 효과적이다. 이미 다양한 방식으로 이를 실천하고 있다. 과학적 관리의 원칙을 확립한 것으로 알려진 엔지니어 프레드릭 테일러Fredrick Taylor는 제철소 노동자들을 대상으로 한 실험에서 강제 휴식 시간을 도입했다.[40]

산업 및 조직심리학 분야의 연구에 따르면, 몸이 피로하다고 느끼기 *전에* 휴식을 취하는 것이 성과를 내는 데 더 좋다.[41] 하지만 다른 아이디어들도 있다. 나는 산업 및 조직심리학 교수인 로렌 쿠이켄달과 '넛지nudge'에 대해 이야기한 적이 있다. 넛지는 행동과학에서 사용하는 개념으로, 사람들의 선택을 제한하지 않으면서도 환경적 신호를 이용해 자연스럽게 행동을 유도하는 방법이다.[42] 시카고의 레이크 쇼어 드라이브에서는 운전자들이 S자 곡선을 따라 주행한다. 이 도로는 경관이 멋지지만 위험하기도 했다. S자 곡선 구간을 주행할 때 속도를 줄이라는 경고를 무시하는 운전자들이 많았다. 높은 사고율을 줄이려고 시 당국은 도로에 흰색 선을 그려 넣었다. 처음에는 일정한 간격으로 그렸지만, 가장 위험한 곡선 구간에 가까워질수록 선들의 간격을 더 좁게 그렸다. 이 착시 효과로 인해 운전자들은 마치 주행속도가 올라가는 것처럼 느꼈고, 덕분에 곡선 구간에 접근할 때 자연스럽게 속도를 줄이게 되었다.

쿠이켄달은 과로하는 업무 패턴을 바꾸고 싶은 조직도 '넛지'를 활용할 수 있다고 강조했다. 예를 들어 직원이 근무시간 이후에 이메일을 보내려고 하면 "지금은 근무시간이 아닙니다. 그래도 보내시겠습니까?"라는 경고 메시지를 띄우는 것이다. 더 적절하게는 "근무시간이 지났습니다. 내일 오전 8시에 보내도록 예약하시겠습니까?"라는 경고 메시지를 띄우는 것이다. 업무 시간 외에 전자 기기를 사용하면 지금은 휴식 중이라는 사실을 슬쩍 상기시키는 메시지를 띄우는 방법도 있다. 또 휴식을 장려하기 위해 사무실 바닥에 외부 산책로로 이어지는 발자국을 그리는 방법도 있다. 넛지 효과는 여러 실험으로 입증되었다. 일례로, 구내식당 30곳을 대상으로 한 무작위 대조 실험에 따르면, 건강한 제품을 동선의 시작 부분에 배치하고, 건강에 해로운 제품보다 건강한 제품의 비율을 높여 직원들의 건강한 식습관을 유도하는 것이 도움이 되었다.[43] 이들 연구에서 얻은 교훈을 바탕으로 직원들이 건강한 업무 패턴을 기르도록 유도하는 것이 좋다.

솔선수범하는 리더

일중독에 맞서는 노력을 성공적으로 이끌 방법 중 하나는 직원들이 고강도 업무 부담과 스트레스로부터 회복될 수 있게 관리자들이 적극 지원하는 것이다. 관리자들은 메시지를 분명하게 전달해야 하며, 그들이 한 말이 진심이라는 것을 솔선수범해 입증하며 언행일치하는 모습을 보여야 한다.

회복 전문가인 로렌 쿠이켄달과의 대화로 다시 돌아가보자, 나는 우리가 나눈 대화와 그의 연구를 바탕으로 기업이 참고할 만한 솔선수범 사례를 몇 가지 소개하겠다.

리더는 일중독 행동을 삼가는 모범을 보여야 한다. 직원들에게는 리더가 하는 말보다 행동이 훨씬 중요하다.

이런 행동에는 두 가지 수준이 있다. 첫 번째는 의도하지 않았으나 일중독 문화를 강화하는 낮은 수준의 일상적 행동이다. 이를테면, 상대를 배려할 의도로 이메일 하단에 남긴 "서로 근무시간이 다르니 부담 갖지 말고 근무시간에 답장 주세요." 같은 메시지다. 이 메시지가 여전히 문제가 될 수 있음을 기억하는가? 쿠이켄달에 따르면, '리더들의 맹목$_{status\ blindness}$' 현상 때문에 리더들이 이런 실수를 자주 범한다. 이는 높은 직급의 사람이 낮은 직급의 사람도 자신과 동일한 재량권을 지녔다고 전제하기 때문이다. 쿠이켄달과 동료들은 권력과 사회적 거리에 관한 문헌들을 참조하여, 직급이 높은 사람은 자신의 선호에 따라 행동하는 경향이 있고 직급이 낮은 사람은 직급이 높은 사람을 모방하는 경향이 있다고 주장했다.[44] 다시 말해, 리더는 긴급한 이메일에 답장을 할지 말지, 회사에 남아 계속 일할지 말지 선택할 수 있지만 그 아래 직원들은 그런 결정을 내릴 만한 재량권이 자신에게 없다고 느낄 것이다. 조직의 규범과 기대, 그리고 상사가 중요한 보상에 영향을 미칠 수 있다는 사실 때문에 큰 압박감을 느낄 수 있다. 특히 대다수 직원이 즉시 답장하는 회사 분위기라면 나중에 답장해도 된다고 생각하지 못할 것이다.

관리자가 근무시간에 휴식하고 회복하는 모범을 보이는 것이 좋다(한 연구에 따르면 피곤함을 느끼기 *전에* 쉬는 것이 가장 효과적이라고 한다). 실제로 연구 결과에 따르면, 관리자가 분명하게 휴식과 회복을 장려할수록 직원들도 자주 휴식을 취하는 경향이 있다.[45]

관리자의 본보기 사례 중 하나가 출퇴근 시간이다. 업무의 시작과 종료를 알리는 '벨 소리' 같은 것이 없을 때 사람들은 자연스럽게 리더의 행동을 보고 따라 한다. 또한, 사람들은 다른 사람보다 늦게 출근하거나 일찍 퇴근하는 직원으로 찍히는 것을 기피한다.

두 번째는 높은 수준의 중대한 행동으로, 이 범주의 행동에는 리더가 반드시 모범을 보여야 한다. 관리자들이 정해진 휴가를 전부 사용하는가? 육아휴직을 사용하는가? 예를 들어, 임원쯤 되면 경제적으로 여유가 있어서 육아휴직을 써야 할 때도 가사도우미나 보모를 고용해 휴가를 사용할 필요성을 제거할 수 있을 것이다. 하지만 리더가 육아휴직을 쓰지 않는다면 직원들도 그처럼 과로해야 한다는 무언의 압박을 받는다.

일중독이 만연한 금융 업계에도 좋은 본보기와 나쁜 본보기 사례가 있다. 한쪽에는 하루 18~20시간을 일하며 골드만삭스에서 주요 요직을 거친 후 독립해서 자신의 회사를 설립한 바이런 트롯Byron Trott이 있다.[46] 그리고 다른 한쪽에는 50억 달러 규모의 투자 협상 중에도 손주들과 아이스크림을 먹으러 나간 워런 버핏Warren Buffett이 있다.[47]

리더는 본을 보일 뿐만 아니라 직원들이 상시연결의 악순환에 빠지는 선택을 할 때 건강한 선택을 하도록 도와야 한다. 조명 기구 제조 회사에서 일하는 내 이웃 재러드Jared를 예로 들어보겠다. 재러드는 가족과 함께 해변 도시에서 7일간의 휴가를 막 마친 참이었고, 나는 그에게 휴가가 어땠는지 물었다. 그러다가 일중독 이야기가 나왔다. 재러드는 자신이 일중독자는 아니지만 프로젝트 책임자이기 때문에 방금 다녀온 휴가처럼 근무시간이 아닐 때도 업무를 내려놓지 못해 힘들 때가 있다고 했다. 휴가를 떠난 지 며칠 만에 그는 공급 업체와의 화상회의에 참여하기로 결심했다. "휴가를 갈 때마다 늘 뭔가 제가 신경 써야 하는 일이 생기곤 하더라고요." 재러드의 팀은 한두 달 안에 신제품을 시장에 출시하려고 준비 중이었다. "아이들이 낮잠 자는 시간이라 꼭 옆에 붙어 있어야 하는 것은 아니기에 화상회의에 참여하기로 했죠. 회의는 짧게 끝났어요. 회의가 끝난 후에 상사에게 이메일로 회의 결과를 알려드렸는데, 답장이 없었어요. 몇 시간 후에 문자도 보냈죠. 두 번이나요. 통화를 나눈 후로 며칠이 지났는데도 상사에게서 아직 답장을 못 받았어요."

이로 미루어보아 재러드가 월요일에 출근하면 상사에게 어떤 말을 들을지 감이 왔다. "애초에 화상회의에 왜 참가한 거죠? 당신은 휴가 중이었잖아요." 상사가 이메일과 문자에 답장하지 않은 것은 분명한 메시지를 전달한 것이다. 휴가를 가서 일에서 벗어나라고 한 말은 전혀 빈말이 아니었던 것이다. 비상 상황이 아닌 한 절대로 일에 신경 쓰면 안 되었다. 나는 재러드에게 물었다. "긴급한 사안이었어요?" 그는 이렇게 대답했다. "아뇨. 월요일에 보고해도 되는 일이었어요. 생각해보니 애초에 업무에서 신경을 꺼야 했어요. 그 점을 상기시켜준 상사에게 감사해요."

여기서 핵심은 철저한 규율과 일관성이다. 리더가 본을 보일 때는 새로운 규범이 자리 잡을 때까지 일관되게 실천하고, 이중 메시지를 보내지 말아야 한다. 브리짓 슐트는 이중 메시지의 사례를 몇 가지 들려주었다. "회사에서는 점심시간에 요가 수업을 제공하고 관리자들은 밤 10시에 이메일을 보내요. 이런 문제가 고쳐져야만 하는 것입니다. 직원 복지 프로그램을 실시하면서 24시간 상시연결 문화를 강조하면 직원들 사이에 냉소주의가 팽배해지는 거예요. 요가 수업을 제공해 건강을 챙기라고 하면서 퇴근 후에도 일을 시키니, 직원들은 경영진의 진짜 의도가 무엇인지 헷갈릴 수밖에 없지요. 이런 이중 메시지는 반드시 제거되어야 합니다."

리더는 직원들이 업무 시간 외에도 일해야 할 만큼 과도한 업무량과 무리한 마감일을 정해서는 안 된다. 이 부분에서 일중독자의 시간 감각 문제를 철저히 점검할 필요가 있다. 먼저 조직 내에서 이런 일이 얼마나 자주 발생하는지 데이터를 수집하고, 이것이 직원들의 업무 패턴에 어떤 영향을 미치는지 살펴보자. 제3장에서 설명한 방법을 이용해 업무를 완료하기까지 실제로 걸리는 시간을 다시 점검한다. 팀원들끼리 업무 진행 과정에 대해 대화를 많이 나누도록 격려한다. 누가, 언제, 어떤 일을 맡고 있는지, 일이 어떻게 진행되고 있는지 대화를 나누는 것이 중요하다. 이는 업무 진행을 방해할 수 있는 병목 지점을 발견하거나 업무를 서로 공유하며 교차 훈련

할 기회를 발견하는 데 도움이 된다. 그러면 휴가를 가는 직원이 있어도 팀이 원활하게 운영될 수 있다. 설문 조사로 직원들의 의견을 수렴하고 업무에 걸리는 시간을 제대로 평가할 수 있는 프로세스를 새롭게 도입해야 한다.

리더는 생산성을 높이는 새로운 업무 방식을 적극 알려야 한다. 《쇼터》와 《일만 하지 않습니다》의 저자 알렉스 수정 김방Alex Soojung-Kim Pang도 지적하고 있듯이, 회사에서 성공하고 승진하려면 특히 커리어 초반에는 주당 60시간, 70시간, 심지어 80시간씩 일해야 한다는 인식이 여전히 팽배하다. 김수정에 따르면, 조직은 앞에서든 뒤에서든 이런 인식을 강화하는 메시지를 전달한다. 이런 인식을 바꾸려면 조직에서 성공하는 것과 관련된 기존의 메시지를 바꿔야 한다. 그러려면 관리자들이 과로 문화에서 벗어나 새로운 업무 방식으로 성과를 올린 직원을 공개적으로 칭찬하며, 새로운 업무 방식을 받아들여도 아무 문제가 발생하지 않는다는 점을 보여야 한다. 주 4일 근무제의 효율성을 극대화하는 법을 알아낸 직원을 불러내 칭찬하는 것도 좋은 방법이다. 이를테면, 테일러Taylor가 주 4일 근무를 소화하면서 이번 달에 신규 고객을 10명 확보했다고 치자. "다른 직원들이 5~6일간 하는 일을 테일러가 4일 만에 끝냈는데 이걸 하루 덜 일했다며 회사에 헌신하지 않는 사람 취급을 하면 안 됩니다. 오히려 대다수 직원보다 업무를 제대로 이해했기에 그 같은 성과를 냈다고 봐야죠. 조직의 리더는 이런 직원을 칭찬해 과로 문화를 칭찬하던 기존의 메시지를 대체해나가야 합니다."

더 적극적으로 조직 문화를 바꾸는 방법은 일중독을 기피하는 행동을 칭찬하고 보상하는 것이다. 메드트로닉Medtronic의 인적자원분석책임자인 크리스 로바토Chris Lovato는 직원들이 휴가를 제대로 쓰지 않는다는 사실을 데이터로 확인했고, 이에 '휴가를 쓰고 휴가를 얻자Take time and win time'라는 프로그램을 도입했다. 이 프로그램에서 직원들은 유급휴가를 하루 쓸 때마다 여행 복권을 받았다. 이와 비슷하게 뱀부HRBambooHR 같은 회사는 아예 직원들에게 휴가비를 *지급하며* 일을 쉬도록 장려한다.**48**

그렇다면 아예 무제한으로 유급휴가를 제공하면 일중독 문화를 해결할 특효약이 되지 않겠냐고 반문할 이도 있을 것이다. 하지만 이 제도는 *연차를 쓰는 것을 칭찬하는 분위기가 형성되어 있지 않은 한* 효과가 없을 것이며, 대다수 기업은 정반대로 과로하는 사람들을 칭찬한다. 무제한 유급휴가는 명확한 체계가 없기 때문에 과로 문화만 강화하는 역효과를 낼 수 있다. 무제한 유급휴가는 휴가를 며칠이나 사용할 수 있는지 명시하지 않기에 과로 문화가 팽배한 조직에서는 사람들이 눈치를 보며 되레 휴가를 안 쓰게 된다. 이러한 우려는 데이터에서도 그대로 나타난다. 한 〈포브스〉 기사에 따르면 미국의 직장인들은 1년에 평균 17일의 유급휴가를 사용하는데, 무제한 휴가 정책이 있는 회사 직원들은 겨우 10일밖에 쓰지 않았다. 게다가 무제한 휴가가 있는 직원 중 42퍼센트가 휴가 중에도 항상 일한다고 답했다.[49] 만약 직원들이 할당된 유급휴가를 제대로 쓰지 않는다면 '휴가를 쓰지 않으면 사라지는' 방식의 유급휴가 정책을 고려하는 것이 좋다. 유급휴가 일수를 누적할 수 있게 허용하면 나중에 쓰겠다는 생각에 휴가 신청을 미루기 십상이다. 데이터를 보면 그런 사람들은 결국 휴가를 사용하지 않는 경우가 많다. 그런데 사람들은 자신에게 주어진 권리를 놓치는 것도 싫어한다. 만약 휴가를 쓰지 않으면 휴가 일수가 영영 사라질 수도 있다고 하면, 직원들이 휴가를 쓸 가능성이 더 커진다. 다만 '휴가를 쓰지 않으면 사라지는' 정책을 도입할 때는 휴가를 다녀오는 것을 칭찬하는 조직 문화도 *반드시* 조성해야 한다.

'휴식 시간 보장제predictable time off' 역시 일종의 강제된 휴식이다. 특히 컨설팅처럼 업무 강도가 엄청난 업계는 일 지상주의가 강함에도 이 휴식 방침이 효과가 좋았던 것으로 나타났다. 예를 들어, 레슬리 펄로와 제시카 포터는 직원들이 24시간 상시연결을 요구하는 문화가 강한 보스턴 컨설팅 그룹에서 주 4일 근무제 같은 혁신을 받아들이기는 어려울 것이라 판단했다. 그래서 퇴근 후 저녁 시간만이라도 업무와 단절하고 업무 관련 통화를 받지 않는 작은 변화를 시도했다.[50] 이 휴식 시간 보장제를 실행한 결과 컨설턴트팀의 생산성이 상승했다.

일중독을 근절하는 조직의 실천 과제 4가지

고강도 업무, 24시간 상시연결을 요구하는 문화, 회복을 위한 지원 부족은 유해한 과로 문화가 형성되기에 완벽한 조건이다. 이 관점에서 일중독을 근절하려면 조직이 실천할 4가지 과제가 있다.[51]

- **요구 수준 낮추기**: 업무 강도를 낮추고, 프로젝트 일정과 마감 기한에 대한 기대치를 조정한다.
- **상시연결 줄이기**: 직원들이 언제, 얼마나 오랫동안 연결되어 있어야 하는지 또 얼마나 신속하게 응답해야 하는지에 대한 기존 문화를 바꾼다.
- **재량권 강화**: 직원들이 언제, 어떤 방식으로 일할지 혹은 일하지 않을지 스스로 결정할 수 있도록 중요한 업무 요소를 결정할 자율권을 부여한다.

- **회복 지원 강화:** 리더와 관리자들이 공석에서든 사석에서든 일중독에 맞서는 행동을 칭찬하고 권장한다.

나는 위에 언급한 변화들을 실행하기에 적절한 출발점을 다수 제시했다. 이번 장의 서두에서 설명했듯이 기존의 과로 문화를 바꾸려는 시도에 반대하는 이들도 분명 있을 것이다. 여러 연구에서 명백하게 밝혔음에도 일 지상주의에서 벗어나지 못하고, 일중독을 조장하는 것이 얼마나 비효율적인지 깨닫지 못하는 리더와 조직이 있다. 이들은 24시간 상시연결을 요구하는 문화와 생산성 저하에 상관성이 있다는 사실을 보지 못한다. 일중독으로 인한 이직 비용, 의료비 상승, 생산성 손실을 제대로 인식하지 못한다.

무엇보다 직원들이 더 적게 일하고 24시간 연결되어 있지 않아도 동일한 성과를 내거나 오히려 더 나은 성과를 낼 수 있다는 사실을 믿으려 하지 않는다. 직관적으로 와닿지 않기 때문이다.

하지만 이는 거짓이 아니다. 연구 결과는 명확하다. 과로를 조장하는 조직 문화는 비효율적이다. 코로나19 대유행은 일 지상주의를 재고할 필요가 있음을 깨닫는 중요한 계기가 되었다. 주 4일 근무제 실험의 성공 역시 일중독이 생산성과 관련이 없음을 보여주는 또 다른 근거다.

일중독 문화를 바꾸면 어떤 효과가 있는지, 그 가치를 깨닫는 조직이 갈수록 늘고 있다. 더 이상 변명은 필요하지 않다.

 요점 정리

- **과로 문화 해체하기**
  - 현재 조직에서 변화가 필요한 부분이 어디인지 평가한다.
  - 변화를 위한 계획을 세운다. 목적을 명확히 하고, 신뢰를 구축하며, 실험을 설계하고, 명확하게 소통한다.
  - 작은 것부터 시작한다.
- **실행 가능한 변화 전략**
  - 일한 시간이 아니라 최종 산물에 따라 보상한다.
  - 상시연결의 악순환을 끊는다.
  - 과속방지턱을 만든다.
  - 리더가 솔선수범한다.
- **일중독을 근절하는 실천 과제**
  - 과도한 업무 부담과 긴급성을 조정한다.
  - 상시연결될 것과 즉각 응답할 것에 관한 규범과 기대치를 조정한다.
  - 직원들이 언제, 어디서, 어떻게 일할지 결정할 수 있는 자율성을 확대한다.
  - 리더는 공석에서나 사석에서나 일중독 행동에 반하는 행동을 장려하고 모범을 보인다.

/ 결론

/ 일중독 문화를
바꿀 때다

NEVER NOT WORKING

◔ NEVER NOT WORKING

지금까지 이 책을 읽었다면 일중독이 무엇이고, 우리 사회와 기업에 얼마나 만연한지, 일중독을 부추기는 요인이 무엇인지 충분히 이해했을 터이다. 자신의 일중독 성향을 알아차린 사람도 있을 테고, 일중독에 걸린 상사 밑에서 일하고 있음을 뒤늦게 깨달은 이들도 있을 것이다. 회사가 겉으로 내세우는 가치와 달리 사실은 과로를 부추기는 신호를 보내고 있음을 알아차린 이들도 있을 것이다. 나는 여러 연구를 토대로 개인이 일중독 습관을 고치는 데 유용한 전략을 제시했다. 아울러 조직이 어떤 방식으로 과로 문화를 부추기고 강화하는지도 설명했다.

이 모든 이야기에서 우리가 기억할 가장 중요한 메시지는,

여러 연구에서 명확히 보여주듯이 일중독이 개인이나 가족은 물론이고 조직에도 결코 좋은 게 아니라는 것이다. 일중독자들은 과도한 업무와 일에 대한 강박감 때문에 괴로워하고, 주변 사람들 역시 괴로움을 겪는다. 일중독자들이 더 생산적이라는 생각은 착각이다. 일 지상주의, 즉 일에 모든 시간과 감정과 에너지를 쏟고 심지어 일에서 정체성을 찾는다고 해서 더 나은 성과를 창출하는 게 아니다. 바쁘게 일하는 사람이 승진하고, 조직 충성도가 높고, 생산성이 높을 것이라고 전제하는 것은 오산이다.

사람들은 오랜 시간 일하고 일을 최우선으로 두는 사람이 생산성이 높다는 통념에서 여전히 벗어나지 못하고 있다. 과로 문화가 바람직한 노동자상을 규정하고 사람들은 그 기준에 맞춰야 한다는 압박을 받기 때문이다. 내가 인터뷰한 여성 한 명은 이 딜레마를 딱 부러지게 정리했다. "우리 사회는 일중독이 문제라는 의식조차 없습니다. 물고기가 물을 인식하지 못하는 것과 마찬가지죠." 하지만 이 문제를 모른 척하는 것은 물고기가 사는 물에 독성 물질을 붓는 것과 같다. 결국 물고기는 질식해서 죽고 말 것이다.

우리는 주변에서 과로와 일중독의 위험성을 분명히 목격하고 있다. 이 문제의 원인을 노동자 개인에게서 찾고 그 책임을 온전히 떠넘길 수는 없는 일이다. 조직(그리고 사회)도 이 문제에 상당한 책임이 있음을 인정해야 한다.

조직의 리더들이 이 책에서 영감을 받아 실질적인 변화를 끌어내고 건강한 근무 환경을 조성하는 데 기여하기를 바란다. 헬시 워크 캠페인Healthy Work Campaign의 책임자인 마니 돕슨Marnie Dobson은 환경에 적응하라며 노동자를 훈계할 것이 아니라 노동자를 둘러싼 환경을 어떻게 바꿀지 고민해야 한다고 강조한다. 이는 번아웃 문제를 논할 때도 똑같이 적용되는 원칙이다. 마음챙김 명상 같은 스트레스 대처법도 좋지만 이는 미봉책에 불과하므로 번아웃을 유발하는 조직적 요인을 개선하는 데 힘써야 한다. 괴로운 환경에서 잘 버티는 법을 가르치는 것은 해결 전략이 아니라 임시방편일 뿐이다. 이는 문제를 해결하지 않고 그저 미루는 것에 불과하다.

과로 문화는 미국만의 문제처럼 보이지만 일본, 중국, 한국 같은 아시아 국가들도 일중독 문화를 조장한다. 연구 결과에 따르면 일중독자들이 심혈관 질환, 고혈압, 수면장애, 염증 반응 같은 위험성이 높은 것으로 나타났는데, 여기서 흥미로운 대목은 이 연구들이 이탈리아, 네덜란드, 스페인 같은 나라에서 수행되었다는 점이다. 일중독 문화가 그리 심각하지 않은 나라에서도 비슷한 문제를 겪고 있음을 의미한다.[1]

거대하고 구조적인 문제를 해결하려고 하면 막상 어떻게 시작해야 할지 엄두가 나지 않을지도 모른다. 이런 일은 쉽지 않고, 단기간에 성과를 낼 수 있는 일도 아니다. 조직에서 개인이 맡는 역할을 무시할 생각은 없지만 이 문제는 개인이 혼자 해결할 수 있는 일이 아니다. 변화를 꿈꾸는 이들에게 미리 조언하자면, 변화의 열쇠를 쥔 사람들을 설득하는 데 먼저 성공해야 한다. 의사결정권자들이 문제를 심각하게 받아들여야 조직 차원에서 해결책을 실행할 수 있다. 바로 여기서 개인의 역할이 중요하다.

어디에서부터 시작할지 막막한가? 그렇다면 주 4일 근무제 실험이나 캘리 레슬러와 조디 톰프슨의 ROWE 실험 사례들을 참고하는 것이 좋다. 또 헬시 워크 캠페인이나 국립직업안전보건연구소National Institute for Occupational Safety and Health, NIOSH의 토털워커헬스Total Worker Health 프로그램도 추천한다. 몇몇 국가에서 시행한 정책에서도 배울 점이 있다. 예를 들어, 프랑스 정부는 2017년 '연결되지 않을 권리'를 법으로 보장했다. 이 법에 따르면, 직원 50명 이상을 고용한 사업장은 이메일을 주고받지 않는 시간을 노사가 협의해 명시해야 한다.

이런 변화를 모색하고 있다면 사람들을 만나 현실적인 눈높이에서 대화를 나누되 그들이 수용 가능하다고 여기는 범위보다 한 걸음 더 나아가도록 격려해야 한다. 만약 경영진이 주 4일 근무제에 강한 반감을 보인다면, 보스턴 컨설팅 그룹에서 실시하는 휴식 시간 보장제처럼 작은 변화부터 시도하는 것이 좋다. 하지만 동시에 놓치지 말아야 할 게 있다. 변화란 안전한 틀을 벗어나 새로운 것에 도전할 때만 일어난다는 사실이다. 따라서 안전지대에만 머물지 말고 새로운 실험에 도전하도록 압박하고 이를 실행하면서 새로운 변화에 조금씩 적응하도록 유도해야 한다. '상시연결'을 요구하는 문화에서 벗어나 '최적연결'을 강조하는 문화로 조직이 전환되려면 어떻게 해야 하는지 자기가 할 수 있는 일을 찾아야 한다.[2] 조직 문화를 바꾸는 일은 대다수 조직에서는 거대한 변화를 요구한다. 당연히 저항에 부딪힐 것을 예상해야 한다. 연구에 따르면, 조직 변화에 대한 구성원들의 상반된 반응이 오히려 건설적인 논의를 지속시키면서 변화를 촉진하는 경우가 많다.[3]

코로나19 대유행으로 바람직한 노동자상이 얼마나 허구인지 여실히 드러났다. 전염병이 한창이던 시기에 학교 수업이 전부 비대면 수업으로 전환되자 그동안 가족을 돌보는 모습을 전혀 공유하지 않던 부모들도 화상회의 중에 아이들이 뛰어다니는 모습이 그대로 노출됐고, 동료들은 처음으로 서로의 사생활을 마주했다. 많은 리더들이 자신도 육아와 일을 병행하느라 어려움을 겪는다고 털어놓았고 이런 솔직한 태도는 사람들에게 공감을 샀다. 좋은 아버지상도 서서히 변하고 있다. 과거에 좋은 아버지란 가족을 부양하는 사람이었다. 돈을 많이 벌어올수록 더 좋은 아버지였다. 하지만 요즘은 남성들이 그 어느 때보다 당당하게 육아에 참여한다. 조앤 윌리엄스Joan Williams는 〈하버드비즈니스리뷰Harvard Business Review〉에서 이렇게 썼다. "만약 구시대의 '바람직한 노동자상'을 버려야 한다면 바로 지금이 적기다. 코로나19 대유행이 끝난 지금 우리는 50년 전 기준이 아니라 현재의 삶에 맞춰 직장 문화와 관행을 쇄신해야 한다."[4] 나도 이 말에 전적으로 동의한다.

오늘날 '바람직한 노동자'란 어떤 모습이어야 하는가? 이 주제를 다루는 김에 오늘날 '바람직한 직장'은 어떤 모습이어야 하는지도 생각해보자. *생산성뿐 아니라* 노동자들의 건강과 행복을 존중하는 기업이 크게 성공할 수 있다.

이 책을 쓰면서 나 역시 몇 가지 변화를 모색했다. 내 일중독 성향을 다스리는 일과 아울러 내가 가르친 내용을 실천하며 변화를 확장하기로 마음먹었다. 우선 연구실에서 그동안 사용하던 실시간 소통 도구인 슬랙을 버리고 비동기 방식인 베이스캠프로 전환할 것이라고 팀원들에게 말했다. 특히 대학원생들에게 이메일을 보낼 때는 '예약 발송' 기능을 더 자주 활용하기로 했다. 이는 작은 변화일 뿐 아직 갈 길이 멀다. 일례로, 나는 수시로 이메일을 확인하고 싶은 일중독 습관과 여전히 싸우고 있다. 언젠가는 이 습관도 고칠 수 있을 것이다.

당신도 나처럼 변화를 시작하자. 다른 사람이 나설 때까지 기다릴 필요 없다. 당신이 시작할 수 있다. 점점 더 많은 이들이 당신과 함께할 때 일 지상주의를 허물고 새로운 표준을 세울 수 있을 것이다. 먼저 자신의 일중독 성향을 개선할 방법을 하나만 찾아 실천해보자. 조직의 일중독 문화를 개선할 방법을 하나 찾아 실천하는 것도 좋다. 그렇게 하나씩 하나씩 변화의 범위를 늘려나가야 한다. 당신의 자녀, 혹은 미래 세대가 앞으로 어떤 일터에서 일하기를 바라는가? 변화의 길에서 낡은 전통을 조금씩 허물어가다 보면 서서히 더 나은 미래와 새로운 일터가 그 모습을 드러낼 것이다.

/ 부록　　/ **일중독 자가 진단**

NEVER NOT WORKING

NEVER NOT WORKING

다차원 일중독 척도 Multidimensional Workaholism Scale, MWS

MWS는 일중독을 구성하는 동기, 인지, 정서, 행동 요소를 측정하는 척도다. 각 요소별로 4개의 문항이 있으며, 총점은 16점에서 80점까지다. 일반적으로 총점이 60점 이상이면 일중독자로 간주한다.

사용 방법: 아래 문항이 당신에게 얼마나 해당되는지 다음 5단계 척도를 사용해 평가한다.

> 1 = 전혀 그렇지 않다 2 = 거의 그렇지 않다 3 = 가끔 그렇다
> 4 = 자주 그렇다 5 = 항상 그렇다

차원	문항	점수
동기	언제나 일해야 한다는 압박감을 느낀다.	
	일하지 않으면 뭔가 잘못된 기분이 들어서 어쩔 수 없이 일을 하게 된다.	
	가만히 쉬고 있으면 불편하고, 일하고 싶은 욕구가 크다.	
	내면의 압박감이 나를 일하도록 몰아붙인다.	
인지	일 생각을 멈출 수가 없다.	
	여가 시간에도 대체로 일에 대해 생각한다.	
	머릿속에 떠오르는 생각은 거의 일과 관련된 것이다.	
	일하는 시간이 아닐 때도 일 생각을 멈추기가 어렵다.	
정서	어떤 이유에서든 하루라도 일을 못 하게 되면 기분이 나쁘고 속상하다.	
	일을 못 하는 상황이 오면 답답하고 무기력하다.	
	일을 계속할 수 없을 때 짜증이 나거나 화가 난다.	
	무언가가 내 일을 방해하면 신경이 날카로워진다.	
행동	동료들이 대부분 쉴 때도 나는 계속 일한다.	
	회사에서 기대하는 것 이상으로 일을 많이 한다.	
	대다수 동료보다 더 오래 일하는 편이다.	
	내 직무 요건 이상으로 일을 맡아서 하는 편이다.	
	총점:	

출처: Malissa A. Clark, Rachel Williamson Smith, and Nicholas J. Haynes, "The Multidimensional Workaholism Scale: Linking the Conceptualization and Measurement of Workaholism," *Journal of Applied Psychology* 105, no. 11 (2020): 1281-1307, https://doi.org/10.1037/apl0000484.

🙎 익명의 일중독자 모임의 자가 진단 20문항

익명의 일중독자 모임에 따르면, 다음 질문 중 3개 이상에 '예'라고 답하면 일중독 문제가 있을 가능성이 크다.

① 친한 사람들과 어울리거나 쉬면서 다른 일을 하는 것보다 일이나 업무 관련한 활동에 더 끌리는가?
② 하고 싶지 않은 일인데도 그 일을 완수하려는 의욕을 느끼고 그 일을 끝내고 싶어서 자신이 좋아하는 일을 미루거나 피할 때가 있는가?
③ 일거리를 집에 가져가거나 주말이나 휴가 중에도 일하는가?
④ 다른 주제보다 일 얘기를 할 때 더 마음이 편한가?
⑤ 밤새워 일할 때가 많은가?
⑥ 업무 부담이 커서 그 일을 지시한 사람이나 직장 자체에 분노한 적이 있는가?
⑦ 타인과 친밀한 관계를 회피하고 자기 자신과도 거리를 두는가?
⑧ 너무 피곤해도 쉬지 않고 일을 계속하고, 잠을 줄이려고 각성제를 쓰는가?
⑨ 일이 제대로 진행되지 않을까 봐 추가 업무를 맡거나 하지 않아도 되는 일에 자원하는가?
⑩ 작업 시간이 얼마나 걸릴지 과소평가하고, 결국 마감일에 쫓기는 일이 많은가?
⑪ 슬픔이나 불안감, 수치심을 잊거나 그런 기분을 바꾸려고 일에 몰입하는가?

⑫ 일을 우선순위로 두지 않는 사람을 보면 짜증이 나고 답답한가?

⑬ 항상 열심히 일하지 않으면 해고당하거나 실패할 것 같아 두려운가?

⑭ 실패할까 봐, 비판을 들을까 봐, 번아웃에 걸릴까 봐, 경제적으로 불안정해질까 봐, 시간이 부족할까 봐 두려운가?

⑮ 일을 더 많이 하려고 멀티태스킹을 자주 하는가?

⑯ 하던 일을 멈추고 다른 일을 하자고 누군가 제안하면 짜증이 나는가?

⑰ 오랜 시간 일한 탓에 몸이 나빠지거나 인간관계가 틀어진 적이 있는가?

⑱ 운전할 때, 대화할 때, 잠들기 전이나 혹은 꿈에서도 일이나 업무 생각을 하는가?

⑲ 아무 일도 하지 않으면 초조하거나 불안하고, 앞으로도 일만 하며 살 수밖에 없다는 생각이 들어 낙담한 적이 있는가?

⑳ 이메일이나 문자, 기타 업무 관련 도구에 항상 묶여 있다고 느끼는가?

출처: *The Workaholics Anonymous Book of Recovery,* 2nd ed. (Menlo Park, CA: Workaholics Anonymous World Service Organization, 2015), 2-3. 익명의 일중독자 세계 서비스 기구Workaholics Anonymous World Services Organization, WAWSO의 허가를 받아 다시 인쇄했다. 저작권이 있는 자료는 WAWSO의 서면 허가 없이 어떤 형태로든 복제할 수 없다.

주석

들어가며. 과로의 시대

1. 별도로 명시하지 않는 한, 인용하는 사례는 모두 2021년 7월부터 2023년 3월 사이에 저자가 진행한 인터뷰와 개인적으로 나눈 대화에서 발췌한 것이다.

2. George Fink, "Stress: Concepts, Definition and History," in *Reference Module in Neuroscience and Biobehavioral Psychology*, ed. John Stein (Amsterdam: Elsevier, 2017), 1-9.

3. "U.S. Employees Working More Hours during COVID-19 Pandemic," Business Facilities, March 23, 2020, https://businessfacilities.com/u-s-employees-working-more-hours-

during-covid-19-pandemic.

4. Jared Spataro, "The Future of Work—The Good, the Challenging and the Unknown," *Microsoft 365* (blog), July 8, 2020, https://www.microsoft.com/en-us/microsoft-365/blog/2020/07/08/future-work-good-challenging-unknown/; "The Rise of the Triple Peak Day," *Microsoft 365* (blog), n.d., https://www.microsoft.com/en-us/worklab/triple-peak-day.

5. OECD Family Database, https://www.oecd.org/els/family/database.htm; 캘리포니아, 뉴저지, 뉴욕, 로드아일랜드, 워싱턴, 컬럼비아특별구를 비롯해 미국의 몇몇 주는 *주 정부 차원*에서 유급휴가를 의무화했다. 본문의 진술은 연방법이 마련되어 있지 않다는 뜻이다.

6. Niha Masih, "Tired of After-Work Emails and Calls? In These Countries, They're Outlawed," *Washington Post*, February 1, 2023, https://www.washingtonpost.com/business/2023/02/01/right-to-disconnect-laws/.

7. Andrea Hsu, "Iceland Cut Its Work Week and Found Greater Happiness and No Loss in Productivity," NPR, July 6, 2021, https://www.npr.org/2021/07/06/1013348626/iceland-finds-major-success-moving-to-shorter-work-week.

8. 주 4일 근무 운동에 관해서는 다음 문헌들을 참조하기 바란다. Andrew Barnes, *The 4 Day Week: How the Flexible Work*

Revolution Can Increase Productivity, Profitability and Well-Being, and Create a Sustainable Future (London: Piatkus, 2020); Alex Soojung-Kim Pang, *Shorter: Work Better, Smarter, and Less—Here's How* (New York: PublicAffairs, 2020).

9. Charlotte Huff, "Employers Are Increasing Support for Mental Health," *Monitor on Psychology* 52, no. 1 (January 1, 2021), https://www.apa.org/monitor/2021/01/trends-employers-support.

10. the *National Institute for Occupational Safety and Health's Worker Well-Being Questionnaire* (NIOSH WellBQ), Centers for Disease Control and Prevention, revised August 4, 2021, https://www.cdc.gov/niosh/twh/wellbq/default.html.를 보라

1장. 일중독 신화와 현실

1. Charlie Giattino, Esteban Ortiz-Ospina, and Max Roser, "Are We Working More Than Ever?" Working Hours, Our World in Data, 2013, rev. December 2020, https://ourworldindata.org/working-hours#are-we-working-more-than-ever. 노동시간을 분석하는 방식에 따라 노동시간 증감을 놓고 결론이 다를 수 있

음을 지적하고 싶다. 일례로, 2010년대와 1970년대의 연간 노동시간을 비교하면 180시간이 넘게 증가했다. 하지만 이때 증가한 노동시간은 대개는 노동시간 자체가 증가한 게 아니라 노동인구에 변동이 생겼음을 반영한다. 요컨대, 두 기간 사이에 증가한 노동시간은 여성이 유급 노동인구에 참여했음을 반영한다. 이러한 분석에 대해서는 Lawrence Mishel, *Vast Majority of Wage Earners Are Working Harder, and for Not Much More* (Washington, DC: Economic Policy Institute, 2013)를 참조하기 바란다.

2. Giattino, Ortiz-Ospina, and Roser, "Are We Working More Than Ever?"

3. Vivian Giang, "How Everything We Tell Ourselves About How Busy We Are Is a Lie," *Fast Company*, September 15, 2014, https://www.fastcompany.com/3035253/how-everything-we-tell-ourselves-about-how-busy-we-are-is-a-lie.

4. Juliet B. Schor et al., *The Four Day Week: Assessing Global Trials of Reduced Work Time with No Reduction in Pay* (Auckland, NZ: 4 Day Week Global, 2022).

5. Tyler Schmidt, "Almost Half of Americans Consider Themselves Workaholics," *New York Post*, February 1, 2019, https://nypost.com/2019/02/01/almost-half-of-americans-consider-themselves-workaholics/.

6. "The Workaholism Issue: Millennials Work Too Much,"

Morning Future (blog), Adecco Group, July 24, 2019, https://www.morningfuture.com/en/2019/07/24/workaholism-millennials-work/.

7. "Paid Time Off Trends in the U.S.," U.S. Travel Association, n.d., https://www.ustravel.org/sites/default/files/media_root/document/Paid%20Time%20Off%20Trends%20Fact%20Sheet.pdf.

8. Malissa A. Clark et al., "All Work and No Play? A Meta-Analytic Examination of the Correlates and Outcomes of Workaholism," *Journal of Management* 42, no. 7 (2016): 1836-1873, https://doi.org/10.1177/0149206314522301; Marisa Salanova et al., "Your Work May Be Killing You! Workaholism, Sleep Problems and Cardiovascular Risk," *Work and Stress* 30, no. 3 (2016): 228-242, https://doi.org/10.1080/02678373.2016.1203373; Damiano Girardi et al., "Is Workaholism Associated with Inflammatory Response? The Moderating Role of Work Engagement," *TPM-Testing, Psychometrics, Methodology in Applied Psychology* 26, no. 2 (2019): 305-322, https://doi.org/10.4473/TPM26.2.9.

9. Alessandra Falco et al., "The Mediating Role of Psychophysics Strain in the Relationship between Workaholism,

Job Performance, and Sickness Absence: A Longitudinal Study," *Journal of Occupational and Environmental Medicine* 55, no. 11 (2013): 1255-1261, https://doi.org/10.1097/JOM.0000000000000007; Narhee Kim et al., "The Crossover Effects of Supervisors' Workaholism on Subordinates' Turnover Intention: The Mediating Role of Two Types of Job Demands and Emotional Exhaustion," *International Journal of Environmental Research and Public Health* 17, no. 21 (2020): 7742, https://doi.org/10.3390/ijerph17217742; Marjan Gorgievski, Juan A. Moriano, and Arnold B. Bakker, "Relating Work Engagement and Workaholism to Entrepreneurial Performance," *Journal of Managerial Psychology* 29, no. 2 (2014): 106-121, http://dx.doi.org/10.1108/JMP-06-2012-0169; Diana Wilkie, "Workaholics: Job 'Addicts' Can Hurt Selves, Morale, Company," *The SHRM Blog*, July 17, 2014, https://blog.shrm.org/workplace/workaholics-job-addicts-can-hurt-selves-morale-company.

10. 2016년에 나와 동료들은 메타분석을 수행하면서 일중독과 노동시간의 상관관계가 중간 정도($r = .30$)에 불과하다는 사실을 발견했다. Clark et al., "All Work and No Play?"를 보라.

11. "Death from Overwork in China," *China Labour Bulletin*, August 11, 2006, https://clb.org.hk/content/death-overwork-china.

12. Cristian Balducci, Lorenzo Avanzi, and Franco Fraccaroli, "The Individual 'Costs' of Workaholism: An Analysis Based on Multisource and Prospective Data," *Journal of Management* 44, no. 7 (2018): 2961-2986, https://doi.org/10.1177/0149206316658348; Lieke L. ten Brummelhuis, Nancy P. Rothbard, and Benjamin Uhrich, "Beyond Nine to Five: Is Working to Excess Bad for Health?" *Academy of Management Discoveries* 3, no. 3 (2017): 262-283, https://doi.org/10.5465/amd.2015.0115; Salanova et al., "Your Work May Be Killing You!"

13. Christina Maslach, "Job Burnout: New Directions in Research and Intervention," *Current Directions in Psychological Science* 12, no. 5 (2003): 189-192, https://doi.org/10.1111/1467-8721.01258.

14. Clark et al., "All Work and No Play?"

15. Clark et al., "All Work and No Play?"; ten Brummelhuis, Rothbard, and Uhrich, "Beyond Nine to Five."

16. Jessica Stillman, "Why You Shouldn't Be Proud to Be a Workaholic," *Inc.*, November 11, 2014, https://www.inc.com/jessica-stillman/why-you-shouldn-t-be-proud-to-be-a-workaholic.html.

17. Richard M. Ryan and Edward L. Deci, "Self-Determination

Theory and the Facilitation of Intrinsic Motivation, Social Development, and Well-Being," *American Psychologist* 55, no. 1 (2000): 68-78, https://doi.org/10.1037//0003-066x.55.1.68.

18. Maryléne Gagné and Edward L. Deci, "Self-Determination Theory and Work Motivation," *Journal of Organizational Behavior* 26, no. 4 (2005): 331-362, https://doi.org/10.1002/job.322.

19. Toon W. Taris, Wilmar B. Scheufeli, and Akhito Shimazu, "The Push and Pull of Work: The Differences between Workaholism and Work Engagement," in *Work Engagement: A Handbook of Essential Theory and Research*, eds. Arnold B. Bakker and Michael P. Leiter (Washington, DC: Psychology Press. 2010), 39-53.

20. Paul Hemp, "Presenteeism: At Work—but Out of It," *Harvard Business Review*, October 2004.

21. Kristina A. Bourne and Pamela J. Forman, "Living in a Culture of Overwork: An Ethnographic Study of Flexibility," *Journal of Management Inquiry* 23, no. 1 (March 2013): 68-79, https://doi.org/10.1177/1056492613481245.

2장. 일중독자의 초상

1. Joel Goh, Jeffrey Pfeffer, and Stefanos A. Zenios, "Workplace Stressors and Health Outcomes: Health Policy for the Workplace," *Behavioral Science and Policy Association*, February 15, 2017, 43-52, https://behavioralpolicy.org/articles/workplace-stressors-health-outcomes-health-policy-for-the-workplace/.

2. Slate, "American Karoshi—The Problem with Work Stress," *Better Life Lab*, podcast, March 29, 2022, https://slate.com/podcasts/better-life-lab/2022/03/work-stress-karoshi.

3. Jack Austen Hassell, *Workaholic Stories: A Qualitative Exploration of the Lived Experience of Workaholism* (PhD diss., University of Canterbury, 2023), https://ir.canterbury.ac.nz/server/api/core/bitstreams/a64c8253-7843-4fc4-afbf-e0684f70ac20/content.

4. Malissa A. Clark, Rachel Williamson Smith, and Nicholas J. Haynes, "The Multidimensional Workaholism Scale: Linking the Conceptualization and Measurement of Workaholism," *Journal of Applied Psychology* 105, no. 11 (2020): 1281-1307, https://doi.org/10.1037/apl0000484.

5. Malissa A. Clark, Jesse S. Michel, and Boris B. Baltes,

"All Work and No Play? A Meta-Analytic Examination of the Correlates and Outcomes of Workaholism," *Journal of Management* 42, no. 7 (2016): 1836-1873, https://doi.org/10.1177/0149206314522301.

6. Hans Selye, "Stress and Disease," *Science* 122 (1955): 625-631, https://doi.org/10.1126/science.122.3171.625.

7. Jeff Wise, "When Fear Makes Us Superhuman," *Scientific American*, December 28, 2009, https://www.scientificamerican.com/article/extreme-fear-superhuman/.

8. Daniel C. Ganster, "Work Stress and Employee Health: A Multidisciplinary Review," *Journal of Management* 39, no. 5, https://doi.org/10.1177/0149206313475815.

9. Robert-Paul Juster, Bruce S. McEwen, and Sonia J. Lupien, "Allostatic Load Biomarkers of Chronic Stress and Impact on Health and Cognition," *Neuroscience Biobehavioral Review* 35, no. 1 (2010): 2-16, https://doi.org/10.1016/j.neubiorev.2009.10.002.

10. John H. Pencavel, *Diminishing Returns at Work: The Consequences of Long Working Hours* (New York: Oxford University Press, 2018).

11. Akizumi Tsutsumi, "Prevention and Management of Work-Related Cardiovascular Disorders," *International Journal*

of *Occupational Medicine and Environmental Health* 28, no. 1 (2015): 4-7, http://ijomeh.eu/Prevention-and-management-of-work-related-cardiovascular-disorders,1940,0,2.html.

12. Marianna Virtanen et al., "Overtime Work and Incident Coronary Heart Disease: The Whitehall II Prospective Cohort Study," *European Heart Journal* 31, no. 14 (July 2010): 1737-1744, https://academic.oup.com/eurheartj/article/31/14/1737/436396.

13. Pencavel, *Diminishing Returns at Work*.

14. Haiou Yang et al., "Work Hours and Self-Reported Hypertension among Working People in California," *Hypertension* 48, no. 4 (2006): 744-750, https://doi.org/10.1161/01.HYP.0000238327.41911.52; Alexis Descatha et al., "The Effect of Exposure to Long Working Hours on Stroke: A Systematic Review and Meta-Analysis from the WHO/ILO Joint Estimates of the Work-Related Burden of Disease and Injury," *Environment International* 142 (2020): 105746, https://doi.org/10.1016/j.envint.2020.105746.

15. Lieke L. ten Brummelhuis, Nancy P. Rothbard, and Benjamin Uhrich, "Beyond Nine to Five: Is Working to Excess Bad for Health?" *Academy of Management Discoveries* 3, no. 3 (2017): 262-283, https://doi.org/10.5465/amd.2015.0115.

16. Marisa Salanova et al., "Your Work May Be Killing You! Workaholism, Sleep Problems and Cardiovascular Risk," *Work and Stress* 30, no. 3 (2016): 228-242, https://doi.org/10.1080/02678373.2016.1203373.

17. Cristian Balducci et al., "A Within-Individual Investigation on the Relationship between Day Level Workaholism and Systolic Blood Pressure," *Work and Stress* 36, no. 4 (2022): 337-354, https://doi.org/10.1080/02678373.2021.1976883.

18. Camille Zenobia and George Hajishengallis, "Basic Biology and Role of Interleukin-17 in Immunity and Inflammation," *Periodontology* 69, no. 1 (2015): 142-159, https://doi.org/10.1111/prd.12083.

19. Junjie Zhao, "The Role of Interleukin-17 in Tumor Development and Progression," special collection, *Journal of Experimental Medicine, JEM 2020 Update on Cancer Immunology and Immunotherapy* 217, no. 1 (2020): e20190297, https://doi.org/10.1084/jem.20190297.

20. Damiano Girardi et al., "Is Workaholism Associated with Inflammatory Response? The Moderating Role of Work Engagement," *TPM-Testing, Psychometrics, Methodology in Applied Psychology* 26, no. 2 (2019): 305-322, https://doi.org/10.4473/TPM26.2.9.

21. Salanova et al., "Your Work May Be Killing You!"

22. Salanova et al., "Your Work May Be Killing You!"

23. Clark, Smith, and Hayes, "The Multidimensional Workaholism Scale"; Marianna Virtanen et al., "Overtime Work as a Predictor of Major Depressive Episode: A 5-Year Follow-Up of the Whitehall II Study," *PLOS ONE* 7, no. 1 (2012), e30719.

24. Danielle De La Mare, "Addiction, Academic Women, [and Choosing Wellness] with Dr. Lauren Broyles," *Self-Compassionate Professor*, podcast, episode 129, August 17, 2022, https://podcasters.spotify.com/pod/show/danielle-de-la-mare/episodes/129--Addiction--academic-women--and-choosing-wellness-with-Dr--Lauren-Broyles-e1mjra7; Mandy Saligari, "Feelings: Handle Them Before They Handle You," TEDxGuildford, May 2017, https://www.youtube.com/watch?v=JD4O7ama3o8.

25. Bryan E. Robinson, *Chained to the Desk: A Guidebook for Workaholics, Their Partners and Children, and the Clinicians Who Treat Them* (New York: NYU Press, 2014).

3장. 일중독 습관 버리기

1. Paul Raeburn, "Arianna Huffington: Collapse from Exhaustion Was 'Wake-Up Call,'" *Today*, May 9, 2014, https://www.today.com/health/arianna-huffington-collapse-exhaustion-was-wake-call-2d79644042.

2. Bronnie Ware, *The Top Five Regrets of the Dying* (Carlsbad, CA: Hay House, 2019).

3. Shane Frederick, George Loewenstein, and Ted Donoghue, "Time Discounting and Time Preference: A Critical Review," *Journal of Economic Literature* 40, no. 2 (2002): 351-401, https://doi.org/10.1257/002205102320161311.

4. Ashley Whillans, *Time Smart: How to Reclaim Your Time and Live a Happier Life* (Boston: Harvard Business Review Press, 2020).

5. Dan Siegel, "Name It to Tame It," 유튜브 영상, December 8, 2014, https://www.youtube.com/watch?v=ZcDLzppD4Jc.

6. *Workaholics Anonymous Book of Discovery* (Menlo Park, CA: Workaholics Anonymous World Services Organization, 2010).

7. Darria Long, "An ER Doctor on Triaging Your 'Crazy Busy' Life," TEDxNaperville, November 2019, https://www.ted.com/talks/darria_long_an_er_doctor_on_triaging_your_crazy_busy_

life.

8. Robert G. Lord et al., "Self-Regulation at Work," *Annual Review of Psychology* 61 (2010): 543-568, https://doi.org/10.1146/annurev.psych.093008.100314.

9. Vincent Phan and James W. Beck, "Why Do People (Not) Take Breaks? An Investigation of Individuals' Reasons for Taking and for Not Taking Breaks at Work," *Journal of Business and Psychology* 38 (2023): 259-282, https://doi.org/10.1007/s10869-022-09866-4.

10. "The Eisenhower Matrix," Todoist app, https://todoist.com/productivity-methods/eisenhower-matrix.

11. Long, "An ER Doctor on Triaging Your 'Crazy Busy' Life."

12. 나는 2021년 8월 미국 심리학회 컨벤션에서 디비전 14 프로그램 의장으로서 '애덤 그랜트와의 담화'라는 기조연설에서 애덤 그랜트와 인터뷰하는 영광을 누렸다. 이 장에서 사용된 많은 인용문은 그 대화에서 나온 것이다.

13. Adam Grant, When Work Takes Over Your Life," TED, April 2018, https://www.ted.com/talks/worklife_with_adam_grant_when_work_takes_over_your_life.

14. Roger Buehler, Dale Griffin, and Michael Ross, "Exploring the 'Planning Fallacy': Why People Underestimate Their Task Completion Times," *Journal of Personality and*

Social Psychology 67, no. 3 (1994): 366-381, https://doi.org/10.1037/0022-3514.67.3.366.

15. E. J. Masicampo and Roy F. Baumeister, "Consider It Done! Plan Making Can Eliminate the Cognitive Effects of Unfulfilled Goals," *Journal of Personality and Social Psychology* 101, no. 4 (2011): 667-683, https://doi.org/10.1037/a0024192.

16. Brandon W. Smit and Larissa K. Barber, "Psychologically Detaching Despite High Workloads: The Role of Attentional Processes," *Journal of Occupational Health Psycholog y* 21, no. 4 (2016): 432-442, https://doi.org/10.1037/ocp0000019.

17. Sabine Sonnentag, Laura Venz, and Anne Casper, "Advances in Recovery Research: What Have We Learned? What Should Be Done Next?" *Journal of Occupational Health Psychology* 22, no. 3 (2017): 365-380, http://dx.doi.org/10.1037/ocp0000079.

18. Emily M. Hunter and Cindy Wu, "Give Me a Better Break: Choosing Workday Break Activities to Maximize Resource Recovery," *Journal of Applied Psychology* 101, no. 2 (2016): 302-311, http://dx.doi.org/10.1037/apl0000045.

19. Sonnentag, Venz, and Casper, "Advances in Recovery Research."

20. Arnold B. Bakker et al., "Workaholism and Daily Recovery: A Day Reconstruction Study of Leisure Activities," *Journal of Organizational Behavior* 34, no. 4 (2013): 87-107, https://doi.org/10.1002/job.1796.

21. Andrew A. Bennett, "Better Together? Examining Profiles of Employee Recovery Experiences," *Journal of Applied Psychology* 101, no. 12 (2016): 1635-1654, https://doi.org/10.1037/apl0000157.

22. Sabine Sonnentag and Charlotte Fritz, "The Recovery Experience Questionnaire: Development and Validation of a Measure for Assessing Recuperation and Unwinding from Work," *Journal of Occupational Health Psychology* 12, no. 3 (July 2007): 204-221, https://doi.org/10.1037/1076-8998.12.3.204.

23. Charles Calderwood et al., "Understanding the Relationship between Prior to End-of-Workday Physical Activity and Work-Life Balance: A Within-Person Approach," *Journal of Applied Psychology* 106, no. 8 (2021): 1239-1249, http://dx.doi.org/10.1037/apl0000829.

4장. 일중독을 조장하는 조직

1. 나는 여기서 역사를 설명하기 위해 몇 가지 훌륭한 자료를 많이 참고했다. Celeste Headlee, *Do Nothing: How to Break Away from Overworking, Overdoing, and Underliving* (New York: Harmony Books, 2020); and Juliet Schor, *The Overworked American: The Unexpected Decline of Leisure* (New York: Basic Books, 1991).

2. Headlee, *Do Nothing*, 25

3. Frederick Douglass, "Self-Made Men" (lecture, 1872, first delivered 1859), https://monadnock.net/douglass/self-made-men.html.

4. Headlee, *Do Nothing*, 40.

5. Schor, *The Overworked American*.

6. OECD Family Database, "PF2.3: Additional Leave Entitlements for Working Parents," OECD, January 2020, https://www.oecd.org/els/soc/PF2_3_Additional_leave_entitlements_of_working_parents.pdf.

7. Kushboo Seth, "Countries with the Most Public Holidays," World Atlas, October 1, 2018, https://www.worldatlas.com/articles/countries-with-the-most-public-holidays.html.

8. Schor, *The Overworked American*.

9. "Because Americans Still Need to Take All Their Time Off," US Travel Association, https://www.ustravel.org/sites/default/files/media_root/document/NPVD19_FactSheet.pdf.

10. Gary S. Becker, "A Theory of the Allocation of Time," *Economic Journal* 75, no. 299 (1965): 493-517, https://doi.org/10.2307/2228949.

11. Mary Blair-Loy, *Competing Devotions: Career and Family among Women Executives* (Cambridge, MA: Harvard University Press, 2003).

12. Erin A. Cech, *The Trouble with Passion: How Searching for Fulfillment at Work Fosters Inequality* (Oakland, CA: University of California Press, 2021); Christine M. Beckman and Melissa Mazmanian, *Dreams of the Overworked: Living, Working, and Parenting in the Digital Age* (Stanford, CA: Stanford University Press, 2020); Blair-Loy, *Competing Devotions*.

13. Marcum LLP advertisement, 유튜브 영상, May 18, 2022, https://www.youtube.com/watch?v=YzPI9e-fKKM.

14. Erin L. Kelly et al., "Gendered Challenge, Gendered Response: Confronting the Ideal Worker Norm in a White-Collar Organization," *Gender and Society* 24, no. 3 (2010): 281-303, https://doi.org/10.1177/0891243210372.

15. Benjamin Schneider et al., "Organizational Climate and

Culture: Reflections on the History of the Constructs in the *Journal of Applied Psychology*," *Journal of Applied Psychology* 102, no. 3 (March 2017): 468-482, https://doi.org/10.1037/apl0000090.

16. Benjamin Schneider, "The People Make the Place," *Personnel Psychology* 40, no. 3 (September 1987): 437-453, https://doi.org/10.1111/j.1744-6570.1987.tb00609.x.

17. Edgar A. Schein, with Peter A. Schein, *Organizational Culture and Leadership*, 5th ed. (Hoboken, NJ: John Wiley & Sons, 2016).

18. Menlo Innovations, "Who We Are," https://menloinnovations.com/our-way/our-people.

19. Andy Hertzfeld, "90 Hours a Week and Loving It!" *Folklore* (Apple blog), October 1983, https://www.folklore.org/StoryView.py?story=90_Hours_A_Week_And_Loving_It.txt.

20. Research Live, "What's the Mandarin for 'Work/Life Balance'?" October 20, 2011, https://www.research-live.com/article/opinion/whats-the-mandarin-for-worklife-balance/id/4006242.

21. Associated Press, "Coughlin: 'Meetings Start Five Minutes Early,'" September 13, 2004, https://www.espn.com/nfl/news/story?id=1881006.

22. Kate Aronoff, "Thank God It's Monday," *Dissent*, Winter 2017, https://www.dissentmagazine.org/article/wework-sharing-economy-labor-company-town.

23. Eliot Brown and Maureen Farrell, *The Cult of We: WeWork, Adam Neumann, and the Great Startup Delusion* (New York: Crown, 2021).

24. Manisha Thakor, *MoneyZen: The Secret to Finding Your "Enough"* (New York: Harper Business, 2023).

25. Adam Grant, "The 4 Deadly Sins of Work Culture," in *WorkLife with Adam Grant*, podcast, June 21, 2022, https://podcasts.apple.com/us/podcast/the-4-deadly-sins-of-work-culture/id1346314086?i=1000567259056.

26. Sara Ashley O'Brien, "Marissa Mayer on Maternity Leave: 'I Understand I'm the Exception,'" CNN Money, May 6, 2016, https://moncy.cnn.com/2016/05/06/technology/yahoo-marissa-mayer-maternity-leave/index.html.

27. Sophie Kleeman, "Marissa Mayer: You, Too, Can Work 130 Hours a Week If You Plan When to Take a Shit," *Gizmodo*, August 4, 2016, https://gizmodo.com/marissa-mayer-you-too-can-work-130-hours-a-week-if-y-1784822446.

28. Simone Arbour et al., "Person-Organization Fit: Using Normative Behaviors to Predict Workplace Satisfaction, Stress

and Intentions to Stay," *Journal of Organizational Culture, Communications and Conflict* 18, no. 1 (2014): 41-64; Larissa K. Barber and Alecia M. Santuzzi, "Please Respond ASAP: Workplace Telepressure and Employee Recovery," *Journal of Occupational Health Psychology* 20, no. 2 (2015): 172-189, https://doi.org/10.1037/a0038278.

29. "Hawthorne Effect," http://www.analytictech.com/mb021/handouts/bank_wiring.htm; "Hawthorne Experiments," *Encyclopedia of Business*, 2nd ed., https://www.referenceforbusiness.com/encyclopedia/Gov-Inc/Hawthorne-Experiments.html.

30. 마커스 딕슨Marcus Dickson 교수에게 감사한다. 그는 2005년에 연구 방법론 수업에서 이 이야기를 우리에게 들려주었다.

31. Cali Ressler and Jody Thompson, *Why Work Sucks and How to Fix It: No Schedules, No Meetings, No Joke—the Simple Change That Can Make Your Job Terrific* (New York: Portfolio, 2008), 47.

32. Wondery, "Thank God It's Monday," in *WeCrashed*, podcast, March 14, 2022, https://wondery.com/shows/we-crashed/season/1/.

33. Benjamin Schneider et al., "Organizational Climate and Culture: Reflections on the History of the Constructs," *Journal*

of Applied Psychology 102, no. 3 (2017): 468-482, https://doi.org/10.1037/apl0000090; Schein and Schein, *Organizational Culture and Leadership*.

34. Adam Grant, LinkedIn.com, 2021, https://www.linkedin.com/posts/adammgrant_the-most-direct-way-to-figure-out-whats-activity-6796413238000054273-zIPB?utm_source=linkedin_share&utm_medium=member_desktop_web.

35. Erin Griffith, "Why Are Young People Pretending to Love Work?" *New York Times*, January 26, 2019, https://www.nytimes.com/2019/01/26/business/against-hustle-culture-rise-and-grind-tgim.html.

36. Steve Gruenert and Todd Whitaker, *School Culture Rewired: How to Define, Assess, and Transform It* (Alexandria, VA: ASCD, 2015).

37. Albert Bandura, Dorothea Ross, and Sheila A. Ross, "Transmission of Aggression through Imitation of Aggressive Models," *Journal of Abnormal and Social Psychology* 63, no. 3 (1961): 575-582, https://doi.org/10.1037/h0045925.

38. Melissa Mazmanian, Joanne Yates, and Wanda Orlikowski, "Ubiquitous Email: Individual Experience and Organizational Consequences of Blackberry Use," *Academy*

of Management Annual Meeting Proceeding (2006), https://doi.org/10.5465/ambpp.2006.27169074.

39. Yue Lok (Francis) Cheung, Miu Chi (Vivian) Lun, and Hai-Jiang Wang, "Smartphone Use after Work Mediates the Link between Organizational Norm of Connectivity and Emotional Exhaustion: Will Workaholism Make a Difference?" *Stress and Health* 38, no. 1 (March 2020): 130-139, https://doi.org/10.1002/smi.3083.

40. Patrick M. Lencioni, "Make Your Values Mean Something," *Harvard Business Review*, July 2002, https://hbr.org/2002/07/make-your-values-mean-something.

41. *WeWork: Or the Making and Breaking of a $47 Billion Unicorn*. 이 다큐멘터리의 대본과 감독은 제드 로드스타인Jed Rothstein이 맡았다. Hulu Original, 2021.

42. Anne Schaef and Diane Fassel, *The Addictive Organization: Why We Overwork, Cover Up, Pick Up the Pieces, Please the Boss, and Perpetuate Sick Organizations* (New York: HarperCollins, 1988), 125-126.

43. Schein and Schein, *Organizational Culture and Leadership*.

5장. 과로 문화 바로잡기

1. Maev Kennedy, "Bank Intern Moritz Erhardt Died from Epileptic Seizure, Inquest Told," *Guardian*, November 22, 2013, https://www.theguardian.com/business/2013/nov/22/moritz-erhardt-merrill-lynch-intern-dead-inquest.

2. Justin McCurry, "Japanese Woman 'Dies from Overwork' After Logging 159 Hours of Overtime in a Month," *Guardian*, October 5, 2017, https://www.theguardian.com/world/2017/oct/05/japanese-woman-dies-overwork-159-hours-overtime.

3. Ministry of Health, Labour and Welfare, 令和年度「過勞死等の勞災補償狀況」を公表します (announcement of "Workers' Accident Compensation Status Such as Death from Overwork" in the first year of Reiwa), 2019, https://www.mhlw.go.jp/stf/newpage_11975.html; Max Schouw, "The Kar⁻oshi Conundrum: Death by Overwork in Japan" (research paper #2140428, Avans School of International Studies, Breda, Netherlands, 2021).

4. Frank Pega et al., "Global, Regional, and National Burdens of Ischemic Heart Disease and Stroke Attributable to Exposure to Long Working Hours for 194 Countries, 2000-2016: A Systematic Analysis from the WHO/ILO Joint Estimates of the Work-Related Burden of Disease and Injury, *Environment*

International 154 (September 2021), https://doi.org/10.1016/j.envint.2021.106595.

5. Manisha Thakor, *MoneyZen: The Secret to Finding Your "Enough"* (New York: Harper Business, 2023).

6. Rhitu Chatterjee and Carmel Wroth, "WHO Redefines Burnout as a 'Syndrome' Linked to Chronic Stress at Work," *Morning Edition*, WNPR, May 28, 2019, https://www.npr.org/sections/health-shots/2019/05/28/727637944/who-redefines-burnout-as-a-syndrome-linked-to-chronic-stress-at-work.

7. George Fink, "Stress: The Health Epidemic of the 21st Century," *Neuroscience*, Elsevier SciTech Connect, April 26, 2016, https://scitechconnect.elsevier.com/stress-health-epidemic-21st-century/.

8. Theresa Agovino, "To Have and to Hold," SHRM, February 23, 2019, https://www.shrm.org/hr-today/news/all-things-work/pages/to-have-and-to-hold.aspx.

9. Tim Levin, "Goldman Sachs Junior Bankers Describe 'Inhumane' Working Conditions Where They Don't Have Time to Eat or Shower in a Brutal Internal Survey," *Business Insider*, March 18, 2021, https://www.businessinsider.com/goldman-sachs-junior-bankers-inhumane-working-conditions-survey-2021-3.

10. Kalyeena Makortoff, "Goldman Sachs Junior Banker Speaks Out over '18-Hour Shifts and Low Pay,'" *Guardian*, March 24, 2021, https://www.theguardian.com/business/2021/mar/24/goldman-sachs-junior-bankers-rebel-over-18-hour-shifts-and-low-pay.

11. Britney Nguyen and Emmalyse Brownstein, "Goldman Sachs Junior Bankers Work 98 Hours a Week, a New Survey Says—Making the Equivalent of About $22 an Hour," *Business Insider*, December 3, 2022, https://www.businessinsider.com/goldman-sachs-junior-analysts-working-100-hours-week-survey-2022-12.

12. Kyle Lewis et al., *The Results Are In: The UK's Four-Day Week Pilot* (Crookham Village, Hampshire, UK: Autonomy, 2023), https://static1.squarespace.com/static/60b956cbe7bf6f2efd86b04e/t/63f3df56276b3e6d7870207e/1676926845047/UK 4 Day-Week-Pilot-Results-Report-2023.pdf.

13. Juliet B. Schor, *The Overworked American: The Unexpected Decline of Leisure* (New York: HarperCollins, 1992), 4.

14. David M. Maklan, *The Four-Day Workweek: Blue Collar Adjustment to Nonconventional Arrangement of Work and Leisure Time* (New York: Praeger Publishers, 1977).

15. "Four-Day Week 'an Overwhelming Success' in Iceland,"

BBC News, July 6, 2021, https://www.bbc.com/news/business-57724779; Peter Barck-Holst et al., "Reduced Working Hours and Stress in the Swedish Social Services: A Longitudinal Study," *International Social Work* 60, no. 4 (2017): 897-913, https://doi.org/10.1177/0020872815580045; Timo Anttila and Jouko N.tti, "Experiments of Reduced Working Hours in Finnish Municipalities," *Journal of Human Resource Costing and Accounting* 4, no. 2 (1999): 45-61, https://doi.org/10.1108/eb029057.

16. Juliet B. Schor et al., *The Four Day Week: Assessing Global Trials of Reduced Work Time with No Reduction in Pay* (Auckland, NZ: Four Day Week Global, 2022), https://static1.squarespace.com/static/60b956cbe7bf6f2efd86b04e/t/6387be703530a824fc3adf58/1669840498593/.

17. Lewis et al., *The Results Are In*.

18. Kate Morgan, "Why Workers Just Won't Stop Quitting," BBC, August 18, 2022, https://www.bbc.com/worklife/article/20220817-why-workers-just-wont-stop-quitting; Andrea Hsu, "As the Pandemic Recedes, Millions of Workers Are Saying 'I Quit,'" NPR, June 24, 2021, https://www.npr.org/2021/06/24/1007914455/as-the-pandemic-recedes-millions-of-workers-are-saying-i-quit.

19. 포춘 500대 기업에서 STAR 프로그램을 실행한 결과에 대해 더 자세히 알고 싶다면 다음 문헌을 참조할 것. Erin L. Kelly and Phyllis Moen's *Overload: How Good Jobs Went Bad and What We Can Do About It* (Princeton, NJ: Princeton University Press, 2020).

20. Sarah Green Carmichael, "The Research Is Clear: Long Hours Backfire for People and Companies," hbr.org, August 19, 2015, https://hbr.org/2015/08/the-research-is-clear-long-hours-backfire-for-people-and-for-companies.

21. 조직을 바꾸는 경영과 관련해서 읽을 만한 자료로 다음 문헌이 있다. Society for Human Resource Management (SHRM) members could check out the SHRM toolkit *Managing Organizational Change* (https://www.shrm.org/ResourcesAndTools/tools-and-samples/toolkits/Pages/default.aspx), 그리고 또 다른 문헌이 있다. John Kotter's book *Accelerate* (Boston: Harvard Business Review Press, 2014).

22. 노동자의 건강과 복지 프로그램을 도입할 준비가 되어 있는지를 평가하는 데 관심이 있는 이들에게 나는 조직 준비도 평가 도구Organizational Readiness Tool, ORT를 확인해볼 것을 추천한다. 이 도구는 뉴잉글랜드 워크플레이스의 건강증진센터 연구원들이 참여형 토털워커헬스Total Worker Health 프로그램을 실행하려고 개발한 것이다. https://www.uml.edu/research/cph-new/healthy-

work-participatory-program/get-ready/assess-readiness/readiness.aspx.

23. Leslie A. Perlow, *Sleeping with Your Smartphone: How to Break the 24-7 Habit and Change the Way You Work* (Boston: Harvard Business Review Press, 2012).

24. John Kotter, *Leading Change* (Boston: Harvard Business Review Press, 1996).

25. Perlow, *Sleeping with Your Smartphone*.

26. Andrew Barnes, *The 4 Day Week: How the Flexible Work Revolution Can Increase Productivity, Profitability and Well-Being, and Create a Sustainable Future* (London: Piatkus, 2020).

27. Barnes, *The 4 Day Week*.

28. Perlow, *Sleeping with Your Smartphone*.

29. Edgar H. Schein, *Organizational Culture and Leadership* (San Francisco: Jossey-Bass, 2004), 320.

30. Erin L. Kelly et al., "Gendered Challenge, Gendered Response: Confronting the Ideal Worker Norm in a White-Collar Organization," *Gender and Society* 24, no. 3 (2010): 281-303, https://doi.org/10.1177/0891243210372073.

31. Phyllis Moen, Erin Kelly, and Rachelle Hill, "Opting to Stay: Does a Worktime Control Intervention Reduce Turnover?"

(미국 인구학회 학술 대회 발표 논문, Detroit, MI, 2009); Erin L. Kelly, Phyllis Moen, and Eric Tranby, "Control Over Work Time and Work-Family Conflict: Evidence from a Natural Experiment in a White-Collar Workplace" (미국 인구학회 학술 대회 발표 논문, Detroit, MI, 2009); Phyllis Moen et al., "Improving Employee Wellness: Does Increasing Control Over Work Time Matter?" (미국 동부사회학회 학술 대회 발표 논문, Boston, 2010).

32. John Hollon, "Goodbye ROWE: Best Buy Ends Flex Work Program It Was Famous For," *TNLT Newsletter*, March 6, 2013, https://www.tlnt.com/goodbye-rowe-best-buy-ends-flex-work-program-it-was-famous-for.

33. Cali Ressler and Jody Thompson, *Why Work Sucks and How to Fix It: No Schedules, No Meetings, No Joke— The Simple Change That Can Make Your Job Terrific* (New York: Portfolio, 2008).

34. Steven Kerr, "On the Folly of Rewarding A, While Hoping for B," *Academy of Management Executive* 9, no. 1 (February 1995): 7-14, https://www.jstor.org/stable/4165235.

35. Perlow, *Sleeping with Your Smartphone*.

36. William J. Becker et al., "Killing Me Softly: Organizational E-Mail Monitoring Expectations' Impact on Employee and Significant Other Well-Being," *Journal of Management* 47, no. 4

(2021): 1024-1052, https://doi.org/10.1177/0149206319890655.

37. Leslie A. Perlow and Jessica L. Porter, "Making Time Off Predictable and Required," *Harvard Business Review*, October 2009, 102-109.

38. Larissa K. Barber et al., "How Managers Can Reduce 'Always On' Work Stress in Teams: An Optimal Work Availability Framework," *Organizational Dynamics* 52, no. 3 (2023): 100992, https://doi.org/10.1016/j.orgdyn.2023.100992.

39. "Democratic Rate Plan Favored by Roosevelt [and other news]," *New York Times*, March 7, 1906, 3, https://www.nytimes.com/1906/03/07/archives/democratic-rate-plan-favored-by-roosevelt-bailey-has-proposed-a-new.html.

40. Frederick W. Taylor, *Scientific Management* (New York: Harper & Brothers, 1911). 테일러가 한 조치가 노동자들을 착취한 것이라는 (정당한) 비판이 있었다는 사실도 언급해야겠다.

41. Emily M. Hunter and Cindy Wu, "Give Me a Better Break: Choosing Workday Break Activities to Maximize Resource Recovery," *Journal of Applied Psychology* 101, no. 2 (February 2016): 302-311, http://dx.doi.org/10.1037/apl0000045.

42. Stephanie Mertens et al., "The Effectiveness of Nudging: A Meta-Analysis of Choice Architecture Interventions Across Behavioral Domains," *PNAS* 119, no. 1 (December 30, 2022), https://

www.pnas.org/doi/pdf/10.1073/pnas.2107346118.

43. Elizabeth Velema, "Nudging and Social Marketing Techniques Encourage Employees to Make Healthier Food Choices: A Randomized Controlled Trial in 30 Worksite Cafeterias in the Netherlands," *American Journal of Clinical Nutrition* 107 (2018): 236-246, https://doi.org/10.1093/ajcn/nqx045.

44. 사회적 거리에 관한 자료로는 다음과 같은 글들이 있다. Adam D. Galinsky, "Power Reduces the Press of the Situation: Implications for Creativity, Conformity, and Dissonance," *Journal of Personality and Social Psychology* 95, no.6 (2008): 1450-1466, https://doi.org/10.1037/a0012633; Joe C. Magee, "Power and Social Distance," *Current Opinion in Psychology* 33 (2020): 33-37, https://doi.org/10.1016/j.copsyc.2019.06.005; and Rachel E. Sturm and John Antonakis, "Interpersonal Power: A Review, Critique, and Research Agenda," *Journal of Management* 41, no. 1 (2015): 136-163, https://doi.org/10.1177/0149206314555769.

45. Qikun Niu, "Exploring the Nomological Net of Micro-Breaks from a Cross-level Perspective" (박사 학위 논문, George Mason University, 2016).

46. "Billionaire Buffett and the Only Banker He Trusts,"

Evening Standard, September 25, 2008, https://www.standard.co.uk/hp/front/billionaire-buffett-and-the-only-banker-he-trusts-6813262.html.

47. Dan Kadlec, "Buffett's New Message: Damn the Deal, Keep Work and Life in Balance," *Time*, May 25, 2012, https://business.time.com/2012/05/25/buffetts-new-message-damn-the-deal-keep-work-and-life-in-balance/.

48. Bryson Kearl, "5 Reasons We Offer Paid Paid Vacation," *Bamboo HR* (blog), June 16, 2016, https://www.bamboohr.com/blog/5-reasons-offer-paid-paid-vacation-love.

49. Anna Baluch, "Average PTO in the US and Other PTO Statistics (2023)," *Forbes*, March 30, 2023, https://www.forbes.com/advisor/business/pto-statistics.

50. Perlow and Porter, "Making Time Off Predictable and Required."

51. 이 제안을 뒷받침하는 이론적 틀에 대해 알고 싶다면 다음 문헌을 참조할 것. Robert Karasek Jr., "Job Demands, Job Decision Latitude, and Mental Strain: Implications for Job Redesign," *Administrative Science Quarterly* 24, no. 2 (1979): 285-308, https://www.jstor.org/stable/2392498.

결론. 일중독 문화를 바꿀 때다

1. Cristian Balducci et al., "A Within-Individual Investigation on the Relationship between Day Level Workaholism and Systolic Blood Pressure," *Work and Stress* 36, no. 4 (2022): 337-354, https://doi.org/10.1080/02678373.2021.1976883; Lieke L. ten Brummelhuis, Nancy P. Rothbard, and Benjamin Uhrich, "Beyond Nine to Five: Is Working to Excess Bad for Health?" *Academy of Management Discoveries* 3, no. 3 (2017): 262-283, https://doi.org/10.5465/amd.2015.0115; Damiano Girardi et al., "Is Workaholism Associated with Inflammatory Response? The Moderating Role of Work Engagement," *TPMTesting, Psychometrics, Methodology in Applied Psychology* 26, no. 2 (2019): 305-322, https://doi.org/10.4473/TPM26.2.9; Marisa Salanova et al., "Your Work May Be Killing You! Workaholism, Sleep Problems and Cardiovascular Risk," *Work and Stress* 30, no. 3 (2016): 228-242, https://doi.org/10.1080/02678373.2016.1203373.

2. 이 아이디어는 라리사 바버 박사와 직접 나눈 대화는 물론, 그가 2020년에 미국 국가직업연구의제NORA 서비스 부문 위원회 웨비나에서 한 강연 "From 'Always On' to 'Optimally On': Managing Online Availability Expectations in Telework"에서 언

은 것이다.

3. Sandy K. Piderit, "Rethinking Resistance and Recognizing Ambivalence: A Multidimensional View of Attitudes Toward an Organizational Change," *Academy of Management Review* 25, no. 4 (2000): 783-794, https://doi.org/10.2307/259206.

4. Joan C. Williams, "The Pandemic Has Exposed the Fallacy of the 'Ideal Worker,'" hbr.org, May 10, 2020, https://hbr.org/2020/05/the-pandemic-has-exposed-the-fallacy-of-the-ideal-worker.

감사의 글

많은 분의 지원과 격려가 없었다면 이 책은 나오지 못했을 것이다. 특히 중요한 역할을 한 두 사람이 있다. 먼저, 브리짓 슐트에게 감사한다. 그와는 팟캐스트에서 처음 만난 후로 지금까지 귀한 인연으로 지내고 있다. 책을 출판하는 문제로 고민할 때 그는 기꺼이 시간을 내서 훌륭한 조언을 제공하고 격려하며 나를 이끌어주었다. 그는 귀중한 가르침을 주었음은 물론, 중요한 사람들과 연결해주었다. 덕분에 나는 두 번째 소중한 인연인 〈하버드비즈니스리뷰〉 출판사 편집자 스콧 베리나토Scott Berinato를 알게 되었다. 신출내기 작가의 출간 제안서를 본 스콧은 영광스럽게도 내 가능성을 알아보고 처음부터 이 책을 적극적으로 지지했다. 그는 학술 논문 형식으로 쓴 글을 대중이 훨씬 쉽게 읽고 공감하도록 다듬는 데 큰 도움을 주었고, 다가오는 마감에 압박감을 느낄 때마다 끊임없이 나를 응원했다. 그의 창의성과 비전 덕분에 이 책은 나 혼자서는 불가능한 수준으로 완성도가 높아졌다. 그는 이 책에 인상적인 제목을 붙였고 무엇보다 이 책과 나를 믿어주었다.

〈하버드비즈니스리뷰〉 출판사의 모든 팀원들도 놀라웠다. 스콧뿐 아니라 출판 과정에서 여러모로 도움을 준 많은 분들께 감사의 말을 전하고 싶다. 제작 편집자인 앤 스타Anne Starr와 젠 워링Jen Waring에게 감사한다. 이들은 뛰어난 실력과 정성으로 책을 세심하게 다듬었다. 또 편집 코디네이터 샤이엔 패터슨Cheyenne Paterson, 그리고 마케팅 및 커뮤니케이션 팀원들인 줄리 드볼Julie Devoll, 알렉산드라 켑하트Alexandra Kephart, 펠리시아 시누사스Felicia Sinusas, 존 쉽리Jon Shipley, 조던 콘캐넌Jordan Concannon, 린지 디트리히Lindsey Dietrich, 샐리 애쉬워스Sally Ashworth에게도 감사드린다. 이 모든 뛰어난 분들 덕분에 출판 과정을 무사히 마칠 수 있었다.

내가 웨인 주립대학교Wayne State University에서 박사과정을 밟을 때 산업 및 조직심리학을 가르친 교수님들께 감사한다. 보리스 발테스Boris Baltes, 크리스토퍼 베리Christopher Berry, 마커스 딕슨Marcus Dickson, 세바스티아노 피시카로Sebastiano Fisicaro, 제임스 르브레통James LeBreton, 캐리 리히트만Cary Lichtman 교수님. 연구실에서 일한 경험이 전혀 없는 내게 기회를 주신 것에 감사드린다. 웨인 주립대학교에서 나는 많은 것을 배웠으며 나 역시 학생들을 가르칠 때 좋은 영향을 줄 수 있기를 바란다. 마지막으로, 조지아 대학교University of Georgia, UGA와 그 외 대학교 동료들과 친구들에게 감사한다. 이들은 이 책을 출판하기까지 나를 지속적으로 지원해주었다. 특히 친구이자 동료인 미셸 반델렌Michelle VanDellen에게 감사한다. 우리는 파네라Panera 카페에서 여러 번 만나 글을 쓰며 시간을 보냈고, 그때마다 반델렌은 적절한 조언으로 나를 격려해주었다.

내 프로젝트에 대한 정보를 회원들과 공유해준 익명의 일중독자 모임에 특히 감사드린다. 일중독과 과로가 자신의 삶에 어떤 영향을 미쳤는지 나와 우리 팀원들에게 들려준 모든 분께 진심으로 감사드린다. 또 이 주제에 대해 귀중한 통찰을 들려준 조직 관리 전문가, 교수, 업계 리더들께도 감사드린다. 에밀리 발레스테로스Emily Ballesteros, 라리사 바버, 앤드루 반스, 로렌 브로일스Lauren Broyles, 스티븐 커럴Steven Currall, 마니 돕슨, 다리아 길레스피Darria Gillespie 박사, 애덤 그랜트, 로렌 쿠이켄달, 크리스 로바토, 멜리사 마즈마니안, 알렉스 수정 김 방, 브리짓 슐트, 마니샤 타코르. 이들과 나눈 대화는 가장 보람된 경험 중 하나였다. 마지막으로, 일중독자의 배우자들을 인터뷰하고, 모든 인터뷰 내용을 필사하며 이 책을 쓰는 과정에서 여러 업무를 도와준 연구 조교들에게 깊이 감사드린다.

기나긴 과정에서 항상 나를 지지하고 응원해준 가족들에게 감사한다. 아버지는 책 출간 소식을 함께 축하할 수 없지만 만약 살아계셨다면 분명 첫 번째로 사인된 책을 받고 싶다고 하셨을 테고, 이 책을 자랑스럽게 책장에 꽂아두셨을 것이다. 항상 긍정적으로 생각하라고 격려하셨던 아버지께 감사드린다. 나는 아버지의 조언을 잊지 않고 항상 따르려고 노력한다. 알렉스와 에반Evan에게 감사한다. 내가 이 책을 쓰느라 추가로 더 많은 시간을 일에 쏟으며 보낸 지난 1년 동안 두 아이는 인내심을 가지고 기다려주었다. 그리고 남편 커트Kurt에게 감사한다. 그는 내가 바쁠 때 집안일을 대부분 도맡아서 처리해주었고, 항상 나를 격려하고 응원해주었다. 모두 사랑한다.

끝으로, 한 사람 더 인사를 전할 이가 있다. 그는 이제 우리 곁에 없다. 이 책을 절반쯤 썼을 때 산업 및 조직심리학 대학원생인 베스 뷰캐넌Beth Buchanan이 교통사고로 안타깝게 세상을 떠났다. 베스를 만나본 이들은 모두 깊은 인상을 받았다. 그는 총명하고 재치 있고 사려 깊고 친절했으며, 연구 활동은 물론 지역 사회에서 봉사 활동을 하며 남을 돕는 일에도 열정적인 여성이었다. 베스는 우리 산업 및 조직심리학 연구팀의 소중한 일원으로 영원히 기억될 것이다. 여기까지 읽어주신 모든 분께 부탁하건대 잠시 시간을 내서 다음 주소(bethebuchanan.org)로 방문해주신다면 베스의 가족에게 큰 위로가 될 것이다.

과로사회

초판 1쇄 인쇄 2025년 11월 12일
초판 1쇄 발행 2025년 11월 26일

지은이 말리사 클라크
옮긴이 이주만

책임편집 유형일
저작권 주민숙, 한연

펴낸곳 (주)상상스퀘어
출판등록 2021년 4월 29일 제2021-000079호
주소 경기 성남시 분당구 성남대로43번길 10, 하나EZ타워 307호
팩스 02-6499-3031
이메일 publication@sangsangsquare.com
홈페이지 www.sangsangsquare-books.com

ISBN 979-11-94368-78-6 (03330)

- 상상스퀘어는 출간 도서를 한국작은도서관협회에 기부하고 있습니다.
- 이 책은 저작권법에 따라 보호를 받는 저작물이므로 무단 전재와 복제를 금지하며,
  이 책 내용의 전부 또는 일부를 사용하려면 반드시 저작권자와 상상스퀘어의 서면 동의를 받아야 합니다.
- 파손된 책은 구입하신 서점에서 교환해드리며 책값은 뒤표지에 있습니다.